全国应用型院校学前教育专业新形态规划教材

总主编 李姗泽 孙亚娟

学前儿童艺术教育

主 编 杨彦捷 李林曦

编 委 番 婷 孙 洁 张秀萍 依旺囡 周奇艺

西南大学出版社
SWUP
国家一级出版社 全国百佳图书出版单位

图书在版编目(CIP)数据

学前儿童艺术教育 / 杨彦捷,李林曦主编. -- 重庆:西南大学出版社,2023.5
全国应用型院校学前教育专业新形态规划教材
ISBN 978-7-5697-1330-5

Ⅰ. ①学… Ⅱ. ①杨… ②李… Ⅲ. ①学前教育—美术教育—幼儿师范学校—教材 Ⅳ. ①G613

中国版本图书馆CIP数据核字(2022)第125354号

全国应用型院校学前教育专业新形态规划教材

学前儿童艺术教育

XUEQIAN ERTONG YISHU JIAOYU

杨彦捷　李林曦◎主编

责任编辑:赖晓玥
责任校对:郑先俐
装帧设计:汤　立
排　　版:王　兴
出版发行:西南大学出版社(原西南师范大学出版社)
地　　址:重庆市北碚区天生路2号
网　　址:http://www.xdcbs.com
邮　　编:400715　市场营销部电话:023-68868624
经　　销:全国新华书店
印　　刷:重庆市正前方彩色印刷有限公司
幅面尺寸:185 mm×260 mm
印　　张:17.75
字　　数:368千字
版　　次:2023年6月　第1版
印　　次:2023年6月　第1次印刷
书　　号:ISBN 978-7-5697-1330-5
定　　价:59.00元

总序

学前教育是每个儿童接受集体教育的开始，是每个人终身学习的开端，是国民教育体系的重要组成部分。进入新时代，人民群众对优质教育的需求不断提升。实现幼有所育，成为满足人民群众日益增长的优质教育需求的重要举措。党的十八大、十九大明确要求“办好学前教育”。2018年，中共中央、国务院发布了《关于学前教育深化改革规范发展的若干意见》，强调把发展学前教育摆在更加重要的位置，大力加强幼儿园教师队伍建设，办好一批幼儿师范专科学校和若干所幼儿师范学院，支持师范院校设立并办好学前教育专业，扩大有质量教师供给。2021年，教育部等九部门印发《“十四五”学前教育发展提升行动计划》，提出要全面提升保教质量，提高教师专业素质和实践能力。由此可见，打造一支高素质、专业化教师队伍是提高保教质量的关键，是保证学前教育质量的基石。

推动普通本科高校向应用型高校转变，是党中央、国务院的重大决策部署，是教育领域人才供给侧结构性改革的重要内容。创新应用型、技术技能型人才培养模式，建立以提高实践能力为引领的人才培养流程，是实现高素质应用型人才培养的关键。2011年10月，教育部颁布《教师教育课程标准（试行）》，并发文要求各地按照《教师教育课程标准（试行）》的学习领域、建议模块和学分要求，制定有针对性的幼儿园、小学和中学教师教育课程方案。幼儿园职前教师教育课程要帮助未来教师充分认识幼儿阶段的特性和价值，理解“保教结合”的重要性，学会按幼儿的成长特点进行科学的保育和教育；理解幼儿的认知特点和学习方式，学会把教育寓于幼儿的生活和游戏中，创设适宜的教育环境，保护与发展幼儿探究、创造的兴趣，让幼儿在愉快的幼儿园生活中健康成长。

为了适应我国学前教育大发展的改革趋势和高素质应用型人才培养的要求，我们坚持培养实践性、应用型人才的理念，立足于学生学习与发展的需要，增加了与学科相关的前沿研究以及社会热点问题的讨论，将理论知识与实践案例相融合，同时加强了实训内容；实现了理论体系向教材体系转化、教材体系向教学体系转化、教学体系向学生的知识体系和价值体系转化，进一步增强了教材的应用性和实效性。在充分调研的基础上，我们组织了一批业务能力强、理论知识和实践经验丰富的专家、一线教师开展教材编写和建设工作。本套教材包括《学前教育学》《学前儿童心理学》《中外学前教育史》《学前教育研究方法》《学前儿童游戏》《学前教育评价》《学前教育管理学》《学前儿童卫生学》《学前儿童体育与健康教育》《学前儿童语言教育》《学前儿童社会教育》《学前儿童科学教育》《学前儿童艺术教育》《幼儿园环境创设》《幼儿园玩教具设计与制作》《幼儿行为观察与评价》《幼儿园课程》《学前儿童文学》《学前教育政策法规与师德修养》等。

本套教材紧密结合《教师教育课程标准（试行）》《3~6岁儿童学习与发展指南》《学前教育专业师范生教师职业能力标准（试行）》等最新国家政策文件精神，立足于应用型院校学前教育专业高素质人才的培养，涵盖学前教育专业的核心课程、基础课程、学科课程和拓展课程。本套教材除了满足内容充实、完整，结构清晰、合理，语言得体、流畅等基本要求外，还力求克服国内已有教材的不足，努力打造属于自己的优势和特色。

第一，课程思政与育人为本相结合。本套教材注重主流价值观引领，挖掘和拓展课程的育人价值，充分体现了不同课程的特色与优势，形成了特色鲜明、优势突出、交叉互补的教材内容体系，实现了课程思政与立德树人的结合。

第二，理论与实践相结合。本套教材强调深入落实《教师教育课程标准（试行）》提倡的“实践取向”，以学生发展为根本，以学习产出为导向，注重实践性教学内容，关注解决教育实践问题。在板块设计上，除了正文的理论阐述，还辅以案例破冰、拓展阅读、人物介绍、经典研究介绍、思考与实训、专题探讨等板块，引导学生将理论运用于实践。

第三，基础性与时代性相结合。本套教材吸纳教育学、心理学、学科教学的最新研究成果，坚持呈现各学科领域的基本知识、基本原理，为学生搭建一个全面而扎实的知识体系；及时跟进社会及行业的最新发展动态，将最新、最权威、最具代表性的成果引入教材，实现了基础性与时代性的结合。

第四，学术性与应用性相结合。本套教材既注重学术性，也注重应用性。为支持“立体化”教学，教材编写团队立足于学前教育专业应用型人才培养的需求，注重资源的应用性和实用性，打造了以知识图谱、教学计划、多媒体课件、案例库、习题库、教学视频、教学动画、微课等为主的课程教学资源体系，以及“纸质教材+数字化教材+在线课程”协同互补的新形态教材体系；形成了教材、文本和网络技术相互交叉、相互融合、相互支撑的立体化、网络化、互动化教学方式。

教材的编写与出版是一项艰巨的工程，能顺利付梓得益于所有参编人员的辛勤工作，也得益于西南大学出版社编辑的积极协调与沟通。在此向所有参与此次编写与出版工作的作者及编辑人员表达我们的敬意。由于编者的学术视野及学术能力的限制，本套教材难免存在不足之处，我们将在使用中进一步总结反思，不断修订完善，欢迎学界同人和读者朋友不吝赐教，多提宝贵意见。

李姗泽　孙亚娟

2022年6月

前言

艺术是人们表情达意的重要形式之一，在歌舞、绘画、雕塑与建筑、戏剧中，我们都可以看到人的思想、创意、情感的表达。在童年早期，儿童就已经能够充分地感知艺术所传达的种种内涵，并且能体验不同艺术形式所展现的美，能进行具有个性化的艺术创造与表达。最初，儿童的这种审美天性和艺术表达本能是不确定的、青涩的和不完整的，但在适宜的幼儿园艺术教育活动中，这种天性和本能可以得到保护、支持与延续，进而逐渐发展成为有个人特点的审美与艺术表现能力。

在幼儿园教育情境中，开展适宜的艺术教育活动至关重要。在教育教学活动中，如何才能引导儿童充分体验大自然中的美、生活中的美？如何才能尽可能地保护儿童的想象力与创造力？如何才能使不同的艺术形式成为儿童可以娴熟运用的情感表达"语言"？这些问题都需要教育者进行深入的思考和探索。

本书基于艺术及美育的内涵、艺术教学的设计原则、儿童的审美心理特点和艺术表现与创造力发展规律，介绍了开展幼儿园艺术教育活动的基本方法，并以课程案例为素材，介绍了在当前幼儿园课程改革背景下开展艺术教育活动的一些经验。

基于当前课程思政建设的需求，本书中也融入了相应的课程思政映射点，如：艺术欣赏活动资源的来源包括了家乡习俗、中华优秀传统文化等，在组织教育教学活动时，可增强学生的文化自信及其对中华民族优秀传统文化的热爱之情。再如：艺术表现活动的案例中也涉及培养学生爱国主义情怀的内容，可在教学实践中扩大其运用范围等。在使用本书时，可以从素材分析、内容选择、活动设计等方面获得与此相关的课程思政建设启示。

本书并未按照艺术门类，严格地对学前儿童艺术教育活动进行分类(如：按照音乐活动、美术活动的逻辑严格区分)，而是根据“美的规律”“艺术教学的规律”“审美感知与艺术欣赏的规律”“艺术表现与创造的规律”等来安排内容。本书试图以一种整合的视角来分析幼儿园艺术教育活动组织的基本方法，以期为读者提供更多可能的学前儿童艺术教育活动思路，打开通往艺术教育的大门。

目录

第一章 概述

学习目标

1. 知识目标：

- 理解艺术教育的内涵、价值；
- 理解学前儿童艺术教育与美育的关系及其特点；
- 掌握常用的学前儿童艺术教育理论。

2. 能力目标：

- 能够运用理论知识分析解释当前学前儿童艺术教育活动中的问题。

学习重难点

1. 学习重点：结合实践掌握常用的学前儿童艺术教育理论。
2. 学习难点：运用理论知识分析、反思学前儿童艺术教育活动中的问题。

案例破冰

L老师是一名刚刚毕业的新手老师，在读书时，她就对儿童自发的艺术表现非常感兴趣，工作后，她也充满热情地记录了儿童在自由游戏、区域游戏中自发的一些艺术表现，如，小朋友一边玩益智玩具一边哼唱的歌曲旋律，自发的涂鸦和讲述的涂鸦故事，以及听到音乐时自然而然的舞蹈动作。

有一次，L老师记录下了两个小朋友用唱歌的方式进行的完整对话，她特别兴奋地把记录交给了负责带自己的主班老师看，并问："能不能用这种形式来组织一个音乐游戏，就叫'唱出我的心里话'？"但主班老师却告诉她："你记录的这些都是孩子自己的东西，没办法组织成教学活动，美的感受不够，还有艺术的技巧也没有，只能记着玩玩。”

L老师很沮丧，她没有想明白，为什么儿童自发的艺术表现不能加工成教学活动？究竟幼儿园艺术教育的目的是什么？儿童的艺术创造和审美教育的关系是什么？怎样才能够真正支持儿童审美、艺术表现等方面的能力协同发展呢？

儿童对艺术和美的向往是天生的，在艺术活动中，儿童能够创造性地表现自己的情感，形成对美的偏爱和兴趣。那么，艺术教育应当如何保护儿童的天性，支持儿童发展呢？

第一节 艺术、艺术教育与美育

一、艺术教育

(一)艺术的含义

艺术,是人们借助一定的媒介或手段,塑造视觉、听觉等形象,从而反映现实、寄托情感、表达感受的一种活动。艺术作品能够满足人们的审美需求。

常见的现代艺术形式包括音乐、舞蹈等表演类艺术,绘画、雕塑、建筑等造型类艺术,诗歌、小说等文学类艺术,以及戏剧、影视等综合类艺术。

图1-1 美国麦迪逊广场公园的镜面装置艺术
美国,Teresita Fernandez

随着时代的发展,多媒体艺术、装置艺术(图1-1)等新的艺术形式不断涌现,我们能够用来向儿童呈现“美”的方式也越来越多。

学习研究

你喜欢什么样的艺术形式?试试看,你还能找到哪些新奇的艺术表现形式?

(二)艺术教育的含义

对于艺术教育,人们通常有两种理解,一种是指以艺术专业理论知识和专业技巧为内容的、旨在培养专门艺术人才的教育,这是狭义的专业艺术教育;另一种则是指以基础的艺术知识和审美能力等为内容的、旨在培养教育对象艺术修养和审美情趣的教育,这是广义的普通艺术教育。

学前儿童艺术教育属于广义的普通艺术教育，包括常见的音乐、美术类教育活动和在区域中开展的艺术类游戏活动。有幼儿园还将艺术教育融入主题单元教学、项目方案教学之中，鼓励儿童用艺术的语言来表达自己的发现。

二、艺术教育与美育

（一）美育

美育，也被称为审美教育，最初也被理解为一种整体的感官教育。审美是人们感受、想象、体验、判断、评价艺术作品或生活中的美的过程，审美教育就是帮助个体更好地完成这一过程，积累审美经验、形成审美情趣和审美品位、发展审美判断力的活动。

德国启蒙运动的代表人物席勒认为，美育能够完成“由美的对象产生美”[①]的任务，也就是说，一方面，获得美育的人能够把握美的对象，了解美从何而来、何以为美；另一方面，他还能够据此而参与创造美、生产美的活动，也就是进行艺术的创造。

我国著名教育家蔡元培先生提出“以美育代宗教”理念，由此可以看出，现代美育还肩负着陶冶情操、启迪心灵、培育道德的功能。

学者们主要从哲学和美学的层面来理解美育的内涵，而在教育实践中，美育与艺术教育之间还有着千丝万缕的联系。

（二）艺术教育与美育的关系

1. 艺术教育是美育的核心手段

各种各样的艺术活动为我们搭建了通往美之国度的桥梁。在艺术活动中，人们能够获得美的体验、进行美的创造。相应地，艺术教育活动也是美育的核心手段。美育渗透在音乐、美术、戏剧等活动之中，广义的艺术教育能够很好地实现美育的目的。

通过设计专门的艺术教育活动，教师能够将散落在生活中、自然中、历史中的美集中地呈现给儿童，并且形成系统的美的知识和能力的教育，从而支持儿童建立起完整的审美经验网络。比如：生活中有形形色色的房子，建筑之美引人入胜，教师就此专门设计“好看的小房子”欣赏活动，能为儿童提供更集中、更多的审美机会。在教师引导下，儿童观察、感受令人愉悦的设计，摹画建筑的线条，从而形成关于建筑欣赏的系统经验。

艺术也是儿童自由表达的语言之一，艺术教育活动为儿童的审美表达提供了空间和平台。而且，在有计划的艺术教育活动中，教师会有意识地引导儿童观察艺术作品

① [德]席勒．美育书简[M].徐恒醇，译．北京：中国文联出版公司，1984：94.

的审美表达方式，并鼓励儿童创造属于自己的独特审美作品，最终实现提升儿童的审美创造力的美育目标。

因此，我们将艺术教育活动作为美育的重要手段，强调艺术教育的“审美”特点，关注儿童在教育活动中对美的感受和表现。

2. 艺术教育的形式与美育有所区别

相对来说，美育的范畴比艺术教育更广，它包括了自然、社会和日常生活中的审美教育，而艺术教育则是以特定的艺术形式为目的或手段的教育。

比如：带领儿童到户外徒步旅游，观赏瀑布或星空，从激动人心的瀑布叠景或是群星璀璨的夜空中获得崇高的审美体验，这是运用自然资源进行美育的典型活动；欣赏经典画作中的瀑布、聆听模拟大自然中的声音的音乐，并尝试进行绘画、舞蹈等艺术创造活动，这是运用与自然资源有关的艺术素材开展艺术教育活动的典型。

此外，美育和艺术教育在侧重点上也有差异。艺术教育中包含了一部分艺术技法、技巧的教育，以培养儿童感受美和表现美的能力；美育则不一定包含艺术技能的教育，它的最终目标是陶冶人的情操，培养具有健全人格的儿童。

艺术教育活动需要有明确的活动目标、具体的活动素材和内容、合理的组织方式和环节安排，也需要在活动之后对教学进行评价。而美育可以在不同的场合、时间开展，自由度更高，灵活性更强。

三、学前儿童艺术教育

（一）学前儿童艺术教育的含义

学前儿童艺术教育是指以学龄前儿童为对象，依据儿童身心发展的规律，有计划、有目的地提供不同形式的艺术素材，组织系统的艺术欣赏、艺术表现活动，对儿童进行艺术熏陶，提升儿童的审美感受力和艺术创造力的教育活动。

学前儿童艺术教育的形式丰富多样，包括以集体活动形式开展的艺术领域教学活动、以小组和个人学习形式开展的艺术区域游戏活动，以及其他在日常生活中开展的艺术教育活动。

学习研究

根据学前儿童艺术教育的定义，你认为0–3岁的婴幼儿是否也在艺术教育的对象范围内？查一查，已有的文献是如何探讨0–3岁婴幼儿的艺术教育的？

（二）学前儿童艺术教育的意义

在生活中，艺术的存在就像空气、土壤一样自然，它包括了各种能够令感官愉悦的活动。英国美学家里德认为，“艺术深切地涉及知觉、思想与有形动作的实际过程”①，所以，参与艺术活动时，得到锻炼和发展的不仅仅是感知觉能力，还有认知、思维、运动、情感表达等能力。艺术教育对于儿童发展的意义也正在于此。

1. 艺术教育促进儿童认知能力的发展

无论是艺术欣赏还是艺术创造，都需要认知的参与和加工。例如，图1–2是法国印象派画家修拉的作品，大班的儿童在初次看到这幅画时，首先关注的就是光线的对比，他们通过比较观察的方式发现，这幅画里有的地方亮，有的地方暗。接着，他们开始将画中的元素和自己的生活经验相联系，判断“这群人在海边玩”或“我家也有一只这样的狗”等等。在教师告知画作名称后，他们又有了新的话题——“星期天去哪里玩”，并且看到画中的人都没有表情。

图1–2 《大碗岛上的星期天下午》，修拉，1884–1886年

儿童欣赏《大碗岛上的星期天下午》时的讨论和反应表明，他们在参与艺术活动的过程中，调动了视觉器官，对感知觉信息进行了系列认知操作，包括比较观察、联想等。

除了欣赏视觉艺术作品之外，在音乐、舞蹈、手工制作、绘画等活动中，儿童也需要进行类似的智力活动。可见，艺术与人的认知和智力密切相关。我国著名的美学家滕守尧先生在《审美心理描述》一书中也指出，个体的审美心理包括了感知、想象、情感和

① [英] 赫伯·里德．通过艺术的教育[M]．吕廷和，译．长沙：湖南美术出版社，1993：20.

理解四个要素[①]。而艺术教育为这些心理元素的发展提供了自由的空间和开放的平台。

通过开展符合儿童心理发展需要的艺术教育活动，我们能够有效地支持儿童积累感知觉经验，发展空间思维和直觉思维能力，掌握多元的信息表达途径，最终使认知和思维能力得到发展。

2. 艺术教育支持儿童审美感受力的发展

爱美是人的天性，人类学家发现，生活在远古时期的人们就已经在创作壁画、陶器、祭祀舞蹈、图腾等作品时关注美的表现。比如：使用颜色鲜艳浓烈的颜料来绘制动物，以对称、连续的图案装饰器皿（如图1-3所示）。

图1-3　马家窑彩陶

同时，心理学家们也发现，出生几个月的宝宝就能够区分主要的色彩，分辨不同音高的声音；2岁前，儿童就能够表现出对某些艺术元素的偏爱，比如：偏爱鲜艳、明亮的颜色，偏爱和谐的音程，在不同的活动环节喜欢不同曲风的音乐，等等。当我们播放欢快的歌曲时，尚在蹒跚学步的小宝宝也会跟随着音乐的节奏和情绪，发出咿咿呀呀的声音，或是舞动自己的肢体。他们能够直观地感受到不同音高、节奏的音乐表现出来的情绪，并在与音乐协调的动作表现中获得愉悦感。

在直观的审美体验基础上，艺术教育活动可以进一步促进儿童审美能力的发展。比如：家长或早教老师发现了小宝宝对于跟随音乐律动的兴趣，就会有意识地再给宝宝播放更多不同类型的旋律，鼓励宝宝“跳舞”，或者和宝宝一起律动，分享快乐，这样，宝宝听到的歌曲越来越多，也就逐渐能够区分不同节奏、曲风、音程关系的旋律，并形成自己的审美偏爱和审美情趣。又如，在美术教育活动中，老师引导儿童欣赏水墨晕染的艺术美感，并为儿童提供探究的机会，那么，儿童在之后欣赏类似作品时，就会更容易产生熟悉感和认同感，从而获得审美愉悦。艺术教育的核心意义在于支持个体审美能力的不断发展。

3. 艺术教育支持儿童想象力和创造力的发展

艺术不分国界、无关对错。在艺术活动中，人们能够自由地探索、想象和表现。席勒认为，艺术的国度是自由的、游戏的国度，在这里，人们可以暂时摆脱理性或道德的

① 滕守尧. 审美心理描述[M]. 成都：四川人民出版社，1998：2.

制约，在追寻美和体验美的过程中享受自由。而且，追寻美、体验美的艺术活动是超越现实生活的、非功利性的。人们在细细品味一幅画、一段文字、一首音乐时，常常会专注于当下，忽略了实用的目的，如，在欣赏凡·高的作品《星月夜》(图1-4)时，很少有人会考虑，这样的星图是否会带来灾难，或是看完这幅画自己能获得多少好处。相反，欣赏者大多沉醉于由扭曲的线条和鲜明的色彩对比所构成的视觉美景中。所以，艺术活动是精神性的、自由的。

图1-4 《星月夜》，凡·高，1889年

艺术活动的这种自由特性，为儿童打开了想象与创造的大门。在艺术活动中，不存在标准答案，所以，儿童可以尝试任何一种自己希望的组合。比如：我们经常看到，在混色游戏中，大多数儿童想要尝试的不是两两组合，而是把不同的颜色全都混合在一起，感受每加入一种色彩时的变化及变化所带来的乐趣。

另外，艺术直接作用于感官、能够直观表现的特点，也让儿童能够在脑海中自由地想象任何一种与自己的艺术感知相符合的意象，并用艺术手段直观地表现出来。比如：儿童在听到歌曲《小白船》时，直观地体验到了三拍子旋律的抒情性，想象出了小河、杨柳等意象，并会随着节奏左右摇摆身体、柔和地舒展四肢等。

有目的、有计划的艺术教育活动，能够支持儿童自由尝试和自由想象，并且鼓励儿童用与众不同的方式来组合不同的艺术形式和艺术元素，最终创造出属于自己的、独特的艺术作品。比如：在儿童自由地想象出小河、杨柳等意象后，在教育活动中，教师提供纱巾、碰铃等艺术材料，就能够引导儿童进一步丰富自己的想象，并将想象中的意象具体化、现实化，实现新的艺术表现。

4. 艺术教育支持儿童情感表达与社会交往能力的发展

艺术是人们表情达意的一种方式，我国古代诗歌理论著作《毛诗序》中这样描述诗歌艺术："情动于中而形于言，言之不足，故嗟叹之；嗟叹之不足，故永歌之；永歌之不足，不知手之舞之，足之蹈之也。"当情绪情感被触发时，人们会通过言语来表达，言语不足以表达，就吁叹，吁叹不足以表达，就大声歌咏，歌咏还不足以表达这种澎湃的情感，人们就会手舞足蹈来表达。

儿童也会通过艺术活动来表达自己的情绪情感，比如：在十分激动、兴奋的时候大声歌唱等。所以，为儿童提供自由的艺术活动机会，能够鼓励和支持他们用合理的甚至是吸引人的方式来表达自己的情绪。而艺术教育活动中，教师引导儿童观察、感受艺术作品中的情绪情感，有助于他们进行移情，进而有助于情绪识别能力和情绪理解能力的发展。

同时，儿童借助艺术语言所表达的情绪、内容能够为他人所理解，同伴间的相互交流也在这个过程中发生了。比如：一个孩子画出了幼儿园楼下瓜果架上的瓜果（图1–5），其他小朋友来欣赏时，纷纷指认“这个瓜就是那个带刺的”“你还有那个长的没画出来”等等，在这样的交流和评论中，儿童一起共享生活经验和艺术经验。艺术教育活动中，教师通常会设计讨论、展示等环节，这为儿童的表达和交流提供了空间，有助于儿童艺术评论能力、社会交往能力的发展。

图1–5　楼下的瓜果（大班儿童作品）

（三）学前儿童艺术教育的目的

关于学前儿童艺术教育的目的，存在两种不同的判断。一种认为，艺术教育应当顺应儿童的发展规律和需求，以儿童人格培养为核心，通过为儿童提供美的经验支持儿童全面发展。这种判断将艺术教育作为促进儿童发展的工具和手段，更重视艺术教育的审美价值（工具论）。另一种判断是，艺术教育本身具有学科价值，与艺术相关的知识和技能是儿童需要掌握的，在艺术教育中，儿童应当能够获得相应的艺术感受并掌握一定的艺术表现方法。这种判断关注艺术学科本身，将艺术作为儿童全面发展的一个重要组成部分，强调艺术教育的本质体现（本质论）。

基于这两种判断，我们可以看到，在教学实践中，有的老师非常重视艺术中的审美体验，关注孩子通过艺术活动获得了什么样的陶冶；而有的老师比较关注艺术中美的表现方法，引导孩子掌握发现美、感受美和创造美的方法。如果能够做到以儿童为中心，那么，两种选择都是可以的。

《3–6岁儿童学习与发展指南》也指出：艺术领域学习的关键在于充分创造条件和机会，在大自然和社会文化生活中萌发幼儿对美的感受和体验，丰富其想象力和创造力，引导幼儿学会用心灵去感受和发现美，用自己的方式去表现和创造美。因此，学前儿童艺术教育的目标既可以侧重以艺术为工具促进儿童发展，也可以侧重引导儿童在艺术活动中感受和体验美，自由地想象和创造美。

（四）学前儿童艺术教育的任务

依据上述目的，学前儿童艺术教育应当达成的任务包括：

1. 为儿童提供丰富多元的欣赏经验，包括欣赏自然中的色彩、声音等美的元素以及欣赏艺术作品中的美的元素的相关经验。为此，教师应提供教室内的学习经验，以及室外或场馆类的学习经验，拓宽儿童的眼界。

2. 为儿童提供自由地进行艺术表现和创造的机会，即提供完整的、不被打扰的艺术表现时间和自由的、充裕的表现材料和空间；以及自由的心理氛围，即提供宽容的、没有标准答案和示范、不考察达标程度的教育活动。

3. 为儿童提供进行艺术欣赏与感受、艺术表现与创造所需要的基础知识和基本技能，依据儿童审美心理发展的特点，循序渐进地组织内容，引导儿童从初始的艺术表现开始，逐渐形成具有个人特点的艺术创造。

4. 为儿童提供良好的艺术学习和交流氛围，支持儿童在艺术活动中获得乐趣，引导儿童形成积极的审美态度、审美认知、审美情趣和审美行为，关注艺术教育对儿童人格塑造的作用。

学习研究

本章开头的“案例破冰”中，呈现了新教师“追随儿童兴趣、关注审美价值”的理念和老教师“关注艺术表现和创造方法、注重知识学习”的理念之间的冲突。在实践中，这样的不一致十分常见，请根据自己的理论知识和实践经验，收集相关资料，对这种现象进行分析，并尝试设计一个可以平衡二者的微型教学活动。

第二节 学前儿童艺术教育理论

一、美术教育理论

（一）罗恩菲德的美术教育理论

罗恩菲德（Victor Lowenfeld）是出生于奥地利的美术教育家，著有《创造与心智的成长》一书，他的教育思想对20世纪80年代以来的儿童美术教育实践产生了深远的影响。罗恩菲德强调以儿童为中心，从儿童自然发展的规律和需求出发来开展美术教育活动，并且关注艺术教育在个体发展中的作用，被认为是“工具论”的代表人物。结合学前儿童艺术教育的特点，我们主要介绍他在以下几个方面的美术教育思想：

1. 艺术教育的目标和价值

罗恩菲德认为，在艺术教育中，艺术只是一种手段而已，他在书中写道：“艺术教育的目标是使人在创造的过程中，变得更富于创造力，而不管这种创造力将施用于何处。”[①]也就是说，艺术教育是通过给予美感经验而提升人的创造力的活动，而且，他认为，如果一个孩子在成年以后能够将早期形成的这种创造力运用在自己的生活之中，那么，艺术教育就获得了成功。

基于此，罗恩菲德认为艺术教育的首要目标就是鼓励儿童自由自发地创造，他认为越是简单、原始的创造活动，越少受复杂形式的干预，越能够体现出儿童真挚的心灵和情感。这也体现出了非常明显的“儿童中心取向”。事实上，许多著名的画家，比如毕加索、马蒂斯等，在艺术生涯的后期都“返璞归真”，创作了许多像儿童画一样童稚、真诚的作品。

此外，罗恩菲德认为艺术教育的目标还在于鼓励和诱发儿童的个人差异[②]。儿童的美术体验和美术创作是极具个性化特点的，比如：同样是画“公主”，两个5岁儿童使用相同颜色的画笔、坐在一起同时画，仍然会有差异（如图1-6所示）。这种差异体现了儿童经验和审美偏爱的不同。罗恩菲德认为差异也是个人原创性的表现，所以，应当保护和培育。

---

① [美]罗恩菲德. 创造与心智的成长[M]. 王德育，译. 长沙：湖南美术出版社，1993：4.
② [美]罗恩菲德. 创造与心智的成长[M]. 王德育，译. 长沙：湖南美术出版社，1993：73.

图1-6　两个小女孩画的公主

对于美术欣赏活动，罗恩菲德提出了“使个人能辨别其价值，使自己能与它（美术作品）发生有意义的关系”的教育目标。他否定了通过美术欣赏活动教会儿童分析绘画或学习了解美术作品的目标。

2.儿童美术能力发展的阶段

通过分析不同年龄儿童的绘画作品，罗恩菲德把个体美术能力的发展分为六个阶段，包括涂鸦阶段/自我表现的第一阶段（2–4岁）、样式化前阶段（4–7岁）、样式化阶段（7–9岁）、党群阶段/理智之萌芽阶段（9–11岁）、拟似写实阶段（11–13岁）、青春期艺术阶段（13岁以后）。结合学龄前儿童的特点，我们主要介绍前两个阶段。

（1）涂鸦阶段（2–4岁）

随意涂鸦期，儿童以涂鸦活动为乐趣；纵横线涂鸦期，儿童控制肌肉重复画出横向和纵向的涂鸦线条；圆圈涂鸦期，儿童开始画出闭合的涂鸦线条；涂鸦命名期，儿童开始讲述涂鸦中的故事、给自己的作品取名字。

在这个涂鸦过程中儿童并不是永远停留在同一水平，而是不断发展的。罗恩菲德认为，在涂鸦的第一个阶段，教师显然不需要给孩子提供任何题材方面的建议①，也就是说，无论教师告诉儿童“画一个小兔”或是“画一个小鸡”，儿童都会以自己能够控制的动作来画出涂鸦线条。一团杂乱的线，可以是糖果，也可以是猫咪。而到了涂鸦的最后阶段，教师提出任何题材方面的建议都能够鼓励儿童想象和命名，这是因为儿童开始寻找涂鸦与真实物品、意象之间的关联，并发挥想象了。（见图1–7）

① [美]罗恩菲德.创造与心智的成长[M].王德育，译.长沙：湖南美术出版社，1993：94.

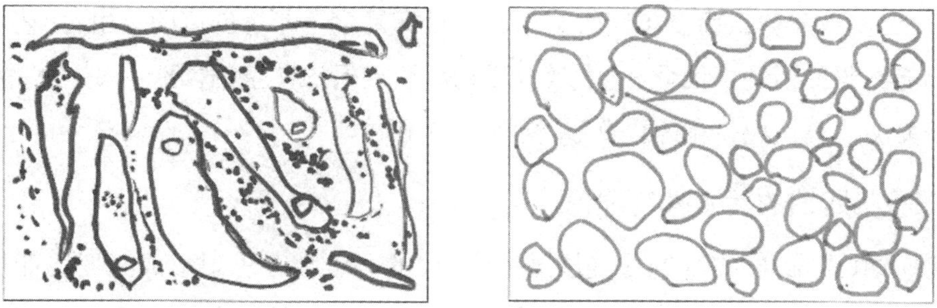

图1-7　小班儿童涂鸦：细菌（左）和糖果（右）

（2）样式化前阶段（4-7岁）

在这个阶段，儿童会越来越关注画的意义，希望用绘画的方式来表达自己的经验、想法和情感，也即进入以“绘画”为语言，用画面元素来进行表征的阶段。罗恩菲德认为，这个阶段的儿童会“发展他对事物的独立关系，而以独立的观念表达出来；有创造力的儿童绝不会问怎样去画嘴巴、鼻子等，他会毫不犹豫地画出自己的观念”①。所以，在这个阶段，我们很容易判断出儿童笔下的哪些画面是来自成人的教导，哪些是他们用自己的观念画出来的。

此外，在样式化前阶段，儿童会细细地描绘他们认为重要的元素和细节，对于“不重要”的部分，他们会用简单的线条进行概括。比如：一个小女孩用长方形简单概括了公主的裙子，但却仔细地画出了公主所穿鞋子的细长鞋跟和鞋面上点缀的珠宝。

3.评价儿童美术作品的标准

站在以儿童为中心的立场，罗恩菲德更关注儿童的自然生长，因此也提出了不以“美不美”“像不像”为标准的儿童美术作品评价标准②。

评价标准一：儿童是否体验到他的作为。

也就是说，儿童有没有在画中表现自己的积极愿望，有没有赋予自己的绘画故事，或是在画中用不同的颜色来表达自己的心情。如果一名儿童涂抹了一些线条，告诉老师自己只是“随便画画”，不能说出画了什么；或者是无从下笔，告诉老师“我不会画”，按照罗恩菲德的标准，这就不能算是高水平的绘画表现了。

评价标准二：儿童体验其经验和表现其经验的程度，即美术作品中的意义。

对于这一点，罗恩菲德要求教师在儿童创作的过程中进行观察，评判儿童是否专注，是否完全沉浸于自己的创作中。如果儿童专注于创作，无暇提问或分心走神，那么，就可以判断他在绘画中充分地体验和表现了自己的经验，美术作品也可以得到高分评价。

① [美]罗恩菲德.创造与心智的成长[M].王德育，译.长沙：湖南美术出版社，1993：127.
② [美]罗恩菲德.创造与心智的成长[M].王德育，译.长沙：湖南美术出版社，1993：45-47.

总之，罗恩菲德认为童年期的艺术教育目标是赋予儿童创造的自由，让艺术成为人人都能参与的活动。因此，美术教育活动应注重保护儿童的创造力和艺术精神，不应过度关注技巧，也不应随便“教”儿童画画（范画）。

（二）艾斯纳的美术教育理论

艾斯纳（Eliot W. Eisner）是美国教育家，他的美术教育思想形成于罗恩菲德的时代之后，他重视美术教育本身的价值，主张以学科为基础的美术教育，强调美术学科学习的系统性，并认为儿童的美术能力不是自然而然形成的，而是需要经过系统的教育引导的。艾斯纳的美术教育思想被称为“本质论”，与罗恩菲德的“工具论”相对。

1. 艺术教育的目标和价值

艾斯纳认为，艺术对人的发展有着重要的价值，包括能够增加人的视觉经验、提供如何处理视觉经验的方式、表达社会价值观、发展想象力、增强人与人之间的联系等。这些价值是由艺术学科本身的特点而决定的，也就是说，其他学科并不能替代艺术和艺术教育来完成这些任务。

在此基础上，艾斯纳提出了美术教育的“指导性目标”和“表现性目标”两个概念。指导性目标是“发展学生运用艺术手法表达思想和情感所必须的某种技能”，即赋予儿童自由创造和表情达意的美术技法、美术创作知识。表现性目标则是“鼓励学生运用通过指导性目标所获得的技能拓展或探究自己的观点、意象和情感”[①]，即支持儿童在掌握基础知识、基本技能的基础上进行个性化的创造。

这两类目标联系密切，指导性目标提供了儿童发展的基础，表现性目标拓宽了儿童发展的空间。在这两类目标相互融合的基础上，艾斯纳又提出了“问题式美术课程目标”[②]，即以美术教育实践中的问题为导向，强调儿童运用美术知识技能和自己的创造性表现来解决美术中的细节问题。

2. 美术教育的内容

为了培养儿童的美术创造能力、美的感受能力和美术文化理解能力，艾斯纳拓展了美术教育的内容，并将之归纳为“创造”“批评”和“文化”[③]三类。

“创造”的教育内容：引导儿童感知美术作品本身，以及元素之间的关系，并看到美术意象间的内在的联系；支持儿童运用处理材料的技能，使用特定的材料创造出自己满意的图形图像；支持儿童掌握创造空间秩序、审美秩序的方法。

---

① 转引自马菁汝.艾斯纳将DBAE课程观进行到底[J].美术，2010(04)：119.

② 转引自马菁汝.艾斯纳将DBAE课程观进行到底[J].美术，2010(04)：119.

③ 尹少淳.给理性抹上暖色——艾斯纳美术教育思想评析[J].中国美术教育，1998(03)：31.

“批评”的教育内容：丰富儿童的各类经验，以便于支持他们从作品欣赏中获得更多的知识；引导儿童了解作品中的形象是如何被组织在一起的；引导儿童了解作品的主题、材料、风格以及文化意义。

“文化”的教育内容：引导儿童了解不同元素在特定文化中的表征及意义。

综合来看，上述三种教育内容可以被理解为“美术创造”和“美术欣赏”的重点内容，其中，美术学科的知识是教育的重点。

3. 美术创作与作品的评价

艾斯纳认为，美术教育中的评价与“测验”“分级”不相同，它是一个判断和评赏的过程。所以，对儿童美术创作和作品的评价，可以从以下几个方面进行：

首先，评价技巧方面的表现，即关注儿童作品中组合运用美术元素、美术表现手法的技巧。比如：观察儿童画中的色彩搭配、构图方式等。

其次，评价美学方面的内涵，即判断儿童的创作有没有体现出他们掌握的一些美术知识，比如色彩明度变化的知识、混色的知识等。

再次，评价创造性的水平，即判断儿童作品的原创性和新颖性，是否与其他同龄儿童的作品不同，或者是否是儿童自己独特的经验。比如：儿童是否拼接了不同的意象和元素，创作出自己从未画过的世界等。

罗恩菲德和艾斯纳的美术教育思想也代表了儿童美术教育的两种取向，我们在教育实践中，应当“执两用中”：既给予儿童自然发展、自由创造的空间，发挥艺术教育促进儿童创造力发展的作用；又重视美术知识和技法的介绍，为儿童自由的创造打好基础。

二、音乐教育理论

（一）柯达伊音乐教学思想

柯达伊（Zoltán Kodály）是匈牙利著名的音乐教育家，他建立了包括民族音乐教育观、民族音乐教学论、合唱教学方法、人民音乐教育观在内的音乐教育体系。

1. 儿童音乐教育的目标

柯达伊认为，音乐教育是培养人的活动，必须立足于人的全面发展，所以，音乐教育的首要目标是人的教育，而不是音乐家的教育。音乐公平地属于每一个人，音乐教育也应当公平地面向每一个儿童。

好的音乐可以促进儿童思维能力和个性的形成，有助于儿童一般听力、注意力、条件反射、感情以及身体的发展。因此，音乐教育应从幼儿园开始，从培养儿童的音乐听觉等出发，唤起儿童对音乐的兴趣，帮助儿童形成音乐趣味和审美感知[①]，进而帮助儿童塑造完满的人格。

2. 儿童音乐教育的内容

柯达伊认为，通过歌唱最容易接近音乐，歌唱也是最容易表达思想情感的音乐形式。有了歌唱的基础，高层次的音乐教育才能得以开展，所以，歌唱被视为儿童音乐教育的核心内容，器乐、节奏等其他内容的教育应当在歌唱的基础上展开。比如：在学习歌唱的基础上，利用语言和歌唱都有节奏韵律的特点，将儿歌、童谣引入教学中，引导儿童感知语言的节奏与身体律动、呼吸之间的关系。在柯达伊看来，具体的音乐要素要在有表现意义的音乐整体中习得[②]，所以，儿童要先把握歌唱这个基础要素，再围绕歌唱学习其他音乐元素。

按照柯达伊的要求，儿童从幼儿园开始就应该避免接触坏的音乐，只有经得住时间考验的优秀音乐作品才能用来作为幼儿园音乐教育的素材。他认为，民族歌曲就是适宜于培养儿童音乐素养的经典素材，民歌具有趣味性，能够引起儿童的兴趣，容易被孩子们接受，并且能够帮助儿童建立身份认同感和归属感，有利于儿童情感的表达和发展。

3. 儿童音乐教育的方法

柯达伊认为，游戏是开展儿童音乐教育的有效方法。比如：在歌唱游戏中，儿童一边跟唱，一边做动作，就能够将音乐元素和身体部位、身体动作联系在一起，通过身体和各种感官协同感受和表现音乐。而且游戏简单易做，充满趣味，用游戏的方式开展音乐教育活动，容易让儿童产生成就感和获得感。

在进行歌唱教学时，柯达伊认为听唱法、跟唱法都可采用，但教师应有意识地引导儿童感受音乐的节奏、乐句的结构，将这种音乐体验与歌唱结合起来。相应地，柯达伊建立了独特的音乐教学法体系，其中包括：

（1）首调唱名法

无论什么大调，第一级音都唱作“Do”，第二级音唱作“Re”，第三级音唱作“Mi”，以此类推；无论什么小调，第一级音都唱作“La”，第二级音都唱作“Si”，第三级音唱作

① 杨立梅．柯达伊音乐教育思想与实践：音乐基础教育的原则与方法[M]．北京：中国人民大学出版社，1994：65．
② 董灵．柯达伊基础音乐教育概论[M]．桂林：广西师范大学出版社，2008：42．

“Do”，以此类推。音名和唱名不对应，让儿童更容易感知每一个音在旋律中的位置及其与其他音之间的相对关系。

(2)柯尔文手势(图1-8)唱名法

柯尔文手势唱名法即以系列手势来表示音级关系的方法。儿童一边唱，一边用手辅助，从而将听觉的信息与视觉和运动觉的信息整合起来，协调多种感官，感受音程的变化规律和相对关系。

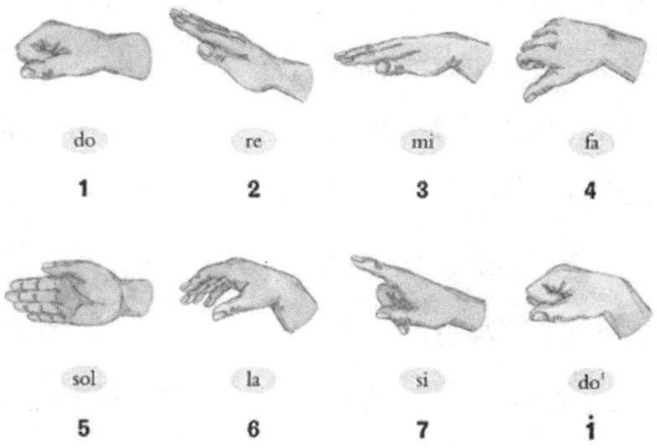

图1-8 柯尔文手势图

(3)节奏诵读法

正如前面所说的，柯达伊在语言和音乐之间建立了联系，用语言的方式来呈现音符的时值，例如，他将四分音符读作“ta”，将八分音符读作“ti-ti”，这样，两类音符时值的关系就能够清晰地呈现出来，有利于儿童直观地理解和掌握。

总体而言，柯达伊的音乐教学思想体现出公平、强调民族文化、重视自然歌唱等方面的特点，对学前儿童音乐教育的目标定位有一定启示。

(二)奥尔夫音乐教育思想

奥尔夫(Karl Orff)是德国著名的作曲家、音乐教育家，他提出了“原本性音乐”教育观念，认为音乐教育中的音乐是和动作、舞蹈、语言紧密结合在一起的，是接近土壤的、自然的、机体的，能为每个人学会和体验的、适合于儿童的①，是一种参与性的和整体性的音乐。奥尔夫的音乐教育法在目标、内容和方法上都有独特之处。

1.音乐教育的目标

奥尔夫认为，人本来就有表达思想和情绪的愿望，并能够通过语言、声音等形式自然自发地表现出来。而音乐教育的目标，就是激发和提升儿童的这种本能的表现力，挖掘儿童的音乐潜力，引导儿童感受和体验音乐的语言、节奏、韵律之美，并使儿童得以健康成长。

在音乐教育目标中，奥尔夫也强调了他对“原本性”的重视，比如提出通过整合各种感觉来引发儿童的音乐兴趣，鼓励并支持儿童在音乐中体验、歌唱、律动，表达和抒发他们的经验和情感。

① 李妲娜，修海林，尹爱青.奥尔夫音乐教育思想与实践[M].上海：上海教育出版社，2002：39-40.

2.音乐教育的内容

节奏,是奥尔夫最重视的基本要素,也是其音乐教育体系中的关键内容。在奥尔夫看来,节奏可以顺畅地将语言、动作、音乐融合在一起。所以,在教学中,他安排了说白、声势、打击乐器等内容,帮助儿童感受和表现节奏。比如:用说白的方式体验歌词中的停顿、力度、节奏;通过拍手、跺脚、捻指等动作进行单声部或多声部的节奏训练(即节奏卡农);分别用无固定音高和有固定音高的打击乐器来伴随歌曲打节奏;等等。

唱歌和音乐欣赏也是奥尔夫音乐教育的主要内容。奥尔夫为儿童挑选了大量以五声调式为主的经典音乐,并通过听唱的方式,引导儿童参与歌唱。同时,为儿童提供精选的音乐欣赏素材,如,法国作曲家圣桑的经典作品《动物狂欢节组曲》等,支持儿童在音乐活动中学会欣赏。

此外,更具有挑战性的教育内容还包括即兴创作。奥尔夫为儿童提供的即兴创作内容是简单而浅显的,更多地表现为一种“元素性”的即兴创作,比如:儿童对已经熟悉的一个节奏型进行改变,拓展成为稍微复杂一些(如带切分、附点等变化)的节奏等。

3.音乐教育的方法

基于“原本性”的音乐教育思想,奥尔夫非常重视音乐教育的过程,他关注儿童如何参与活动、如何按照自己的意愿来“做”、如何发挥自己的想象力和独创性;对于结果如何,反而不太关注。他所提倡的教学方法有如下几种。

(1)游戏教学法

与柯达伊类似,奥尔夫也借助游戏开展有效的音乐教学活动。但不同的是,奥尔夫主要依赖儿童喜爱的假装游戏来组织活动。通常,他会依据音乐特点,为儿童创设想象的情境,比如:想象狮王气宇轩昂地迈步入场的画面,并鼓励儿童用肢体动作配合节奏进行表现等。

(2)声势教学法

用身体动作,包括原地动作和位移动作等,来表现歌曲、歌谣中的节奏。在个人声势练习、单独表现的基础上,不断增加难度,提出双人合作、集体合奏等挑战,支持儿童发展。

(3)图谱教学法

奥尔夫将音乐与视觉艺术相结合,通常根据一首曲子的音高、节奏型、力度、速度、曲式、歌词等来设计图形符号,创设儿童容易理解的图谱。在充分感受乐曲的基础上,儿童就能够用类似视唱的方式,根据这个简易的图谱来完成节奏练习或是声势活动。

(三)达尔克罗兹音乐教学思想

达尔克罗兹(Emile Jaques-Dalcroze)是瑞士著名的作曲家、教育家,他十分重视音乐与身体运动之间的关系,并据此开创了一套系统完善的体态律动教学法,用于音乐教育中。达尔克罗兹音乐教学法对世界各地的音乐教育实践产生了深远的影响,前面介绍的柯达伊和奥尔夫在一定程度上都受到了达尔克罗兹音乐教育思想的影响。

1.音乐教育的目的和价值

达尔克罗兹认为,音乐教育必须回归"音乐性",而音乐和身体的运动密切相关。人天生具有感知音乐和音乐旋律的能力,就算是小婴儿也有天生的节奏感。

所以,音乐教育的目的就是唤醒儿童对音乐的兴趣和热爱,通过形体动作与音乐的联系,引导儿童进入音乐当中,用自己的身体来感知和捕捉音乐的情绪,并表现出来,从而激发儿童的音乐想象力和创造力,提高其感官和思维的敏锐性。

达尔克罗兹同样重视音乐教育对于儿童全面发展的重要价值,他认为,接受过良好的音乐教育的儿童,各方面的学习能力也会有所提高。

2.音乐教育的内容

达尔克罗兹音乐教育体系中最重要的内容就是节奏,他认为节奏是音乐中最强有力的要素,也是与生命关系最密切的运动①。但不同于奥尔夫运用多种不同方式引导儿童感知节奏的做法,达尔克罗兹在更基础、更原本性的层面来加工音乐教育中的节奏内容,特别重视将音乐与身体运动结合起来。

在教育活动中,达尔克罗兹强调以音乐为主导,教师引导儿童充分地听音乐、感受音乐,再用有乐感的动作来表现音乐。比如:用高低起伏的动作表现旋律中的音程关系,用不同方向、速度的运动来表现旋律的进行方向、速度,用不同幅度的动作来表现音乐的情绪,等等。

3.音乐教育的方法

达尔克罗兹创设的音乐教学方法包括体态律动、视唱和即兴音乐活动。

(1)体态律动法

体态律动不同于舞蹈或单纯的运动,它关注身体动作与音乐之间的一一对应关系。在运用体态律动方法进行音乐教育时,音乐是感知的对象,动作则是表达感知和解释音乐的途径。常用的动作包括原地动作(如拍手、动肩、扭腰、踏脚等),以及位移动作(如伴乐行走、跑、爬、蹦等)。两类动作分别与音乐的节奏、旋律、和声、曲式相匹配,进行自由表现。

---

① 蔡觉民,杨立梅.达尔克罗兹音乐教育理论与实践[M].上海教育出版社,1999:13.

运用体态律动方法开展音乐教育时，不强调精确地模仿动作，也不太关注动作姿态，而更重视感知、理解音乐结构和情绪之后，找到可以与之对应的身体语言。这样，在完整地欣赏完音乐作品后，教师和儿童可以将不同的身体动作和音乐元素组合在一起，呈现出完整的律动。

(2)视唱和即兴音乐活动

视唱即通过音乐教育，支持儿童将听、言语、歌声和表现结合起来，达到能够读、唱音名和认谱的教育目标。视唱的练习从自然大调音节开始，要求儿童先按照等时值的方式读唱名，之后，伴随着旋律的行进，唱出相应的音高、节奏等。

达尔克罗兹认为，教师和儿童都有即兴开展音乐教育活动的潜能，所以，在音乐教育活动中，应当支持儿童自主地感受和表现音乐，并进行即兴的表现。通过即兴的音乐表现，教师能够更好地判断儿童在听觉、乐感、身体协调等方面的发展需求，从而提供更具支持性的教育。

对比柯达伊、奥尔夫、达尔克罗兹的音乐教育思想可以发现，他们都强调音乐本身的重要性，关注音乐在教育教学活动中的体现，侧重培养儿童通过感官、运用身体来感受和体验音乐、表达和创造音乐的能力。而且，他们都将听觉艺术与视觉艺术、感官和肢体经验结合在一起，体现出打破艺术形式的界限、整合不同艺术元素的综合性特点。

学习研究

请自主搜集一个有关柯达伊、奥尔夫或达尔克罗兹模式的艺术教育活动案例，分析教学活动设计中体现出来的相关教育理念。

三、艺术综合教育相关理论

(一)艺术综合教育理念

学前儿童艺术综合教育理念来源于南京师范大学楼必生教授和屠美如教授的课程研究，它聚焦于审美教育的终极目标，强调从人的整体发展出发，达到人在实践中的全面自由发展[①]，主张从儿童审美心理发展规律出发，依据不同艺术形式在表达情绪情感、叙事方面异质同构的特点，开展综合的艺术教育活动。

① 屠美如，楼必生.学前儿童艺术综合教育课程研究简介[J].学前教育研究，2001(03)：32.

1. 艺术综合教育的目标

总体目标是通过综合的艺术教育活动培养儿童的审美感知、审美创造能力。据此，又分解为领域目标和同构目标，如下图[1]所示。

- 艺术综合教育目标
  - 分领域目标
    - 音乐领域目标
    - 美术领域目标
    - 文学领域目标
  - 同构目标
    - 情感同构
    - 形式同构

图1-9 艺术综合教育目标层次

教师要引导儿童在情感上综合感知不同的艺术思想，对作品进行移情，还要引导儿童感知和发现不同形式的艺术作品在局部或整体上的同构。比如：欣赏前面提到的画作《星月夜》时，可以将色彩和线条走向的特点与对比鲜明的流动的旋律匹配起来，引导儿童进行感知。

2. 艺术综合教育的内容

除了分领域的艺术教育活动的常规内容之外，在艺术综合教育内容中，一个重要的组成部分就是同构活动的内容，包括同形同构的内容，即，普遍存在于各种艺术形式中的一些元素，比如："对称"在视觉艺术中存在，在音乐作品中也有；以及异质同构的内容，即形式、元素不同，但是蕴含着共同的情感，能够给儿童带来相似的感受的内容，比如欢快的情绪，在绘画和音乐中会以不同的形式呈现出来。在选择内容时，可以从"审美情感的综合、形式结构的综合"[2]两个方面入手来进行组织。审美情感的综合包括色彩、线和形、节奏、声音和旋律的情感表现；形式结构的综合包括对称与均衡、重复与变化、整齐一律和多样统一等艺术表现手法的综合[3]。

3. 艺术综合教育的方法

在组织艺术综合教育活动时，教师需要从选材入手，根据不同层次的目标选择素材、教材；接着，梳理素材中的同构要素，包括情感和形式方面相似的要素；之后，呈现素材，引导儿童感受、选择、匹配、理解，实现从综合艺术欣赏到表现的过程。

具体的教育过程中，采用多感官学习的方式，支持儿童充分调动视觉、听觉、触觉、运动觉等来感受，并将不同感官提供的信息综合起来进行理解。比如：用视觉的图像帮助儿童理解音乐的特点等。

---

① 屠美如，楼必生．学前儿童艺术综合教育课程研究简介[J]．学前教育研究，2001(03)：32.

② 屠美如，楼必生．学前儿童艺术综合教育课程研究简介[J]．学前教育研究，2001(03)：32-33.

③ 屠美如，楼必生．学前儿童艺术综合教育课程研究简介[J]．学前教育研究，2001(03)：33.

(二)生态式艺术教育理念

生态式艺术教育理念也体现出综合艺术教育的特点，是由滕守尧教授在研究和教学实践中提出的。“所谓‘生态式教育’就是一种为改变各种知识之间生态失衡状态，形成各专业知识之间、知识与自我之间的生态关系的教育，它的目的是培养出真正具有智慧的‘开放型的专家’。”[①]它区别于灌输式教育和园丁式教育，强调通过先天和后天的相互作用，实现个体潜能的发展。生态式艺术教育采用一种生态综合的观点来看待艺术，重视儿童在艺术学习中的整体发展。

1.生态式艺术教育的目标

生态式艺术教育的目标在于将美术、音乐、戏剧、舞蹈等多种艺术形式结合起来，支持儿童在艺术活动中实现感知与体验、创造与表现、反思与评价能力的共同发展。

2.生态式艺术教育的内容

生态式艺术教育的范畴十分广阔，它既涉及能够展现美的各种艺术形式、艺术元素，也涉及具有审美价值的生活。在一种生态式的、各种元素彼此渗透、相互联系的教育观念引导下，教师可以从一日生活的各个环节、从自己和儿童的经验中自然地积累相关活动内容。

3.生态式艺术教育活动的组织形式

在教育实践中，生态式艺术教育活动的组织形式以单元教学为主。即把一个单元视为一个生态系统……每一个单元都有一个主题，各科教学都围绕这同一个主题进行，以便相互之间形成一种生态关系[②]。选择的单元主题应与儿童的真实生活与情感体验密切相关，与社会文化息息相关。

具体的教学方式包括“对话式教学”和“生成式教学”。“对话式教学”包括不同艺术门类的对话，教师、幼儿、艺术文本三者间的对话，幼儿与艺术环境之间的对话等[③]；“生成式教学”则通过对话不断生成学习内容。比如：在音乐和美术之间建立对话，寻找同构的元素；在活动过程中，教师和儿童平等地感知、欣赏作品，与作品对话。对话式的教学方法并不意味着教师要一直追问、引导儿童发言，而是强调交流的互动性，带着真实的问题与儿童谈话、讨论，才有可能形成新的艺术教育生长点。

总体而言，综合的艺术教育从儿童整体的审美感受和发展规律出发，在不同的艺术形式之间寻找共同点和交叉点，再引导儿童通过感受、谈话、操作的方式进行学习。

---

① 滕守尧.艺术与创生：生态式艺术教育概论[M].陕西师范大学出版社，2002：20.
② 滕守尧.论生态式艺术教育[J].陕西师范大学学报（哲学社会科学版），2003(3)：14.
③ 边霞.生态式艺术教育的基本思想与实践探索[J].学前教育研究，2003(C1)：77.

在学前教育阶段，综合的艺术教育活动可以和主题教学结合起来，也可以从儿童喜爱的绘本入手进行拓展和完善，后续章节将具体介绍活动案例。

本章小结

本章第一节介绍了学前儿童艺术教育的内涵、意义、目的和任务，强调学前儿童艺术教育对于儿童认知发展、审美感受力及艺术创造力的提升、情感表达与社会交往能力的发展的重要意义。第二节介绍了具有影响力的学前儿童艺术教育理论，包括罗恩菲德、艾斯纳的美术教育理论，柯达伊、奥尔夫、达尔克罗兹的音乐教育理论，以及综合艺术教育理论。

思考与实训

1. 学前儿童艺术教育对儿童发展有什么作用？请举例说明。
2. 请在幼儿园中观察一名儿童自发的艺术表现，并尝试进行分析。

专题探讨

许多家长从小“鸡娃”，在艺术方面也不懈怠，幼儿园阶段就给孩子报了画画班、舞蹈班、合唱班，每天“盯着”孩子完成重复的练习，帮孩子分析哪些艺术技巧掌握得还不够透彻。这可以被看作综合的艺术教育吗？你如何看待这种现象？

第二章

学前儿童艺术教育活动的设计与实施

学习目标

1. 知识目标

- 了解儿童在艺术领域的发展目标,以及相关政策文件中的教育目标;
- 理解学前儿童艺术教育的基本原则和组织方法;
- 了解儿童应掌握的艺术领域的关键经验。

2. 能力目标

- 能够解析和评价艺术类教学活动设计中的目标;
- 能够根据儿童在艺术领域的关键经验选择适宜的教育素材和内容;

3. 情感目标

- 对学前儿童艺术教育的设计产生兴趣,能够从活动设计中获得成就感。

学习重难点

1. 学习重点:学前儿童艺术教育活动设计的基本要点、方法和要求。
2. 学习难点:能够评判学前儿童艺术教育活动设计是否得当。

案例破冰

在进行教学活动设计时,老师们都很重视"导入"环节的设计,有的老师喜欢使用故事导入,有的老师则经常用提问或猜谜语的方式导入。下面是某位老师撰写的小班音乐活动教学设计(节选),这位老师在组织教学活动时感觉挺顺畅的,小朋友们表现得也很好,但参加教学活动设计比赛时,专家却都没有给高分。这位老师十分困惑:到底是哪里出了问题呢?

小班音乐活动:《苹果红又圆》

(一)活动目标

1. 学念儿歌,感受节拍的变化;

2. 愿意参加音乐活动,体验音乐活动带来的乐趣。

…………

(二)活动过程

教师出示真实的苹果,请幼儿观察:"小朋友们,看看老师手上拿的是什么呀?"

之后,教师提问:"这是一个什么样的苹果?"引导幼儿说出红红、圆圆、甜甜等叠音词来进行描述。

教师提问:"你可以用身体动作来模仿'圆圆'苹果的样子吗?"

教师请个别幼儿示范动作,引导其他幼儿学习。

之后,教师分组启发幼儿:"还可以用什么动作表现我们爱吃苹果呀?"

教师小结:"苹果又红又圆,我们刚好有一首儿歌是这样唱的,一起来听一听吧!"

…………

就像上面这个案例一样,在许多设计好的教学活动中,教师都是循循善诱,一步一步地引导儿童进入到正式的活动情景中,慢慢地引发儿童的活动兴趣的。那为什么这个案例在音乐教学活动设计比赛中没有能脱颖而出呢?对学前儿童开展艺术教育活动时,应当采取什么样的目标定位?遵循什么样的原则?选择什么样的内容呢?

第一节 学前儿童艺术教育活动的目标与原则

一、学前儿童艺术能力的发展目标

《3-6岁儿童学习与发展指南》(以下简称《指南》)中指出:每个幼儿心里都有一颗美的种子。而且,幼儿对事物的感受和理解不同于成人,他们表达自己认识和情感的方式也有别于成人[①]。也就是说,学前儿童能够以符合其年龄特点的方式来发现美、感受美、表达美。艺术教育活动应当尊重儿童审美能力的发展规律,支持其在艺术领域内获得关键经验,实现个体化发展。

以儿童为中心,《指南》提出了艺术领域的发展目标。成人应当通过各种途径和手段,促进儿童在这些方面的发展,具体包括:

(一)感受与欣赏

目标1:喜欢自然界与生活中美的事物;

目标2:喜欢欣赏多种多样的艺术形式和作品。

这两条主要的发展目标都使用了"喜欢"这个词语,说明《指南》希望我们首先关注儿童对艺术和美的兴趣的发展。儿童天生是爱美的,这种兴趣应该随着年龄的增长而不断发展。《指南》中也细致地描述了不同年龄段儿童在喜欢的艺术作品方面的差异和特点。

比如:3-4岁的儿童应表现出"喜欢听音乐或观看舞蹈、戏剧等表演",到了4-5岁,儿童就应"能够专心地观看自己喜欢的文艺演出或艺术品,有模仿和参与的愿望",而5-6岁的儿童在此基础上应能在"艺术欣赏时常常用表情、动作、语言等方式表达自己的理解"[②]。

从每个年龄段的发展导向来看,儿童在感受和欣赏美与艺术时,是从最简单的"喜欢、愿意参与",逐渐发展到能够用符合美和艺术表现要求的方式来感受和欣赏,再发展到形成自己对美和艺术作品的理解的。在这个过程中,儿童将会从"美"的初级感知

① 中华人民共和国教育部.教育部关于印发《3-6岁儿童学习与发展指南》的通知[EB/OL].(2012-10-09)[2021-08-08] http://www.moe.gov.cn/srcsite/A06/s3327/201210/t20121009_143254.html.

② 中华人民共和国教育部.教育部关于印发《3-6岁儿童学习与发展指南》的通知[EB/OL].(2012-10-09)[2021-08-08] http://www.moe.gov.cn/srcsite/A06/s3327/201210/t20121009_143254.html.

者逐渐成长为“美”的主动理解者和评论者。

为了体现这种发展的层次性，作为教育者，我们应该为儿童提供有难度层次、有进阶性的感受和欣赏活动。比如：同样是欣赏一段音乐，对于小班的儿童，我们主要考虑他们是否能够在活动中感到快乐、能否体会音乐所表达的情感；对于中班的儿童，我们主要考虑他们是否能够分辨音乐旋律的特点；对于大班的儿童，我们主要考虑他们是否能够说出自己对音乐的理解。

（二）表现与创造

目标1：喜欢进行艺术活动并大胆表现；

目标2：具有初步的艺术表现与创造能力。

在目标1中，我们再次看到了“喜欢”一词，说明儿童对表现与创造的兴趣仍然是发展的重点。这种兴趣表现在儿童参与活动的频率、积极性，以及他们在活动中的情绪反应之中。此外，《指南》还要求我们关注儿童在表现和创造能力方面的发展，即：关注儿童有没有获得与“兴趣”相匹配的、能够支撑“兴趣”不断延续的相关能力（技能）的发展。

这种能力的发展，关系到儿童的兴趣是否能够继续保持。比如：一个孩子起初很喜欢跟着音乐舞动身体，家长和老师只是看到了他的这种兴趣，却没有给他提供各种不同的音乐，或者没有带他欣赏舞蹈（没有为他的能力发展提供支持），慢慢地，这个孩子就会对重复、单调的“舞动”失去兴趣。

所以，《指南》也明确了不同年龄段儿童的艺术表现和创造能力发展的特点。比如：3–4岁的儿童应“能模仿学唱短小歌曲”；4–5岁的儿童应“能用自然的、音量适中的声音基本准确地唱歌”；5–6岁的儿童应“能用基本准确的节奏和音调唱歌”等。

可见，儿童艺术表现与创造能力的发展是循序渐进式的。从最初的“模仿”“模拟”发展到后期的能够运用一些艺术元素来表现，儿童需要丰富的艺术活动经验作为支撑。

拓展阅读

《3–6岁儿童学习与发展指南》对艺术领域的概述

艺术是人类感受美、表现美和创造美的重要形式，也是表达自己对周围世界的认识和情绪态度的独特方式。

每个幼儿心里都有一颗美的种子。幼儿艺术领域学习的关键在于充分创造条件和机会，在大自然和社会文化生活中萌发幼儿对美的感受和体验，丰富其想象力和创造力，引导幼儿学会用心灵去感受和发现美，用自己的方式去表现和创造美。

幼儿对事物的感受和理解不同于成人，他们表达自己认识和情感的方式也有别于成人。幼儿独特的笔触、动作和语言往往蕴含着丰富的想象和情感，成人应对幼儿的艺术表现给予充分的理解和尊重，不能用自己的审美标准去评判幼儿，更不能为追求结果的“完美”而对幼儿进行千篇一律的训练，以免扼杀其想象与创造的萌芽。

二、学前儿童艺术教育活动的教学目标

《指南》为我们提供了儿童在艺术领域学习和发展的理想状态和价值理念，那么，在实际教学中，应当如何设定目标，才能真正支持儿童在这些方面的发展呢?《幼儿园教育指导纲要》(以下简称《纲要》)和《幼儿园工作规程》(以下简称《规程》)两份文件为我们提供了明确的答案。

(一)《幼儿园教育指导纲要》中的艺术教育目标

《纲要》指出，在幼儿园中开展的艺术教育活动，应以支持或引导儿童“初步感受并喜爱环境、生活和艺术中的美”“喜欢参加艺术活动，并能大胆地表现自己的情感和体验”以及“能用自己喜欢的方式进行艺术表现活动”[①]为目标。

它的定位和要求与《指南》相一致，教学的最终目的仍然在于培养儿童对艺术活动的兴趣。其中每一条目标的达成，都需要教师为儿童提供大量的艺术活动经验，包括：欣赏美、感受美，发现生活中各种各样的美的经验；以及表达美、创造美，用艺术的方式来表达自己情绪情感的经验。比如：“能用自己喜欢的方式进行艺术表现活动”这一目标，只有在积累了足够多的艺术经验后，儿童才能够从中发现自己喜欢的方式，进而大胆地、富有创造性地来表达。

此外，《纲要》在“指导要点”部分专门指出：“要避免仅仅重视表现技能或艺术活动的结果，而忽视幼儿在活动过程中的情感体验和态度的倾向”“应支持幼儿富有个性和创造性的表达，克服过分强调技能技巧和标准化要求的偏向”，以及“根据幼儿的发展状况和需要，对表现方式和技能技巧给予适时、适当的指导”。

---

① 中华人民共和国教育部.教育部关于印发《幼儿园教育指导纲要(试行)》的通知[EB/OL].(2012-07-09)[2021-08-02] http://www.moe.gov.cn/srcsite/A06/s3327/200107/t20010702_81984.html.

也就是说，幼儿园的艺术教育活动不应以技能技巧教学的结果为追求目标，同时，也不能完全不顾儿童自身表现出的对学习技能和表现手法的需要。在制定教育目标时，要平衡审美素养培养和艺术技能教授之间的关系，确保儿童在活动中既获得美的享受，又学会用自己的方式表现美。

（二）《幼儿园工作规程》中的艺术领域保教目标

《规程》是规范幼儿园办学行为、提高幼儿园保育和教育质量的规定性文件。总则第五条“幼儿园保育和教育的主要目标”部分提出了儿童体育、智育、德育和美育的目标。其中，美育目标为“培养幼儿初步感受美和表现美的情趣和能力”[①]。

整体来看，《规程》同样要求在幼儿园保教活动中培养儿童感受和表现美的能力，聚焦儿童审美素养和表现能力的发展，这与前面两份文件精神是高度一致的。由此，我国幼儿园艺术教育活动的目标主要在于以艺术活动为途径，为儿童提供感受和表现美的机会，同时不断地丰富儿童的审美经验。幼儿园艺术教育是侧重修养和过程的教育，而非侧重技能和结果的教育。

所以，如果按照“知识、情感态度、能力”三维目标的要求来设计艺术教育活动目标，那么，“知识”部分的目标应该能够更好地服务“情感态度”以及“能力”层面的目标。在教学活动中，向儿童展示相关的艺术知识、表现手法，是为了让儿童能够更好地体会美、表现美。依据文件精神，此后各章将具体陈述每一类艺术活动分年龄段的目标设计。

学习研究

请向同伴介绍一件你认为美的艺术作品，试试看，通过你的讲述，同伴能不能和你一样产生审美体验。

三、学前儿童艺术教育活动的基本原则

（一）启蒙性原则

为学前儿童开展的艺术教育活动首先应该具有启蒙性。在3–6岁阶段，无论是引导儿童欣赏世界名画、倾听悦耳的旋律，还是自由地进行艺术创作，其目的都是为儿童

---

① 中华人民共和国教育部.幼儿园工作规程[EB/OL].(2016-03-01)[2021-08-02] http://www.moe.gov.cn/srcsite/A02/ s5911/moe_621/201602/t20160229_231184.html.

良好的审美和艺术素养发展奠定基础，在童年早期培养起儿童对美好事物的兴趣和品位，而不是要求儿童在当下就学会成熟的艺术技巧。

比如：从观看者的视角来看，下面这幅儿童涂鸦画（图2-1）很难让人觉得美，但在绘画过程中，儿童尝试了用大大小小的色块来表现自己脑海中的形象和故事，他选择了自己认为组合起来好看的色彩。虽然画作稚朴，但它揭示了儿童对“画”的初步兴趣，也预示着儿童此后可能的更多艺术创作行为。

图2-1　儿童涂鸦画（小班）

基于这一点，我们在设计和组织艺术教育活动时，应从整体上统筹考虑以下几个问题：

1. 儿童能否轻易地参与到活动中？
2. 儿童能否专注地投入活动，并从中获得愉悦？
3. 儿童能否大胆地尝试各种表现美的方法？
4. 活动是否可以不断延伸？
5. 活动结束后，儿童是否会自然地再现活动中积累的经验？

（二）审美性原则

审美性是学前儿童艺术教育活动的最终诉求，无论选择什么样的活动内容、活动形式，都应该让儿童在教育活动中发现美的元素、获得美的体验、积累美的经验。比如：设计美术欣赏活动，应关注儿童能否在活动中接触丰富的视觉艺术材料、能否从中获得审美愉悦感，避免过多地讲述作品背后的故事、作家的生平等等。应当重点引导儿童在活动中产生对美的情感、理解和想象。

本章开篇的案例中，教师组织的音乐活动就体现了审美性不足的特点，虽然在导入环节，教师引导儿童通过观察、模仿等方式，具体感知了“苹果”的形态，却没有更进一步地引发儿童对苹果味道的想象，也没有将此与音乐联系在一起。更重要的是，教师未能引导儿童感受乐音之美，或用好听的声音来表现音乐的变化；而是把重点放在了表现儿歌内容上，美之意蕴显然不足。

为了确保教育活动的审美性，教师在设计和组织时，应仔细思考以下问题：

1.选用的素材是否都符合美的规律？

2.儿童能否在活动中自主发现美的元素（如色彩、节奏）？

3.活动环节能否支持儿童层层递进地感受自然、生活、艺术作品中的美？

4.在活动中儿童能否用言语、行为表达审美情感（如：发出“真美啊”的感叹等）？

5.活动能否激发儿童进一步的审美想象和表达？

（三）游戏性原则

幼儿园教育应以游戏为主，这是因为游戏能够激发儿童的兴趣，支持儿童有效地积累经验、获得发展。游戏性也是学前儿童艺术教育活动的典型特征。这意味着我们所组织的艺术教育活动首先应该是好玩的、有趣味性的，能够让儿童在活动中获得快乐；其次，应该是自由的，儿童有机会尝试、挑战不同的艺术素材和活动，不受限制；第三，应该具有一定的挑战性，能够令儿童在紧张与兴奋并存的情绪状态下通过与材料的自由互动获得成就感（比如：用滴流画的方式画出一幅有趣的抽象画）；第四，应该是无关好坏和对错的，儿童不会因为自己画得“像不像”“对不对”而被老师打分、评价。

在本章开篇的案例破冰中，这名教师的教学活动没有获评高分，很重要的一点就在于游戏性不足，儿童并没有能够自由地与材料互动（如：跟着儿歌的节奏自由舞动或自由哼唱），活动趣味性也没有得到很好的体现。

我们在设计与组织活动时应当考虑以下几个问题：

1.在活动中，儿童是否表现出兴奋、激动、喜爱等情绪？

2.儿童是否专注、投入地参加活动，并且时常露出笑容？

3.儿童是否主动参与活动，并愿意坚持很久（如：主动跟随音乐舞动四肢）？

4.儿童是否自由地展开想象，并且有原创性的表现？

5.活动设计的各个环节能否鼓励儿童进行多元的、非标准化的表现？

（四）经验性原则

杜威在晚年的著作《艺术即经验》中指出，审美"指一种鉴别、知觉、欣赏的经验"①，所以，设计和组织学前儿童艺术教育活动时，应将经验性作为根本要求，从是否能够为儿童提供审美经验入手来判断艺术教育活动的有效性。

学前儿童艺术教育活动应该为儿童提供直观的一手经验，支持儿童亲身参与，即让每一名儿童都能轻易地参与到活动中，通过自己的探索来积累审美经验（而不是听老师说）；支持儿童在参与艺术活动的过程中充分调动多种感官，即将感官获取的信息加以整合，从中获得美的体验；为儿童提供充足的时间，支持儿童积累持续、变化的审美和艺术经验；为儿童提供获取丰富经验所必须的素材。此外，经验性原则还要求我们关注儿童日常经验向审美经验的转换，注重在日常生活中渗透美的教育。

在判断艺术教育活动的设计与组织是否符合经验性原则时，我们可以考虑以下几个问题：

1. 儿童是否亲身参与活动（如开口歌唱、操作小乐器等）？
2. 儿童是否充分调动多种感官，浸润在艺术活动带来的审美体验中？
3. 儿童在艺术教育活动中获得的审美经验和艺术表现经验能否不断延续（如：在区域活动中或后续的集中教学活动中继续表现出来）？
4. 艺术教育活动的相关素材、环创、课程设计能否支持儿童积累日常的审美经验？
5. 儿童在艺术教育活动中获得的体验是否灵活且富有变化？

学习研究

按照以上四条原则，请你尝试帮助开篇案例中的老师修改一下她的活动设计。

① [美]约翰·杜威．艺术即经验[M]．高建平，译．北京：商务印书馆，2010：55.

第二节　学前儿童艺术教育活动的内容与组织

一、学前儿童艺术教育活动的内容

（一）艺术领域的关键经验

“关键经验”的概念最早出自美国的高宽（High/Scope）课程，该课程模式确定了8个领域58条关键经验指标，作为儿童学习与发展的目标。如今，在幼儿园的课程与教学改革中，关键经验已经是一个十分常见的概念，它是“幼儿发展必须获得的经验，这些经验在幼儿的经验系统或经验结构中起节点和支撑作用，有利于经验的建构、迁移以及对知识的深层理解”①，也可以被理解为“活动设计者希望儿童在活动中获得的一系列具体的可操作的学习经验，强调儿童日常生活中真实自然的教育经历”②。儿童的关键经验具有动态性、连续性和交互性，它是在儿童与环境、材料、人互动的过程中持续积累起来并且不断变化的。

艺术领域的关键经验，就是儿童在艺术活动中积累的、能够支撑起后续审美能力和艺术表现能力发展的经验。这样的经验有很多，高宽课程将其分成了5类，分别是：视觉艺术的关键经验、音乐关键经验、律动关键经验、假装游戏关键经验、艺术欣赏关键经验。

在这个分类的基础上，我们也可以根据幼儿园教学实践特点，把儿童在艺术领域必须具备的关键经验分成以下几类：

表2-1　儿童艺术领域学习与发展的关键经验

发展领域	关键经验
视觉艺术	1.欣赏视觉艺术作品的经验，包括观看不同风格的绘画、建筑、雕塑等艺术作品； 2.从日常事物中发现美的经验，包括在自然中、在生活中发现美的元素，如：玻璃水杯折射出来的光芒等； 3.关注并尝试使用美的元素的经验，包括自由地探索色彩、造型、光影、模式、纹理质地等； 4.使用不同视觉艺术的语言来表达自己的情感、想象的经验，比如：用涂画、拼贴、捏塑、折剪等方式来记录课程故事、游戏故事等

① 叶平枝.在幼儿教育课程改革背景下重新审视关键经验的意义、内涵与特征[J].学前教育研究，2008(11)：11.
② 于冬青.关键经验：学前教育活动设计的新思路[J].东北师大学报(哲学社会科学版)，2012，(05)：192.

续表

发展领域	关键经验
音乐、律动	1.接触和感受各种不同声音的经验,包括自然中、生活中的声音,以及音乐作品中的声音; 2.认真欣赏不同年代、不同风格的音乐作品,从中感受和体验美的经验,包括器乐作品、歌曲等; 3.歌唱的经验,包括自然自发的歌唱、在老师带领下的歌唱、伴乐和不伴乐歌唱等; 4.摆弄和探索乐器的经验,包括简单的节奏小乐器、有音高的小乐器等; 5.做音乐游戏的经验,包括伴随音乐游戏,以及参与专门的音乐游戏活动等; 6.探索声音的经验,包括用日常物品发出有节奏的声音、探索自己的嗓音等; 7.跟着音乐律动和舞蹈的经验,包括尝试不同的律动方式、进行自由的律动、参与儿童舞蹈等
戏剧	1.玩假装游戏的经验,包括在区域活动、户外活动等环节自主开展假装游戏,以及在拓展的教育活动中玩角色扮演游戏等; 2.观看和欣赏戏剧作品的经验,包括儿童剧、歌舞剧、木偶剧、皮影戏等等; 3.使用多元的综合材料表演故事的经验,包括绘本中的故事、传统故事等

以上是儿童在幼儿园应该获得的部分艺术领域的关键经验,除此之外,我们还可以根据审美和艺术的需求,不断补充新的关键经验到表中。在设计艺术教育活动时,可以从这些关键经验入手,并思考设计的活动能够让孩子获得哪一方面的经验增长,从而提供相应的活动材料。

同时,根据维果茨基的最近发展区理论,我们还得思考:儿童在这个方面已经积累了什么样的原有经验?在儿童原有经验的基础上,提供能够拓展其关键经验的活动内容。

(二)内容的选择与设计

了解了儿童在艺术领域需要获得哪些关键经验后,下一步,就需要搜寻、整理、组合适宜的内容和素材,开展活动来帮助和支持儿童更好地获得这些经验。通常,我们可以根据来源对内容和素材进行分类,并根据这种分类,整合形成属于自己的艺术教育活动内容与素材资源库。

1.来源于大自然的艺术教育内容与素材

庄子曾经说:“天地有大美而不言。”大自然中有着令人心醉神迷的美,比如:世间千万种色彩都在大地上铺洒;万物灵动有声,编织着属于自然的交响曲。大自然就是最好的艺术教育内容来源之一。

从大自然中,我们可以找到适宜于儿童感受与欣赏的美的素材,比如:四季更迭中植物的颜色变化、从晨光熹微到艳阳高照的光线变化、从鸟鸣婉转到风吹麦浪的声音变化等等。著名的雕塑家罗丹说:“世界上并不缺少美,缺少的是发现美的眼睛。”作为教育者,我们更应该主动地寻找大自然中美的元素,为培养儿童拥有一双发现美的眼睛奠定基础。

下图2-2呈现的就是一列颜色渐变的树叶,从深绿到橙黄,大自然用温度创作了色彩渐变的规律,人则用色环的方式将这种规律表达出来。与之相应地,我们可以引导儿童发现色彩混叠、变化之中体现出来的和谐之美。

图2-2　树叶颜色渐变

从大自然中,我们还可以找到适宜于儿童表现和创作的美的素材,比如各种形状的小石头、干树枝,不同形状的树叶、草叶、花瓣,不同大小的果实,不同颜色的泥巴等适用于视觉艺术创作的材料;以及能够支持儿童探索声音的各种材料:鹅卵石、沙粒、木桩、可以吹响的树叶等等。这些材料属于低结构的活动材料,它们的用法多样,教育者可以和儿童一起探索新奇的、有创造力的使用方法。

有时,可供儿童进行艺术创作的自然素材不完全是直观、真实的。比如:使用平时拍摄好的风景图,画面中有湛蓝的天空、婆娑的树影、软绵绵的白云等令人心旷神怡的景物。将图以彩色打印的方式呈现给儿童,由儿童结合这些景物的轮廓进行添画(如根据云彩的形状进行添画)。我们还可以用录音设备收集自然中各种有规律的、美的声音,再通过播放、配音、伴音哼唱等方式来进行创作。

2.来源于日常生活经验的艺术教育内容与素材

美学家格罗塞在研究人类的艺术从何而来时发现,艺术的起源,就在文化起源的地方[①],他从原始人的部落文化中找到了艺术和美的表现,这些美的表现体现为人体装饰、(工具或房屋)装潢、造型艺术、诗歌、舞蹈等。格罗塞让我们看到了原始人生活中随处可见的美的元素,比如把篮子编得对称、整齐,使物品既实用,又能给人带来审美

① [德]格罗塞.艺术的起源[M].蔡慕晖,译.北京:商务印书馆,1984:26.

愉悦感[①]。可见，从远古时代开始，艺术和美的元素就已经出现在了日常生活中。所以，日常的生活经验，也是儿童艺术教育活动内容和素材的重要来源。

日常生活中的美，同样需要寻找，而教师，则应该成为儿童发现美的支持者和资源库。借用瑞吉欧的课程理念，教师如果能够在日常生活中发现并储备好1000种美的元素、美的素材，就更容易和孩子一起在生活中发现并创造第1001种美。所以，教育者可以按“衣食住行”等内容来收集、整理日常生活中的艺术教育素材。

(1)与环境/居所有关的艺术教育素材

儿童在特定的空间、环境中学习、生活和游戏，这个空间可能是幼儿园、家、游乐园或者其他地方。随着空间的转移，儿童也将进入不同的建筑，感受环境和居所的不同，从而发现特定建筑空间的美。比如：在一次测评中，我们问儿童：“幼儿园和家有什么不一样？”哪怕是小班的孩子，也能够发现一些简单的差异：“幼儿园没有沙发”“幼儿园大”“家里有花”等等。可见，儿童对环境中的元素是非常敏感的，作为教育者，教师就更应该有意识地引导儿童观察、比较、感受建筑物的美。教师可以按照以下分类来收集和整理素材：

其一：不同功能的建筑物，包括住宅、学校、医院、美术馆、商场等；

其二：不同地区的建筑物，比如福建土楼、傣家竹楼、西北窑洞等；

其三：具有历史意义的建筑物，比如长城、天坛、金字塔等；

其四：审美价值明确的建筑物，比如苏州园林、卢浮宫等。

在选择素材时，应从儿童的年龄特点和兴趣出发，筛选3-6岁儿童喜欢的内容。在向儿童呈现素材时，教育者应进行一定的加工，避免简单直接地呈现。比如：可以将欧洲宫殿的赏析与室内乐、宫廷舞会的赏析结合起来，引发儿童的兴趣。

根据儿童的发展需求和课程与教学的目标，教育者还可以在上述四种分类的基础上不断地拓展、补充，形成日常生活中关于“住”的多元艺术素材。

拓展阅读

百水先生和他的奇幻房子

百水先生(Friedensreich Hundertwasser，1928—2000)是奥地利艺术家、建筑设计师。他创作了许多童稚、可爱的建筑，这些建筑排斥直线和对称的设

① [德]格罗塞.艺术的起源[M].蔡慕晖，译.北京：商务印书馆，1984：89-90.

计，采用了大量不规则、不重样的线条，以及明亮浓烈的色彩，整体风格就像童话小屋，充满了趣味。

图2-3　百水公寓

图2-3是百水先生设计的公寓之一，这类建筑作品是非常适宜的儿童艺术教育活动素材，无论用于感受/欣赏，还是表现/创作，这类素材都能唤醒儿童对于自由、超越常规、创造和美的生动体验。

(2)与食文化有关的艺术教育素材

民以食为天，博大精深的中华美食文化也为我们提供了丰富的艺术教育资源。在幼儿园的主题教学活动中，儿童动手参与做美食是十分常见的活动环节，比如：在探索种子的过程中，就时常有用豆子、瓜子做成美食的活动。因此，基于食文化，我们也可以进一步挖掘儿童喜闻乐见的“美”的元素。

其一：美食本身的“美”。我们的饮食讲究“色香味美”，从食物的形态、色彩、气味、摆盘中，都可以挖掘视觉艺术的元素；

其二：食器之“美”。在中国饮食文化中，为搭配不同的美食，人们会采用不同的食器。这些碗、盘(见图2-4)、杯、盏都有其独特的美。

图2-4　葱绿釉菊瓣盘

其三：食文化之“美”。在某些饮食文化中，吃饭时的仪式感是非常强的，比如使用食器的动作都有一定的要求，相应地，儿童在“演”的过程中也可以体会这样的仪式感。

同样，除了视觉艺术素材，从饮食文化中，我们也可以挖掘音乐、戏剧、文学等艺术素材，比如：民乐《庆丰收》《采茶扑蝶》等。

(3)与“行”有关的艺术教育素材

在“衣食住行”中，行也许是比较难让人体会到美感的环节。人们从一个地方奔赴另一个地方，往往有着很强的目的性，这与审美的非功利性和非实用性似乎刚好相反。但是，仔细发掘，在与“行”有关的种种经验里，我们仍然能够找到适用于艺术教育活动的素材。

图2-5　云南屏边人字桥

其一：与“行”有关的基础设施的美。人在大自然中生活，也在不断地改变着自然的风貌，铺路修桥是人类为实现彼此沟通而做的努力。“远上寒山石径斜，白云深处有人家”展现的是曲径通幽之美，“一桥飞架南北，天堑变通途”(见图2-5)展现的则是磅礴之美。所以，在与人类的通行有关的基础设施中，教育者能够很容易地找到适用于艺术教育活动的素材。而且，这些素材还可以与儿童所处的地域结合起来，作为家乡之美的教育资源。

其二：与“行”有关的工具的美。随着时代的发展，我们用于出行的交通工具越来越多元，其中不仅蕴含了人类科技文明进步的成果，也蕴含了美的元素，比如：高铁的流线型车身设计、飞机机翼的对称造型等等。此外，还有广泛运用于不同地貌的交通工具所蕴含的美，比如：沙漠上的驼铃悠远、秦淮河上小船的桨棹声声等。

其三：与“行”有关的运动、动态之美。行进中的人和动物都能够表现出动态的美感，比如奔跑的猎豹体现了力量之美，缓缓攀升的风筝体现了轻盈之美，等等。与运动的状态相结合的音乐也是适用于艺术教育活动的素材，比如：进行曲、舞曲、波尔卡等。

(4)与服饰有关的艺术教育素材

汇聚于衣饰上的美的元素是非常直观、容易收集的,衣饰中也蕴含了不同地区、时代的文化和审美取向。在幼儿园,我们也经常可以看到教师引导儿童用不同的线条、色彩等来装饰衣物的活动。在挖掘艺术素材时,除了衣饰中蕴含的色彩之美外,我们还可以更进一步地寻找其他形式的美。

其一:与时代、历史相关的衣饰风格之美。比如:女性服饰从古代到现代的变化、不同季节的衣饰之美等。

其二:衣饰中的纹样、图案之美。比如:古今中外不同民族惯用的衣饰纹样、图案等。

其三:舞蹈、戏剧中的服饰之美。比如:传统芭蕾舞中彰显优雅的服饰、现代舞中彰显自由的服饰,京剧中的服饰等。

除了日常生活中常见的服饰,我们也可以收集文学作品中描述的服饰,或者运用相关的作品来开展艺术创作活动。比如:儿童绘本《我的连衣裙》就呈现了一个小兔子借用自然中的花纹来装点自己的连衣裙的故事,可以以之作为启发儿童进行服饰艺术创作的素材。

(5)与节庆和社会习俗有关的艺术教育素材

逢年过节时,人们都会载歌载舞、装点环境来庆祝,其中蕴含的艺术教育元素也十分丰富。以节庆为主题,在幼儿园开展艺术教育活动,不仅可以引导儿童认识、熟悉、认同当地的文化习俗,还可以将不同节庆的审美仪式、审美导向传递给儿童,让儿童在欢度佳节的过程中获得审美愉悦。我们可以根据艺术形式的不同来分类整理与节庆和社会习俗有关的艺术教育素材。

其一:与节庆相关的视觉艺术素材。比如:用于装点环境的剪纸作品、书法对联、特殊服饰等。结合不同节庆的导向,人们采用的色彩、线条、造型、庆祝方式都各不相同。

其二:与节庆相关的音乐素材。比如:庆祝新春佳节的音乐、在清明时节遥寄哀思的音乐等。

其三:与节庆相关的戏剧、舞蹈素材。比如:能体现节庆仪式的舞蹈作品等。

不同的节日庆典,采用的艺术形式和素材也不同,但不变的是,人们都是运用艺术活动来表达节庆时的情绪情感的,所以,除了挖掘相应的艺术素材,我们也可以以儿童为中心,支持儿童创造更多的表现相应情绪情感的艺术内容。

3.来源于经典作品的艺术教育内容与素材

除了在大自然中、在日常生活中挖掘艺术教育活动的素材之外，更常见的是直接以经典艺术作品为素材开展艺术教育活动。这种方式相对简单、直接，而且能够丰富儿童的审美经验，支持儿童在早期就接触不同风格的大师作品，起到艺术启蒙的作用。

经典作品的审美价值通常较高，我们不仅可以将此类作品作为儿童艺术感受与欣赏的素材，还可以将之作为激发儿童表现与创造的素材。比如：请儿童欣赏简单的复调音乐作品，除了引导儿童感受不同的旋律的美感，还可以激发儿童开展同伴合作，创作简单的节奏卡农等。所以，选择经典作品，有利于儿童直观地获得审美和艺术创作经验。

为此，在选择素材时，应以适宜性原则为指导。首先，应选择具有年龄适宜性的作品，无论是音乐、画作、雕塑还是舞蹈戏剧作品，都应该是特定年龄的儿童感兴趣和能够接受的作品。其次，应选择具有文化适宜性的作品，应考虑儿童对艺术表现形式的熟悉程度，适当地拓展其审美经验。第三，应选择具有个体适宜性的作品，即考虑本班儿童或个别儿童的审美经验发展水平，选择个性化的、多元化的作品。

总体而言，根据幼儿园艺术教育活动的整体性和启蒙性特点，教育者应当有意识地积累不同形式、不同风格、不同来源的艺术素材，形成属于自己的艺术资源库，更好地支持儿童在活动中不断丰富审美经验。

学习研究

请以你的家乡为例，挖掘存在于大自然中的美景，并尝试将这些美的资源加工成3-6岁儿童喜欢的艺术欣赏小游戏。在活动中，还可以渗透“爱家乡、爱祖国”的教育。

（三）案例分析

依据泰勒的课程与教学原理，在设计和组织学前儿童艺术教育活动时，我们首先需要确定活动目标，其次选择能够支持目标达成的相关经验与内容。以上介绍了可供参考的一些关键经验和内容，在实际选择时，教育者还应综合目标导向来进行考虑和设计。下面，我们将通过一个美术活动方案设计（节选）来呈现教师是如何根据设计意图、活动目标来选择活动的内容和材料，并鼓励儿童进行多元化的探索的。

经典案例

中班美术活动:《多彩的线条》教学活动设计(节选)

(一)设计意图

艺术活动《多彩的线条》是一个任何年龄段幼儿都可以尝试的教学活动。针对中班幼儿的身心特点,结合《纲要》"通过艺术活动激活兴趣,发挥艺术活动的愉悦功能"的要求,我把活动重点落在"鼓励幼儿大胆尝试用各种不同的材料变出多彩的线条"上,在"变"的过程中,帮助幼儿充分体验活动带来的乐趣。同时,活动以层层递进的方式使幼儿逐渐认识"红、黄、蓝"三原色,帮助幼儿积累必要的色彩知识。

针对活动重点,我将注重材料种类与量的把握,并根据操作的难易程度考虑环节的先后顺序、材料的合理摆放等,努力为幼儿创设一个宽松、自主、有序的活动氛围,愉悦幼儿的情感,丰富幼儿的知识。

(二)活动目标

1.能大胆尝试以不同的材料"变"出多彩的线条;

2.体验活动带来的乐趣,有浓厚的操作兴趣;

3.认识红、黄、蓝三原色。

(三)活动准备

红、黄、蓝三原色颜料,筐子、珠子、勺子、画纸、棉签、毛巾等各类操作材料。

(四)活动过程

1.引入主题,激发兴趣

……

2.教师变魔术(用滚珠画的方式创造出三种颜色的线条)

……

3.引导幼儿尝试用各种材料变出"多彩的线条"

(1)知识迁移,引导幼儿发现更多的材料。

师:刚才我们用盒子和珠子变出了"多彩的线条",还能用其他方法变吗?

幼:可以用纸巾、画纸、棉签……还有妈妈的长头发。

师:你们的办法可真多,但是,老师的要求也不低,我们是要在红黄蓝这三种颜色的基础上用不同的材料变魔术哦!

(2)知识巩固,认识三原色。

师:我们先来看看有什么颜色的颜料,待会儿它们可以帮我们大忙呢。这是红色,这是黄色,这是蓝色。小朋友们认识这些颜色了吗?

幼:认识了。

(3)教师引导:我们准备了好多东西,有红、黄、蓝三原色颜料、筐子、珠子、勺子、画纸、棉签、毛巾等,请大家选择自己喜欢的材料,看看能不能用它们变出多彩的线条。

(4)幼儿自主选择操作材料,教师巡回指导,提供适度的帮助。

(5)引导幼儿尝试不同的操作材料,积累丰富的活动体验。(以个别交流的方式帮助个别幼儿区分红、黄、蓝三原色)

(6)展示幼儿的操作成果。

(7)教师小结:原来,我们还可以用颜料笔在画纸上画出色彩不一的线条,还能用纸巾卷成一条线,染成不同的色彩。当然,还有布、棉签、毛巾,它们都可以哦。小朋友们的办法可真多,老师都有些佩服你们了呢。

…………

(案例提供者:云南师范大学教育学部学前教育专业2020级研究生,罗丹。)

在这个案例中,教师的教学目的清晰,即:引导中班的儿童感知三原色,以及线条的形成。教师可以选择的活动内容和素材有很多,从活动准备来看,教师预设的材料也是多种多样的,有珠子、勺子、棉签等。在活动过程中,教师将重点放在了“使用滚珠画的方式创造出三原色的线条”上,在这个环节结束后,教师进一步为儿童提供了迁移经验的机会。围绕着目标,儿童可以用不同的材料来探究、获得共性经验。

许多教育者在进行活动设计时,常见的思路是:我有什么内容—我要用这些内容做什么—我可以达到什么目标。据此撰写的活动方案常常是唯一的、不可更替的。如果反过来,先考虑“我们班的孩子近期有什么样的发展需求”,再确定目标,之后再从自己的艺术教育资源库中提取相应的内容和素材,那么,活动就可能是多元的。同样的目标,可以用不同的素材和内容来达成,这样,儿童的艺术活动经验也就能够是多元且丰富的。从案例中也可以看到,当教师拘泥于特定的素材时,思维往往会被限制住。教学设计是需要充分发挥创造性的活动,因此,教育者应当注意积累素材,让自己的教学活动更灵活,更能够因人、因时、因地制宜,从而支持儿童的自由发展。

二、学前儿童艺术教育活动的组织实施

(一)活动目标与重难点的落实

组织和实施学前儿童艺术教育活动的过程，事实上就是将此前准备好的相关经验和内容根据目标要求拆分融合在不同的活动环节中，再将这些环节合理地搭配在一起开展活动，实现教育目标的过程。所以，活动目标是指导整个活动开展的关键所在。

如前所述，根据儿童在艺术领域整体的发展目标和相应的教学目标，我们可以从知识、能力、情感/态度三个维度来设计具体的艺术教育活动目标。那么，在活动前的设计环节、在活动实施过程中、在活动后的反思环节，我们都可以通过思考和解决以下问题来落实活动的目标。

1. 知识目标在活动过程中的落实

围绕知识目标的落实，我们应考虑并解决：

活动的导入环节是否反映了儿童的前期经验和相关知识？

活动过程中是否为儿童提供了接触特定艺术知识的机会？比如：是否让儿童有机会发现节奏快慢会影响音乐的情绪？

活动的延伸环节是否提供了拓展性的艺术知识？比如：当儿童已经发现了节奏快慢会影响音乐情绪，教师是否提供机会让儿童直观地体验节拍强弱配合节奏快慢会共同影响音乐情绪？

如果儿童识记、领会了相关的艺术知识，是否能够在特定的环节中反映出来？比如：是否让儿童有机会表达自己发现的节奏知识？

2. 能力目标在活动过程中的落实

围绕能力目标的落实，我们应考虑并解决：

是否2/3以上的儿童都已经掌握或具备了本次活动所必需的某种能力？比如：在参与圆舞曲的律动活动之前，是否全班2/3以上的儿童都能够和着节拍活动身体？

组织活动的过程中，教师是否为每一名儿童提供了锻炼某种能力的机会？比如：创意拓印画活动中，是否为每一名儿童都提供了软的、硬的、松脆的不同拓印材料，让儿童有机会体验拓印力度不同所带来的纹理变化？

活动的各个环节是否有变化地锻炼儿童的某种能力，而不是机械重复？比如：是不断地让儿童用同样的节奏、音量、速度反复练习唱同一首歌，还是有变化地通过对唱、合唱、变换节奏、变换音乐情绪的方式让儿童在歌唱中体会旋律的美感？

是否为儿童提供了展现某种能力的机会？比如：是否给儿童自由的时间和空间来分享自己用某种方法、某种能力所创作的作品？

3.情感/态度目标在活动过程中的落实

围绕情感/态度目标的落实，我们应考虑并解决：

是否为儿童提供充裕的时间，使其完整地感受艺术活动中的审美情感？比如：设计的每一个环节是否都留足时间让儿童沉浸其中？环节是否过多？是否需要催促儿童完成创作？

情感目标是否可以拆分成具体的要素，落实在活动之中？比如："在手工活动中获得乐趣"这样的目标，是否可以细化并落实在儿童操作手工材料、创造性地制作自己喜欢的造型等活动中？

在组织活动的过程中，是否为儿童扩充用于描述审美情感体验的词汇？比如：在师幼互动时，对儿童说"这是像红色草莓一样的颜色，它让老师觉得心里暖暖的、甜甜的、非常快乐"之类的言语。

儿童是否能够自由地表达自己的情感和审美偏爱？比如：直接告诉老师"我不喜欢这样的线条"等。

在组织艺术教育活动时，除了从上述三个维度来反思和落实目标，还可以从儿童发展的需求出发，关注是否有生成性的目标出现（与预设的目标不同，但对儿童发展有重要意义）。比如，在色彩游戏活动中儿童发现了渐变色的调配规律，这可能与预设的活动目标无关，但对儿童审美经验的积累和艺术创作能力的发展有促进作用。

此外，活动组织的重点和难点应与目标有一定的联系，但不等同于目标，重点和难点应侧重于儿童审美经验、艺术表现与创作经验的有效增长。

（二）活动形式与方法的选择

基于确定的活动目标、活动内容和素材，教育者应当预先规划活动的形式和方法，并在实施的过程中进行灵活的调整。

1.活动形式的选择

在选择活动形式时，应关注儿童的发展需求，以儿童为中心，发挥教师的支持作用，避免完全由教师主导活动。

（1）集体活动与分组活动

以审美欣赏为主要目的的教育活动，通常可以采用集体活动的形式，引导儿童共同感受和体验审美对象之美，并通过集体讨论的方式，拓展儿童的经验。以艺术创作、审美体验为主的教育活动，可以采取小组活动的形式，将儿童随机或按能力水平分成不同的小组,支持小组合作探索和尝试不同的艺术形式,教师给予小组儿童针对性的指导与支持。

集体活动与分组活动可以结合在一起,按顺序开展。比如:在全班小朋友集体欣赏凡·高的画作《星月夜》之后,可以支持儿童分组使用不同的材料(油画棒、黏土、拼贴布料等)进行艺术创作。

(2)集中教学活动与区域活动

集中教学活动是传统而且常见的艺术教学活动形式,由教师引导儿童在专门的、集中的教学活动中感受和体验美、表现和创造美。这类活动能够高效地为儿童提供丰富的审美和艺术活动经验,并且即时反馈儿童的发展情况。

在区域中开展的艺术活动则具有个别化、直观化的特点,由儿童在美工区、音乐区、戏剧表演区等活动区中操作艺术材料,进行审美体验和艺术创作,教师为此提供材料支持(见图2-6)。这类活动能满足儿童对审美和艺术活动的个性化需求,并促进儿童在个人的原有经验基础上实现自主性的发展。

图2-6　美工区的手工材料

艺术领域的集中教学活动和区域活动同样可以结合开展。在集中教学活动中为儿童提供同样的审美体验和艺术经验后,我们或许无从得知每一名儿童的经验发展情况,所以,再以区域活动作为集中教学活动的拓展,就能够看到儿童个体的发展和需求。

(3)直接教学活动与发现式学习活动

直接教学活动即教师预设活动目标、过程后,将目标分解,在不同的活动环节中采用小步子接近的教学原则,逐一达到目标的活动。这类教学活动结构化程度较高,教师是活动的主导者。通常,需要传授一定的艺术表现技法的教育活动适合采用这种形式，比如：教师将艺术表现的某种技法拆分成若干步骤，逐一引导儿童慢慢练习操作，最终支持儿童掌握相应艺术技法（折纸等）。直接教学活动能够有效地实现预设的教育目标，但也牺牲了灵活性和生成性，可能会限制儿童的自主探索和自由创造。

发现式学习活动即以儿童为中心，教师提供与特定审美经验相关的艺术素材，引导儿童在操作和探索素材的过程中，自主发现和积累经验。这类教学活动结构化程度较低，儿童在活动中能够发现什么，是教师无法预先确定的，因此也具有较强的动态性和生成性。比如：教师提供三原色颜料，支持儿童玩混色游戏，并在过程中观察儿童对于色彩的经验发展。

在学前儿童艺术教育活动中，我们应该重点关注儿童的审美经验和艺术创作经验的发展，所以，应当尽可能地以儿童为中心，支持发现式学习，在必要的时候再通过直接的教学活动来帮助儿童总结和概括经验。

2. 活动方法的选择

根据儿童年龄特点和发展水平、活动的具体目标和组织实施的各环节要求，教育者应灵活选用适宜于儿童学习的活动方法，并在活动过程中进行适当的调整。

（1）游戏法

通过创设游戏情境，开展游戏活动的方式，支持儿童自由地探索艺术活动的材料。比如：在创意绘画活动中提供新颖的拼贴画材料，引导儿童通过合作游戏的方式，拼贴有趣的画面等。游戏可以是非竞技性的，也可以和特定的艺术形式结合，如音乐游戏、戏剧扮演游戏、色彩游戏、身体律动游戏等。

（2）多感官体验法

艺术教育活动中的一个重要环节就是感受和体会艺术素材中蕴含的美，所以，在组织活动时，通常需要使用多感官体验的方法，支持儿童调动多种感官综合地积累审美体验。比如：引导儿童欣赏中国民乐《金蛇狂舞》时，除了提供机会支持儿童充分、完整地聆听乐曲，还可以引导儿童闭上眼睛，想象有一条线，随着音乐朝不同的方向运动，并提供机会支持儿童用色彩、线条来表现自己听到的声音。

拓展阅读

德国的研究发现，孩子们在运动的过程中动用五种感官，学习的效果更好，各种感官吸收的信息在大脑中产生联结，从而加速信息的整合和加工。要了解更多的信息可以登录网易公开课，搜索 WISE 学习天地-德国：五官并用助学习。

(3)讨论法

在艺术教育活动中，教师应支持儿童自由、充分地表达自己的感受、体验、想法和创意。教师可以有目的地通过提开放性问题，引发儿童关于某个主题的讨论，从而支持儿童不断拓展艺术经验。比如：欣赏波洛克的滴流画之后，引导儿童猜想“用什么可以画出这样的画”以及“可以怎么画”等，鼓励儿童说出不同的想法，支持儿童互相交流，通过原有经验的碰撞，拓展自身使用排刷、扁头画笔、滴管等工具进行滴流画创作的经验。

(4)材料操作法

审美和艺术活动是与人的感官体验密切相关的，所以，在组织艺术活动时，可以为儿童提供适宜的活动材料，激发儿童的探索兴趣，并支持儿童在操作材料的过程中体验审美和艺术的规律，进而掌握特定的艺术表现方式。比如：为儿童提供沙锤、响板等节奏乐器，支持儿童伴随着音乐节奏进行打击乐游戏活动，从而支持儿童通过活动身体、操作材料的方式，找到音乐旋律中的强弱拍等。

(5)讲授法

如前所述，我们可以采用直接教学的形式为儿童提供一些直观的艺术体验，与之相应的教学方法就是讲授法。比如：在引导儿童欣赏戏剧表演时，教师通过讲授的方式介绍故事背景、梗概，在儿童产生疑问时，讲述和解释戏剧的情节、表演者的表现手法等，帮助儿童真正体会戏剧艺术中的情感、审美特点。

除了这些方法之外，教育者还可以采用设置问题情境、带儿童到艺术类场馆进行现场体验、对话与交流等方式开展艺术教育活动。

(三)活动过程中的师幼互动

师幼互动即教师与儿童之间的互动，也就是在幼儿园教育情境下，在一日活动中，教师与儿童之间的言语、情感、行为等方面的交流。艺术教育活动的组织离不开教师与儿童之间密切的互动，比如：教师需要通过提问、提示、对话等言语互动来了解儿童对于艺术素材的体验和感受，儿童也需要通过行为、言语等互动来向教师寻求支持。因此，教育者在开展艺术教育活动时，应该关注自己与儿童的互动是否能够拓展儿童的审美体验，支持儿童进行自由的艺术创造。

1.营造自由、宽松的互动氛围

审美和艺术创造活动需要在自由、宽松的氛围中才能取得最大成效，所以，在组织艺术教育活动时，教育者应通过言语、行为、表情等方式营造一种自由、放松、包容的互动氛围，让儿童在活动中能够获得安全感，进而才能成功地激发儿童的艺术创造力。具体而言，在与儿童互动时，不要使用标准答案来限制儿童的思维和创意，比如：在点画的过程中，有儿童可能按照自己的想法用线条来绘画（而不是用点的方式来画），在这种情况下，教师应避免对儿童说“你画得不对，我们今天必须用点来画，用线条画就错了”；而是应该引导儿童观察点画的特点，支持儿童发现线条画无法达到点画的某些效果，从审美兴趣的角度出发，鼓励儿童尝试用点的方式发现有趣的绘画效果。

审美和艺术创造活动具有非功利性和非实用性，它无关对错，因此，在艺术活动中与儿童互动时，教师也应该传递这样一种自由的信息，支持儿童天马行空地想象和尝试。

2. 在互动中明确活动要求和规则

在艺术教育活动中，儿童可操作的材料比较多，因此，在师幼互动时还需要关注活动的要求和规则是否已经清晰地向儿童发布。比如：在玩节奏卡农的音乐游戏时，每一名儿童都需要使用节奏小乐器，如果教师没有在互动的过程中明确指出操作小乐器的规则，以及活动的要求，那么整个活动的秩序可能会混乱，儿童也就无法从团队合作的节奏卡农游戏中获得归属感和愉悦感。

在师幼互动的过程中明确审美或艺术创作的要求和规则时，教师应注意：使用言语来表述规则时，尽量清晰、简练，不要过度重复；在儿童注意力集中的情况下进行陈述；保持要求和规则的一致性。

3. 通过互动拓展儿童的审美与艺术创作经验

艺术教育活动中，师幼互动的重要意义之一就是有效地支持儿童不断拓展自己的审美体验和艺术创作经验。教育者作为更有经验的、预设活动的成人，应该成为儿童艺术探索之路上的陪伴者和引导者。所以，在师幼互动过程中，教育者应当将焦点放在如何通过提问、示范、设置挑战等方式来不断延续互动，拓展儿童的经验。比如：在欣赏艺术作品时，教育者可以提出开放性的问题，引导儿童观察和思考“这种美的效果是如何产生的?”等等，增强儿童对艺术创作手法的兴趣和好奇心，并在此基础上不断丰富儿童的相关经验。

艺术教育活动的组织实施是灵活的、动态的，后续的章节将会结合不同艺术形式以及不同活动模式来进行细致具体的阐述，分享组织各类艺术教育活动的案例和经验。

第三节　学前儿童艺术教育活动的评价

一、评价的内容

学前儿童艺术教育活动评价指的是对与学前儿童审美与艺术创作经验发展有关的教育活动、学习活动以及相关活动成效进行的评价。评价的主体通常为教师，但在以儿童为中心的教育情境下，儿童也应当成为评价者。据此，学前儿童艺术教育评价的内容包括以下两个方面：

（一）教育过程的评价

1.评价活动设计方案

评价在教育活动开展之前就已经开始了，在准备阶段，我们需要对教育者的设计活动方案进行评价，预估活动的实际效果，并针对活动方案存在的问题提出改进建议。活动设计方案的评价可以采用自评或他评的方式进行，可以从以下问题入手：

活动设计方案中是否呈现了“设计意图”？其中，是否包含：儿童发展的规律及目标、本班儿童已有经验、活动主要内容？

活动设计方案中是否有清晰的目标和活动重难点？

活动设计方案中是否呈现活动前的必要准备，比如物品准备、儿童经验准备、环境准备等？

活动设计的环节是否合理？分配的时间比例是否合理？

活动设计的环节之间是否有递进关系？

活动设计的环节是否能够支持儿童审美能力和艺术创造能力的发展？

活动设计方案中是否包含适宜的延伸和拓展部分？

实际上，这相当于对整个活动进行预判，通过评价活动设计的方案来评估活动的可行性，寻找和诊断活动设计方案中存在的问题和不合理的地方，并在正式组织活动之前进行完善和修订。

2.评价活动过程

在评价艺术教育活动时，我们需要根据具体的活动类型、活动形式、教学方法来选择适宜的评价方式。比如:以集中教学活动为主要形式开展的艺术教育活动,应评价活动是否是按照预先设计的活动方案来进行的,内容是否有所拓展,活动环节之间的衔接是否自然流畅、活动的目标和重难点是否清晰体现;以区域活动为主要形式开展的艺术教育活动,应评价活动过程中儿童是否发挥了主动性、儿童所操作的材料是否充足且适宜、儿童能否发现材料中蕴含的美并进行自由的创造等。

总体而言,在评价学前儿童艺术教育活动的开展情况时,可以从以下几方面入手:

(1)艺术教育活动的各个环节能否自然衔接?如:能否体现从感受和欣赏到表达与创造的自然过渡?

(2)活动的各个环节能否充分体现审美性和艺术性?如:导入环节能否很好地引发儿童的审美体验、不跑题?

(3)教师采用的教学方法是否符合审美和艺术创作的规律,能否促进儿童艺术创造力的发展?

(4)教师能否在活动过程中平等地、包容地与儿童互动?儿童在有需要时能否主动地、自然地寻求教师的帮助?

(5)在活动过程中,儿童能否专注、积极地参与,并主动地提出问题,创造性地积累审美和艺术经验?

依据对这些问题的考虑,我们可以通过活动观摩、教学反思等方式对活动的过程进行评价。同时,可以根据这些问题设计有详细评价指标和细则的艺术教育活动观察评价表,通过量化评分与质性文本记录的方式,评价活动过程。

(二)教育效果的评价

1.评价教学目标的达成度

如前所述,艺术教育活动的教学目标可以从知识、能力、情感态度三个维度来制定,相应地,评价目标达成度也就是评估教师的教学能否有效地促进儿童在这三个方面的发展。为评价艺术教育活动目标的达成度,我们可以考虑从以下问题入手:

(1)儿童的言语和行为表现中是否体现教学目标中涉及的相关艺术知识?比如:儿童能否根据音乐旋律的重复规律进行歌唱?

(2)儿童能否运用教学目标中涉及的艺术表现方法来进行表现?比如:是否能够控制气流方向,画出好看的吹画?

(3)儿童能否自由、自如、大胆地进行审美欣赏、审美评论、艺术表现和艺术创造?

为更好地判断教学目标是否达成,我们还可以将大目标拆分成具体可观察的小目标,然后在教学活动的各个环节中来观察小目标的达成度。有的时候,可以通过即时反馈来判断小目标的达成度，比如：在律动活动中，当儿童表现出特定的动作时，教师停下来进行点评和反馈，通过这样的评价，支持儿童更好地积累艺术经验。

2.评价教学的有效性

教学是教师“教”、学生“学”的双边活动，所以，在评价教学的效果时，可以从教师的“教”入手，即评价教学活动的有效性。在评价时，我们可以考虑以下几个问题：

（1）教学活动的实际效果如何？即儿童的审美水平和艺术创作水平是否得到了有效的提升？最初设定的教学目标是否均已达成，并且在儿童的行为中可以体现出来？

（2）教学活动的效率如何？即活动是否促进了儿童经验的实际增长？活动中是否存在儿童无效等待时间过长或事倍功半的情况？

（3）教学活动的基本效用如何？即儿童在教学活动中积累的经验是否可以迁移使用？如：儿童在一次韵律活动中积累的合节拍律动经验是否可以迁移到类似的歌曲中表现出来或在生活中加以运用？

评价教学活动是否有效，除了要关注目标达成度外，还要关注儿童能不能在日常生活中迁移运用自己在活动中积累的经验。比如：儿童玩了踩点造型的音乐游戏后，在日常生活中听到节奏感明显的旋律时，能不能有意识地跟着节奏做出身体动作等。

3.评价儿童的发展

艺术教学活动的实际效果最终体现在儿童的发展上，因此，我们要重点关注和评价儿童审美和艺术经验的发展，通过评价儿童发展，发现艺术教学活动的新需求。可以从以下几个方面入手进行评价：

（1）评价儿童对美的反应：儿童在接触美的现象、美的作品时，是否专注？是否有一定的情感反应？是否在后续的活动中表达自己在欣赏美时的体验？

（2）评价儿童的审美偏好：儿童更喜欢哪一类风格的美？什么形式的美？

（3）评价儿童的审美情感：面对特定的艺术作品或审美对象时，儿童是否表现出与之相应的情绪情感反应？

（4）评价儿童的审美理解：儿童是否能够大胆、自由地评论审美对象，表达自己的理解和想法？

（5）评价儿童的艺术表现：在艺术教育活动过程中和之后，儿童是否具有相应的艺术表现？比如：用点画的方式来画出形象、填充图形等。

（6）评价儿童的艺术想象与创造：在掌握了一定的艺术表现方法后，儿童是否能够大胆地创作与众不同、天马行空的作品，并且呈现个性化的艺术表现？

教育者应结合儿童的年龄特点和个体差异来评价其艺术经验的发展，同时，不应预先设置绝对化的标准，也不应完全用统一的标准来衡量儿童的发展。

总体而言，评价艺术教育活动效果的目的是诊断教育教学活动中的不足，发现新的活动方向和教育契机，支持儿童更好地获得审美和艺术经验。因此，我们所采用的评价方法应是多元的，评价的主体也应该是多元的。

拓展阅读

教师对某一儿童艺术表现的评价，会对班级里的其他幼儿产生影响，比如下面这个案例所展示的。

中班美术区域活动

花花在画纸上用棉签点画，她用黄色的颜料涂抹了波浪线，又用打圈的方式涂抹一团团蓝色的“云”。一个小男生凑过来看了看花花的画，说：“你画得不对，老师说云彩不能涂成蓝色。”花花抬头看了看小男生，有点不知所措，停了一段时间，才又开始接着画。

正是因为教师的评价会成为儿童创作的依据，所以，我们在评价儿童的艺术表现时，要尽量避免用“对、错”之类的话语，避免用标准答案限制儿童的创作。

二、评价的原则与方法

在评价学前儿童艺术教育活动过程及其效果时，为了凸显以儿童为中心的理念，并体现评价的发展性，我们应当遵循以下原则，采用与之相适应的方法。

（一）评价的原则

1. 客观性原则

在评价时坚持客观性原则，即客观、全面地收集学前儿童艺术教育活动的相关信息，以这些信息为依据，对活动的过程和效果进行客观的评价。收集的相关信息包括：教育活动实录、儿童作品、教师的活动方案设计与教学反思等。

2. 多元主体性原则

多元主体性原则，即在对艺术教育活动进行评价时，应从不同的参与者那里收集评价信息，包括从组织活动的教师、观摩活动的教师、参与活动的儿童群体中收集对教育活动的反馈和评价。

3. 过程性原则

过程性原则，即要求关注艺术教育活动的过程，聚焦儿童在活动中的审美和艺术经验发展，着重对教师组织艺术教育活动的过程和各个环节进行细致、具体的评价，并跟随活动的进展进行追踪性的评价。评价是持续的，而非终结性的；是注重过程的，而非注重结果的。评价者可以分多次、多阶段地收集评价所需要的信息，而不是在教学活动最后“一考定终身”。

4. 诊断性原则

诊断性原则，即通过评价来发现学前儿童艺术教育活动中存在的不足和可改进的地方，由此不断提升教育活动的效果。关注评价的诊断性功能，也即将评价与活动指导结合在一起，在对教育目标、内容、方法、组织过程的适宜性进行评估后，提出完善的策略。

（二）评价的方法

1. 表现性评价法

表现性评价法是指在艺术教育活动过程中收集儿童的相关言行表现进行评价，具体可以通过观察、谈话等方式来进行。

观察，包括观察活动过程中教师的教育教学行为以及儿童的学习与表现。在进行观察时，我们需要先制订明确的观察计划，包括观察的目的、具体方法（参与式观察或非参与式观察等）、行为指标、记录方式等。可以选择轶事记录的方式来反映观察的全过程，也可以选择等级评定或行为检核的方式来反映收集的量化信息。如今，教育者还可以采用录音、录像的方式来辅助观察，以便日后进行更具体的分析。观察的内容包括：教师组织儿童体验美、欣赏美的过程，儿童使用特定材料、方法来进行表现和创造的过程，等等。

谈话，即对教师和儿童进行访谈。评价者可以通过与教师、儿童进行非正式的访谈或半结构化的访谈来收集评价艺术教育活动所需的相关信息。在谈话的过程中，可以使用提问、复述、追问等策略来收集信息。

2. 作品分析法

作品分析法即对儿童在审美活动和艺术创作活动中形成的有形的作品进行分析，从而评价教育活动质量、儿童发展水平的方法。有形的作品包括儿童的绘画、手工作品，儿童的舞蹈、歌唱实录，艺术教育活动中的照片、记录，等等。在一段时间内有规律地收集儿童的作品后，还可以形成儿童作品档案袋，根据其不同时期的作品来评价其发展情况。

在收集和分析儿童作品时，教师应注意收集完整信息，包括儿童的姓名、年龄等基本信息，以及儿童对自己作品的描述（如描述自己的绘画作品）等。在完整信息的基础上，再进行客观的评价，避免过于主观的判断，也要避免用统一的标准来评判所有儿童的作品。同时，教师还可以根据教育学、心理学的基础知识对儿童作品中表现出来的认知能力、情感与社会性水平、审美与艺术创造力进行初步评价。

3.儿童艺术能力倾向评估

评估儿童的艺术能力倾向，即对儿童的审美和艺术表现力进行客观的测评，通常采用测验法或测量法进行。我们可以借助已有的、信效度较高的量表来评价，目的是发现儿童在艺术领域的特殊才能，或诊断儿童的发展需求。常用的评价量表包括西肖尔音乐才能测验、托兰斯创造性思维测验等。从教育测量与评价的专业书籍中，我们也可以找到其他适用的量表。

三、学前儿童艺术教育活动的评价案例

下面以一名老师组织的音乐教学活动为例，呈现评价学前儿童艺术教育活动的过程和要点。

经典案例

小班音乐活动“蔬菜宝宝找朋友”

（一）设计意图

音乐游戏是一种有趣的音乐教学活动形式，在游戏中，幼儿体验参加艺术活动的快乐，并且发展各方面的能力。本次音乐活动“蔬菜宝宝找朋友”就是一个音乐游戏活动，在活动中，教师可以让幼儿大胆地表现，感受音乐带来的快乐。

（二）活动目标

1.玩“蔬菜宝宝找朋友”游戏，感受音乐带来的快乐；

2.感受旋律所传达的气氛以及和同伴一起参加集体音乐活动的乐趣。

（三）活动准备

1.蔬菜头饰；

2.《蔬菜进行曲》音乐。

（四）活动重难点

1.重点：体验音乐游戏的快乐；

2.难点：感受旋律所传达的气氛。

（五）活动过程

1.变魔术导入

教师让小朋友猜测口袋里有什么，之后从口袋中一一“变”出蔬菜头饰。

2.活动进行

（1）欣赏图片，引出主题。

师：这是什么蔬菜宝宝呀？

师：这几个蔬菜宝宝碰到一起，会干什么呢？

（2）教师播放音乐《蔬菜进行曲》，请幼儿欣赏。

（3）教师出示蔬菜头饰，小朋友们听音乐自由创编动作。

师：我们一起变成蔬菜宝宝，和他们一起来玩一个找朋友的游戏吧！

（进行音乐表演）

（4）“蔬菜宝宝找朋友”游戏：小朋友戴上蔬菜宝宝的头饰，听音乐做游戏，跟随音乐律动。当音乐结束时，小朋友要找到和自己一样的蔬菜宝宝，抱在一起。

（六）活动延伸

鼓励幼儿回家后和爸爸妈妈玩“蔬菜宝宝找朋友”的游戏。

首先，评价活动名称和活动的设计意图：本活动为音乐游戏活动，但在名称部分没有完全体现出来，因此需要进行完善。在设计意图方面，教师陈述了音乐游戏活动对儿童发展的支持作用，并阐明了本次活动的目的——让幼儿大胆地展示自己，指向性较为清晰，但未对本年龄段儿童音乐能力发展的特点和规律进行分析，未说明儿童学习与发展的需要，因此，活动设计的基础略显不足，建议补充《3-6岁儿童学习与发展指南》中相应的目标以及对本班儿童已有经验的分析。

其次，评价活动目标：活动目标体现出支持儿童审美感受和体验发展的特点，并且呈现了对儿童审美情感的关注。但对于素材《蔬菜进行曲》的音乐特点分析不足，所以，目标中涉及审美和艺术体验的相关知识点不明确，建议在分析素材的基础上，说明儿童在活动中能够体验到什么样的旋律。

再次，评价活动准备和活动重难点：活动准备部分缺乏“经验准备”，与设计意图的改进建议一致，需要教师补充本班儿童的已有经验水平和特点。活动的重难点把握准确，通过游戏来引发儿童对音乐活动的兴趣，以及支持儿童在游戏中感受旋律的特点都是本活动的关键。

最后，评价活动过程：本活动分为三个环节，即活动导入、基本部分与活动延伸，各环节所用的时间比例较为合理。但是在导入部分，“变魔术”并不是真正的变魔术，且与音乐无关，因此，可以考虑替换，以引导儿童欣赏音乐的方式导入活动。活动的基本部分，教师先出示图片引发儿童的兴趣，这种形式可以采用，但不宜占用太长的时间。播放音乐引导儿童欣赏的环节，教师没有注意引导儿童倾听音乐和分析音乐旋律的特点，对音乐素材的感知不足。之后，教师重点组织儿童玩游戏，但游戏的环节也没有与音乐契合。因此，整个活动的音乐性体现不足。

总体建议：教师应根据小班儿童音乐能力的特点，结合其天生喜爱欢快音乐的特点，为儿童提供充足的机会来感知和体验音乐，在此基础上，结合音乐素材的结构、节奏、旋律特点来设计游戏的环节。游戏应具有层次性，每一轮游戏应支持儿童获得特定的音乐经验。

学习研究

下面是一份教育活动评价表，请你结合学前儿童艺术教育活动的特点和评价要求，对它进行修订，使之适用于评价艺术教育活动。

表2-2　教育活动评价表

项目分值	内容要求	分数
活动设计 （30分）	1.活动目标呈现艺术领域具体要求，明确、具有可操作性； 2.活动内容围绕目标和学习发展要求及核心经验进行设计，符合幼儿发展需求； 3.活动形式凸显领域特点，注重三维目标	
活动过程 （50分）	1.活动过程围绕目标进行； 2.各活动环节自然衔接，流畅开展； 3.恰当使用相关的材料； 4.幼儿能够大胆表现、主动参与； 5.教师能够及时发现幼儿的需求，并予以满足	
活动效果 （20分）	1.幼儿在认知、能力、情感方面有所发展； 2.教育活动能够促进幼儿已有经验的进一步发展	

本章小结

本章结合课程与教学的基本理论，介绍学前儿童艺术活动的基本教学方法。本章第一节介绍学前儿童艺术教育活动的目标与原则，包括《3–6岁儿童学习与发展指南》中的发展目标，以及《幼儿园教育指导纲要》中的教学目标；并提出启蒙性、审美性、游戏性、经验性等基本原则。第二节陈述学前儿童艺术教育活动的内容选择和组织方法，包括基于儿童艺术领域关键经验发展的需求选择活动内容，从自然、社会、经典艺术作品中选择教育内容；采用不同的教学方法组织和开展教育活动；等。第三节介绍学前儿童艺术教育活动的评价，包括评价的要点、评价的原则和方法等。

思考与实训

1. 根据学前儿童艺术教育活动的设计原则，尝试设计一个简单的艺术教育活动。
2. 在幼儿园情境中，观察并评价一次学前儿童艺术教育活动。

专题探讨

教师在设计艺术教育活动时，首先需要对教育的内容（活动的素材）进行分析。但很多教师在实践中仅结合儿童发展的特点来分析素材（比如这首儿歌节奏欢快、曲调明朗，适合给中班儿童学唱等），没有结合素材的艺术特征来进行分析（比如分析儿歌的曲式特点、歌词含义、发音要求等）。针对这种现象，你认为应当如何改进？按照你的理解，分析素材的重要性体现在哪些方面？我们应该如何把对素材的分析运用到艺术教育活动的设计与组织中？

第三章

学前儿童艺术感受与欣赏活动

学习目标

1. 知识目标

- 了解3–6岁学前儿童的审美心理特点及其发展规律；
- 掌握学前儿童音乐、美术、戏剧欣赏活动的教育目标和要点。

2. 能力目标

- 能够根据儿童的审美心理规律制定具有年龄适宜性的教育目标；
- 能够自然、流畅地设计和组织不同类型的学前儿童艺术教育活动。

3. 情感目标

- 在理解的基础上体会儿童在艺术欣赏活动中的审美感受和审美情感。

学习重难点

1. 学习重点：设计与组织学前儿童音乐、美术、戏剧欣赏活动。
2. 学习难点：依据不同年龄儿童的审美心理特点来设计教育活动。

案例破冰

在一次美术活动中，B老师给大班的孩子们带来了凡·高的经典作品《向日葵》，请小朋友们先欣赏，再绘画。B老师告诉小朋友："凡·高是一位伟大的画家，他画了一幅非常好看的画，我们一起来看一看吧。"之后，就给儿童呈现了画作。小朋友们仔细地看着，B老师再问道："好看吗？"小朋友们齐声说："好看！"于是，B老师又进行了延伸："你们见过这样的花吗？在哪里见过呀？"小朋友们纷纷说自己在路边、田里、公园里见过，还有的小朋友说出了“向日葵”的名称。B老师抓住机会继续引导：“对，向日葵，它总是向着太阳。大家来看看，凡·高爷爷画的向日葵有没有向着太阳呀？”小朋友们有的说有，有的说没有，有的小朋友说：“这些向日葵不在外面，晒不到太阳。”接着，B老师顺势出示了一些户外向日葵的照片，引导小朋友观察：“老师这里还有一些在太阳底下的向日葵，大家看看，和凡·高爷爷画的有什么不一样？”小朋友们七嘴八舌地描述花瓣形状、花盘方向的不一样。B老师之后给小朋友们发下绘画纸和笔，并告诉小朋友们：“大家刚才观察得非常好，你们可以画一画你们欣赏到的向日葵吗？”接下来，小朋友纷纷开始创作。

在活动后的反思环节，观摩课的老师问B老师：“这是一个欣赏活动吗？怎么小朋友画画的时间比欣赏时间还多？还有，欣赏活动怎么不介绍一下画家呢？”

…………

这是一个美术欣赏活动案例，B老师被问到的问题恰恰是老师们在组织艺术欣赏活动时会遇到的困惑：欣赏艺术作品（绘画、雕塑、音乐作品等）时，是否需要介绍作者生平和背景，帮助孩子们理解？欣赏活动是不是只能感受和欣赏？欣赏的环节太少，活动单调，小朋友不感兴趣怎么办？可以引导小朋友欣赏作品的创作手法和艺术元素吗？如何组织，才能支持儿童充分感受和欣赏作品之美？

要解决这些问题，我们需要了解学前儿童的审美心理特点，只有明白不同年龄段儿童如何运用感官来感受和欣赏不同形式的美，以及在感知美时他们的心理活动，我们才能更好地设计符合儿童发展需要的艺术欣赏活动。

第一节 学前儿童审美心理特点

一、学前儿童审美心理的总体特点

组织学前儿童艺术欣赏活动的重要目标之一,就是诱发儿童的审美心理活动,从而支持儿童积累丰富的审美经验,形成适宜的审美情趣和审美品位。审美是人的一种精神活动,是人们与艺术形式、审美元素进行直接的情感交流的活动。在审美活动中,人们可以超越功利性和实用性,暂时从日常生活中脱离出来,并在观照审美对象与自身的过程中获得愉悦感。审美活动具有自由和游戏性强等特点。

那么,在审美的过程中,人们都产生了什么样的心理体验呢?我们可以想象一下在夏天看到一片玫瑰花田时的感受,或是深夜聆听一曲优美的旋律时的感受,通常,我们会觉得放松、愉悦、感动、受到吸引等等。我国著名的美学家滕守尧教授将人的审美心理要素总结为审美感知、想象、情感、理解四种,他认为,审美经验的发展,会经历审美注意和期待、审美知觉与感性愉快、审美认识与审美快乐、审美判断与审美欲望、审美趣味与鉴赏力的提高几个阶段①。3-6岁儿童的感知觉能力和思维能力尚在发展过程中,没有达到完全成熟的水平,具有很强的可塑性,那么他们的审美心理活动是否与成年人相似呢?

孔起英教授认为,在儿童的审美心理结构中也有相应的要素,包括:审美知觉,即感受形式美的眼睛对欣赏对象的形状、色彩、光线、空间、张力等要素组成的形象的整体性把握;审美想象,即儿童在头脑中加工改造通过审美知觉所获得的审美表象,并在此基础上创造新的审美意象的心理过程;以及审美情感,即儿童移情的产物,是一种对生命活动的外显性高峰体验②。在面对美的对象时,儿童的这些心理要素就会发挥作用,让他们产生美的体验。

(一)学前儿童审美感知的特点

1.通感性

学前儿童运用所有感官投入审美活动中,比如:在看到一幅好看的画时,儿童往往

① 滕守尧.审美心理描述[M].成都:四川人民出版社,1998:49-89.
② 孔起英.儿童审美心理研究[M].南京:江苏教育出版社,2004:7-10.

会忍不住想要动手摸一摸；在听到节奏欢快的旋律时，儿童会情不自禁地随着节奏摆动自己的身体；等等。在面对美的对象时，儿童不是用一种感官来感知相应的内容，而是自然地发动各种感官来收集美的信息，获得审美的愉悦感。

2.直接体验性

儿童直观地参与审美活动，因此，他们的审美感知也具有直接体验性的特点。在活动中，儿童需要直接地观看、聆听、触摸，才能够把握审美对象的特点。如果老师是以间接讲述、描述的方式向儿童介绍审美对象，那么，儿童很可能无法真正地产生审美体验。

（二）学前儿童审美想象的特点

1.意象性

通常，审美对象能够诱发儿童的想象，而且，儿童的想象会以意象、图像的形式出现。比如：凡·高的经典作品《星月夜》让一名中班的儿童联想到流淌的小河，这条小河是彩色的，从右上方往左下方缓缓流动。这样的意象浮现在他的脑海里，让他产生了新的创意，所以，在欣赏活动结束后，他画出了一条彩色的小河，河中漂浮着一条小船，载着一个小朋友慢慢远行。所以，为了更好地支持儿童在审美活动中自由想象，教师可以有意识地将艺术作品或其他审美对象的特征意象化。

2.新颖性

学前儿童的想象往往是天马行空、与众不同的，在审美活动中，他们的想象也是新颖的、不同于以往经验的。在把握审美对象特点的基础上，儿童会自由地添加新的元素，让自己的审美活动更加有趣。比如：在听到《四小天鹅舞曲》时，如果老师没有直接告诉儿童音乐的名称，那么，儿童就会根据音符的跳跃和旋律的行进特点来想象动作、画面、形象，而他们想象的不一定是“小天鹅”，可能是“小鹿”或其他新的内容。

3.参与性

参与性意味着儿童在进行审美想象时，会将自己代入想象的场景中，参与场景中的活动。比如：同样是欣赏凡·高的作品《星月夜》，有小朋友认为画中表现的是世界末日的场景，于是，他将画中的一棵大树解释为藏身的地方，并激动地告诉同伴，里面有一艘可以拯救大家的宇宙飞船，自己马上就要去把飞船开出来了。这也让我们看到，儿童以一种游戏性的方式参与到自己的审美想象中，获得认知的愉悦。

(三)学前儿童审美情感的特点

1.外显性

在面对优秀的、能够打动人心的审美对象时,儿童会产生强烈的情感体验,他们的审美感知和想象共同成为审美情感产生的基础。这种情感具有外显性,我们可以从儿童手舞足蹈的动作、惊讶万分或兴奋激动的表情来判断他们的审美情感唤醒程度。当审美情感产生时,儿童会沉浸在审美欣赏活动中,非常专注地感知、体会和想象,忽略周围的事物。这也属于一种外显性的行为特点。据此,为了让儿童有更多的自由空间来酝酿和体悟审美情感,我们应该在欣赏时营造一种自由的、包容的氛围,支持儿童各种不同的情感表现。

2.生活经验性

在欣赏活动中,研究者发现,能够令儿童产生强烈审美情感的作品、对象,往往都是与儿童的生活密切相关的。比如:在欣赏《大碗岛上的星期天下午》时,儿童起初没有太明显的审美情感反应,画作与他们似乎并没有关系。但是,当一名儿童观察到画面中有一只黑狗时,他开心地指给同伴看,接着,他们又看到了黑狗旁边的小动物,开始兴致勃勃地讨论这究竟是一只小猴子,还是一只狗。画作和他们的生活发生了联系,距离更近了,儿童也就更容易从中获得审美趣味。

总体而言,儿童的审美心理处于发展的过程中,需要教育者用丰富的审美经验来不断滋养。因此,我们需要基于儿童的年龄特点,创设适宜的艺术欣赏活动。

二、学前儿童审美心理发展的年龄特点

审美体验与儿童的感知觉有关,随着感官发育的日益成熟,不同年龄段儿童体现出了不同的审美偏爱、审美需求。

(一)3-4岁儿童的审美心理特点

在审美感知方面,3-4岁的儿童能够从审美对象中提取具体的元素,并开始理解艺术作品的含义。以视觉艺术作品的审美感知为例,3岁以后,儿童就逐渐具备对图画的审美认知能力,能够理解图画对现实的表征意义了,也就是说,他们可以认识到图画中的形象、符号可以表征现实中的事物。而且,3-4岁的儿童在看到一幅画时,倾向于寻找画面中形象的表征意义,他们会把看似不完整的图形自动地在脑海里加工成完整的图形,并且把这些图形与自己的生活经验联系在一起。比如:看到缺口的圆,儿童会自动把它加工成一个完整的圆。

在审美情感方面，如果成人事先展示或引导，那么，刚入园的3岁儿童也可以判断作品所传达的高兴、悲伤、激动情绪。3–4岁的儿童还可以根据整体风格的相似性来判断哪些作品可能是同一位艺术家所创作的。在这个时期，儿童还能够简单地识别艺术元素的情绪情感特征，比如：研究者发现，3岁的儿童也能够把积极的面孔（快乐、满意的表情）与大调式演奏的简单旋律配对，而不会用消极的面孔（悲伤、难过的表情）与大调式旋律配对①。

3–4岁儿童的审美想象相对比较简单，而且，在这个阶段，他们就开始表现出对现实主义的偏爱，更喜欢看到表现真实的、与生活有关的事物的艺术作品。此时，儿童以审美对象为基础展开的想象都具有一定的生活性特点，基本上属于一种简单的联想。

（二）4–5岁儿童的审美心理特点

4–5岁是儿童审美心理发展的关键时期，从这个年龄段开始，儿童感知艺术作品表达、风格和构成等方面的能力日趋成熟。所以，在这个年龄段，教育者也可以尽可能多地为儿童提供不同的艺术体验机会，支持其审美能力更好地发展。

在这个时期，儿童已经积累了一定的审美经验，所以，在感知作品风格时表现得更好。比如：在这个阶段，儿童已经能够基于颜色使用的特点来匹配相同风格的画作了。如果两位画家都在画作中使用了明亮的橙色与紫色搭配，那么，儿童会倾向于将这两位画家归为同一种绘画风格。在聆听音乐作品时，儿童也表现出了相应的特点，比如：5岁前后，他们就能够将两首节奏、演奏手法、旋律相似的乐曲归为同一种风格。

同时，4–5岁的儿童开始表现出日益强烈的、对艺术作品规则性的关注，他们表现出了对规则的、对称的、整齐的艺术作品的偏爱。比如：他们更喜欢看到轮廓清晰、画面匀称、有一定的对称或呼应关系、具象化的视觉艺术作品；也更喜欢听到和谐的积极明快的旋律、大调音乐等。

4–5岁的儿童从审美对象或艺术作品中识别情绪情感的能力更强，对审美情感的体验也更加强烈。比如：欣赏凡·高的画作《向日葵》时，3–4岁的儿童能够识别画中的意象，感受到色彩和谐之美，而4–5岁的儿童则能够个性化地理解明亮的黄色所传递的情感要素。

此时，儿童还有可能表现出更明显的审美偏爱，虽然说不出理由，但是，他们日渐明白自己喜欢什么、不喜欢什么。偶尔，4–5岁的儿童还会使用一些特别的艺术词语来描述艺术元素，比如：“这是一首高兴的歌”等。

---

① [美]戴蒙，[美]勒纳. 儿童心理学手册（第2卷）[M]. 林崇德，李其维，董奇，译. 上海：华东师范大学出版社，2009：1006.

（三）5-6岁儿童的审美心理特点

5岁以后，儿童的感知觉加工能力日渐成熟，一部分儿童在审美感知、审美想象和审美情感方面的发展已经与成人接近了，还有少数的儿童，表现出了更加卓越的审美感受力和判断力。他们更善于从整体的作品、细小的元素中获得审美的快乐。

在这个阶段，儿童的注意力、记忆力、想象力等发展较快，其认知能力的发展推动了审美感知觉能力的发展。5岁以后，儿童可以记住并且识别出自己在一年前画的画，也可以记住一段旋律并在相似的场景中再次表现出来。儿童逐渐开始运用认知加工能力来解释一些审美感知的要素，并能够用自己熟悉的艺术类词语来描述审美对象的风格、内容等方面的特征，比如：这幅画不好看，这个人的脸变成了绿色的，绿色是生病的颜色，这个人生病了等。

在审美情感方面，5-6岁的儿童能够更加轻松地将艺术元素和审美情感匹配起来，比如：他们能够更轻易地判断调式的变化，并且在辨认旋律表达的快乐、悲伤等情绪时与成人的选择基本一致。在这个阶段，儿童的审美偏爱逐渐稳定下来，他们能够发现并且明确自己喜欢某类艺术作品的原因，比如：我喜欢这幅画，因为画里有一只小羊（而不是我喜欢这幅画，因为我喜欢它）。

在审美想象方面，5-6岁的儿童拥有更丰富的审美经验，他们能够更好地将过去在欣赏和创作活动中积累的艺术元素拼接起来，想象出新的审美意象、故事、图景等。相应地，这也提升了他们在艺术表达方面的创造性。

总体而言，对于情绪表达直接、形象直观、审美特征清晰、与生活关系密切的作品，儿童大多能够获得很好的审美体验，但是对于较为抽象、需要阐释的作品，儿童仍然需要教育者的引导。所以选择什么样的审美对象或艺术作品来开展艺术欣赏活动，以及如何分析作品、引导儿童感知是关键所在。

拓展阅读

《审美心理描述》对个体审美经验的过程性描述

在《审美心理描述》一书中，滕守尧教授描绘了人们在审美过程中的心理体验，包括：初始阶段，个体对审美对象产生审美注意和审美期望；高潮阶段（一），个体产生审美知觉和感性愉快；高潮阶段（二），个体产生审美认识和审美快乐；直接效应阶段，个体逐渐形成对审美对象的审美判断与审美欲望；间接效应阶段，个体的审美趣味与鉴赏力不断提高。

儿童在欣赏美的对象时，大致也会经历这几个阶段，作为教育者，我们应该重视孩子们的审美体验的发展，并有目的地引导他们形成审美认识、审美判断，即借助儿童的审美兴趣和快乐的情绪体验，进一步促进其审美知觉和能力的发展。

学习研究

在幼儿园情境下，尝试给不同年龄段的儿童播放同样的旋律，观察并记录他们的表现，并判断他们如何感知这段旋律、产生了什么样的审美情感和审美想象。

第二节 音乐欣赏活动

一、学前儿童音乐欣赏活动概述

学前儿童音乐欣赏活动就是儿童通过倾听音乐作品，从而对不同音乐内容产生不同理解，对音乐不同情绪、不同音色、不同速度、不同力度产生丰富的想象和理解，从而提升审美愉悦感的活动。

教师作为音乐欣赏活动的材料提供者、组织者、审美引领者，应有方法、有目的、有计划地引导孩子在活动中体会音乐蕴含的意义和传递的美感，增强对音乐内涵的理解，从而提升自身的音乐审美素养。

二、学前儿童音乐欣赏活动的教育目标与重难点

（一）学前儿童音乐欣赏活动的教育目标

1.认知（知识类）目标

（1）能够感受和欣赏大自然、社会生活中各种好听的声音。

（2）能初步了解不同风格的音乐作品，并能分析其所包含的音乐元素。比如：活泼欢快风格、抒情风格、庄严风格；

（3）能够分辨人声和乐器的声音；

（4）能够初步了解作品的主要情绪、内容及作品的主要结构；

（5）能够结合想象和联想，运用一定的媒介表达对音乐作品的理解，能再认和区分已欣赏过的音乐作品。

面对不同年龄段的儿童时，教师可以对上述认知目标的难度层次进行相应的调整和拓展。下表是结合《3-6岁儿童学习与发展指南》中不同年龄段儿童发展特点和需求而提供的目标建议。

表3-1　不同年龄段儿童音乐欣赏活动教育目标(认知目标)

年龄段	音乐欣赏活动的认知目标
3-4岁(小班)	(1)能感受日常生活中的不同声音,会被吸引; (2)能够体会不同风格的音乐作品的情绪; (3)能够分辨人声和乐器声
4-5岁(中班)	(1)喜欢倾听各种好听的声音,感知声音的高低、长短、强弱等变化; (2)能初步理解不同风格的音乐作品的特征; (3)能够尝试说出不同音色的特征
5-6岁(大班)	(1)能够模仿不同生活环境中有特色的声音; (2)能对音色鲜明的不同声音形象产生联想; (3)能够准确判断音乐作品中速度、力度、音区的变化,对音乐结构开始有所了解

2.能力目标

在音乐欣赏活动中,能力目标是认知目标的巩固和强化,也是活动的重点内容。

(1)能够有情感地表现在大自然、社会生活中听到的好听的声音;

(2)能够欣赏不同风格的音乐作品,并大胆地用声音、动作、姿态表达自己的感受与体验;

(3)能够用不同的艺术表现手段表达自己对音乐作品的情绪、速度、力度等的理解;

(4)能够对不同的音乐形象产生联想、想象并能进行创造性的表达。

在组织音乐欣赏活动时,可以分阶段、有针对性地制订能力目标。

表3-2　不同年龄段儿童音乐欣赏活动教育目标(能力目标)

年龄段	音乐欣赏活动的能力目标
3-4岁(小班)	(1)喜欢倾听大自然和日常生活中的不同声音,并做出一定的反应; (2)能够根据不同风格的音乐作品的特征进行不同的表达; (3)能跟随熟悉的音乐做身体动作
4-5岁(中班)	(1)能根据不同风格的音乐作品产生联想并进行创造性表达; (2)能初步表达不同风格音乐作品的特征; (3)能够因不同的音色形象而联想到不同的艺术表现手段
5-6岁(大班)	(1)能够用自己喜欢的方式表达对自然界和生活中有特色声音的理解; (2)能够根据不同声音形象联想到生活中不同的事物; (3)能够运用文学、表演、舞蹈等方式大胆、自信地表达对音乐的理解和感受

3.情感目标

情感目标是学前儿童音乐欣赏活动的终点和重点,对以“唤醒积极情绪体验”为目的的艺术活动来说,情感目标是促进孩子快乐学习、自主学习、创造性学习的核心。具体而言,情感目标包括:

(1)喜欢倾听音乐作品,乐意参与音乐欣赏活动;

(2)能够在倾听音乐作品时产生积极的审美体验和愉悦感;

(3)喜欢与别人分享倾听音乐作品后的感受,大胆地表达自己的体验。

表3-3　不同年龄段儿童音乐欣赏活动教育目标(情感目标)

年龄段	音乐欣赏活动的情感目标
3-4岁 (小班)	(1)喜欢参加音乐欣赏活动,对倾听不同的音乐作品有兴趣; (2)愿意跟随老师欣赏不同风格、不同流派的音乐作品; (3)能够在欣赏不同音乐作品时感受到快乐
4-5岁 (中班)	(1)喜欢倾听各种好听的声音; (2)欣赏音乐作品时会产生愉悦的情绪体验; (3)愿意在成人引导下说出自己的情感体验
5-6岁 (大班)	(1)喜欢欣赏各种不同风格、不同流派、不同国别、不同时期的音乐作品; (2)能够体验音乐作品中不同音色、速度、力度、情绪传达的情感; (3)在音乐欣赏活动中感到快乐,并且积极主动地表达自己的审美愉悦感

教师在设计活动时需要根据本班孩子的特点进行区别化、个性化的思考,在活动目标、活动方法、活动过程制定时可以有提升性要求,将创新性和审美性目标设计在内。

(二)学前儿童音乐欣赏活动的重难点

1.3-4岁(小班)儿童音乐欣赏活动重难点

小班幼儿在音乐作品的不同情绪性质的理解上存在困难,音乐理解能力十分有限,对音乐作品的音色、节奏、旋律等的差别也不能很好地理解,虽然他们能够伴随不同情绪风格的音乐进行动作表达,但不一定能完全理解。

这个年龄段的孩子的认知、思维能力等在逐步发展,因此活动重点在材料选择上,可以选择歌词简单、便于儿童理解和记忆的歌曲,也可以选择节奏型较为统一、情绪风格较为稳定且易于唤醒生活经验和兴趣的无歌词的器乐曲,以及其他能够激发孩子创造性表达的音乐作品。

2.4-5岁(中班)儿童音乐欣赏活动重难点

中班幼儿对音乐的听辨、感受能力进一步增强,所以给这个年龄段孩子选择音乐作品时,可以重点选择内容较为广泛、风格多样的音乐作品。

另外,这个年龄段孩子的音乐理解力也有所提升,能基本理解音乐所表达的情绪和情感,所以给孩子选择音乐作品时,可以考虑音乐情绪稍有变化的作品,尤其是借助于歌词及已有的生活经验、音乐经验,儿童能够基本理解音乐所表达的形象,并由此产生想象、联想的作品。

3.5–6岁(大班)儿童音乐欣赏活动重难点

这一阶段的儿童在音乐感受力和音乐理解力上都有很大的提升,听辨能力更强了,所以教师在音乐作品的选择上可以考虑音乐结构、音色及情绪风格较为复杂的器乐曲,运用这样的音乐作品激发孩子进行形式更丰富、多样的创造性表达。

三、学前儿童音乐欣赏活动的内容选择

教育者在组织音乐欣赏活动时应该结合不同年龄段认知发展特点、身心发展特点、思维发展特点等进行有计划、有方法、有手段的教学准备,而在此过程中非常重要的一点在于对音乐材料的分析和筛选。音乐教育作为审美教育手段之一,只有通过合适的材料才能培养孩子的音乐感受力、音乐理解力、音乐表现力等。只有在长期的培养过程中孩子才能慢慢积累审美素养。

(一)经典音乐作品

为儿童选择的音乐欣赏作品必须具有较高的思想性和艺术水平,一些世界名曲富有艺术美,能够扩大儿童的艺术视野,丰富他们的音乐欣赏经验。我们可以根据音乐风格对其进行分类。

1.舞曲风格

此类音乐作品节奏欢快、律动感强,一般以二拍子或四拍子为主。

(1)《单簧管波尔卡》

“波尔卡”起源于捷克民间的一种二拍子的节奏快速的圆圈舞,全曲轻松活泼、旋律流畅,给人以一气呵成之感。本曲分四部分,第四部分是第一部分的反复,每一部分都有自己明显的旋律和织体变化,或者说都有自己的主题和内容表达,孩子们会感受到旋律回绕、轻盈、扩张、收缩的变化,同时在整个配乐中也会感受到不同乐器的音色与不同片段之间的配合。

整首乐曲轻盈、欢快、不拖沓,孩子们易于感受到乐曲欢快、活泼的特点,有利于孩子们进行创造性动作表达。针对大班的孩子,教师还可以让他们根据不同乐段画“旋律线”,使其更加清楚地表达对于不同乐段的感受和理解。

(2)《加沃特舞曲》

该舞曲是具有舞蹈节奏特征的器乐曲或声乐曲,可以分为专为舞蹈而作的舞曲和独立演奏的舞曲两种。舞曲的旋律优美,节奏轻巧活泼,内容通俗易懂,抒发着热爱生活、乐观向上的思想感情。

本首乐曲营造出“春天”的氛围，节奏较为统一，共有三部分。第三部分是第一部分的重复，乐段易于判断和理解。在3-6岁儿童音乐欣赏活动中，可以分难度进行活动组织并设立目标，比如：小班孩子能够跟随音乐进行创造性表达；中班孩子可以听辨不同乐段并根据其进行创造性表达；大班孩子清楚曲式结构并能够创造性地表达对于不同乐段的理解。

2. 抒情曲风格

此类作品节奏平缓，旋律优美，节拍主要以三拍子、六拍子为主，温情、宁静，富含诗意，适合3—6岁儿童欣赏。

(1)《摇篮曲》

摇篮曲又称催眠曲，原为母亲摇动摇篮、为使婴儿愉悦入睡而唱的歌曲。后来逐渐发展为一种音乐体裁。摇篮曲的音乐特点是曲调平静、徐缓、优美，伴奏中往往有象征摇篮摆动的节奏。摇篮曲拍子具有抒情乐曲三拍子、六拍子舒缓、柔美的节拍特点。

在学前儿童音乐欣赏活动中我们可以采用器乐曲形式，也可以采用歌唱的形式，感受曲调温暖、平和、舒缓的特点。

《摇篮曲》歌词表达了孩子在妈妈怀里安睡，妈妈的手臂环绕自己时温暖、幸福的感受，配合旋律的抒情性，易引起3-6岁孩子的情感共鸣。

(2)《溜冰圆舞曲》

《溜冰圆舞曲》节奏明快，有较为统一的节奏型，且为三拍子，强调第一拍的重音，伴奏音型配以和弦，旋律流畅，常配以舞蹈。

乐曲的节奏和旋律描绘了溜冰的场景，该作品有四个部分。第一部分宽广平稳、流畅明丽，第二部分展现了轻松活泼的情绪，第三部分产生上下跳跃感，乐曲欢快而有力，让人联想到“溜冰者洒脱的姿态”，第四部分极速的音乐片段，轻巧而诙谐。

在组织音乐欣赏活动时，教师应紧紧抓住四个部分阐释的音乐情绪以及意境的不同，可按照3-6岁儿童认知、理解发展特点进行相应的音乐理解力和音乐表现力的培养。

3. 进行曲风格

此类风格的曲子多为伴随队列行进的乐曲，节奏鲜明、重拍突出、结构整齐。进行曲可分为军队进行曲、婚礼进行曲、葬礼进行曲、典礼进行曲等。而选择哪一类型应该以学前儿童的身心发展特点为前提。进行曲篇幅较长，针对注意时间较为短暂且以无意识记忆为主的3-6岁儿童，我们选择片段即可，不同曲段的音乐情绪和音乐性质会有所不同，孩子能够听出差异或者跟随节奏打拍的曲段都可以成为主要的教学内容。

(1)《土耳其进行曲》

本首乐曲为三段体结构,每一段音乐形象都有所不同,有较为优雅的,有激昂行进的,也有灵快轻巧的。在给孩子欣赏时可以选择表达不同情绪的片段或者同一片段中力度不同的部分,让孩子有更多联想和创造的空间。还可以让孩子跟随节奏跑动,感受节奏的变化。

(2)《拉德斯基进行曲》

本首作品属于典型的典礼进行曲,恢宏、有气势,氛围感特别好。大多数音乐会都会选择本首作品作为终曲。所以在进行欣赏时教师可以先介绍此作品的典型意义,使孩子在乐曲中感受饱含气势的情绪和氛围,以及造就这种氛围的相关音色以及乐器,在活动过程中感受音乐的“仪式感”。本首乐曲有两个情绪完全不一样的乐段,对比前后乐段也是一种欣赏方式。

(二)民族民间音乐作品

传承具有悠久历史的中华民族的音乐文化是音乐教育的重要使命。因此,音乐欣赏内容里除了要有西方经典音乐作品,还要有代表性的我国民族民间音乐精品。我国包含56个少数民族,各民族间都有自己独特的优秀音乐作品,在这里仅以几首耳熟能详的作品为例。

(1)《金蛇狂舞》

《金蛇狂舞》是一首民族管弦乐曲,乐曲的旋律昂扬,锣鼓声铿锵有力,渲染了节日的欢腾气氛,使用了唢呐、笛子、琵琶、古筝、扬琴、锣鼓、钹、木鱼等吹奏、弹拨、打击乐器,不仅可以扩展孩子对于我国传统乐器的认识,还可以让孩子们进一步感受到中西方乐器在表达热闹、喜庆氛围时的异同,尤其是打击乐器的使用不仅把主题推向高潮,还是每个乐段比较明显的连接。

该作品分三个部分,虽然每一部分的篇幅不长,但每一个乐段都表达了不同的情绪。开启主题—宣扬主题—高潮体现得非常明显,并且音乐第三段具有明显的上呼下应的结构,情绪逐渐高涨,表达了鲜明的民族性格和生活气息。全曲以激越的锣鼓声伴奏,更渲染了热烈欢腾、昂扬激奋的气氛。

(2)《瑶族舞曲》

《瑶族舞曲》是瑶族民间舞曲,展现了瑶族民众欢歌热舞的热闹场面。

该曲的“画面感”很强,结合瑶族服饰和民族特点来了解,易于使儿童在二者间产生联系。本曲分为三个部分,第一部分委婉动听,娓娓道来;第二部分节奏跳跃、活泼,速度加快,突出欢快热烈的气氛;第三部分情绪一转,给人徐缓、宁静的感觉。三个部分情绪鲜明且每一个部分都有自己的主旨,使人在欣赏中不仅体会了速度、力度和节奏的变化,还体会了乐段不同情绪表达的思想。

(3)《梦中的额吉》

《梦中的额吉》是一首使用蒙古语演唱的歌曲,标题中的“额吉”在蒙古语中是“妈妈”的意思,通过标题可以看出这是一首和妈妈有关的歌曲。曲调和歌词都透露出对母亲浓浓的思念之情,柔美、舒缓的调式特点体现得淋漓尽致。在进行音乐欣赏活动时,可以引导孩子感受歌曲旋律的唯美,体会歌词中的思念之情,结合词曲感受小调的特点。

(三)自然中的声音

大自然的声音充满生机,虫鸣、鸟叫、细雨声、流水声,都是孩子生活中常听到的声音。

(1)《森林狂想曲》

本首作品里的所有声音都是孩子所熟悉的鸟叫、蛙鸣、溪流的声音,在模拟的声音中伴随有活泼、跳跃的节奏和不同乐器的加入,能够提升孩子对音乐元素和音乐形象的理解。另外,本首乐曲分为三段,第一段犹如走进绿意盎然的大森林里,听到了蛙鸣蝉噪,看到了涓涓细流……轻快的主题,旋律轻巧、跳跃,给人一种生机勃勃的感受;第二乐段情绪略微高涨,节奏型与第一乐段基本相同。由于该曲音乐形象非常丰富,节奏型较为统一,在欣赏时也可以与打击活动或韵律活动相结合。

(2)《动物狂欢节》

《动物狂欢节》为组曲,由十四支曲子组成,每一曲都阐释了与动物相关的不同场景,节奏、力度、速度以及时而诙谐的表达都给这首作品搭建了令人产生无限联想的平台。组曲中《狮王进行曲》和《天鹅》是广为流传的,大家比较熟悉。尤其是《狮王进行曲》作为全组曲第一乐章,强有力的重音营造了“狮王”迈着稳健的步伐,带领着动物们前进的场景。

以这套组曲为音乐欣赏的材料时,应选择能够启发孩子联想的乐章,如《狮王进行曲》《大象》。《天鹅》这一乐章的情绪优美、温柔,甚至带有一点点悲伤,与其他曲子形成鲜明的对比,在以体会音乐情绪为主的设计中可以考虑以它为素材。

综上所述,选择学前儿童音乐欣赏内容时应该注意:

符合儿童审美感知发展的特点和需求;

蕴含较强的思想性和艺术水平,有较高的审美价值;

与儿童的生活经验和音乐经验相关,容易使人产生联想。

四、学前儿童音乐欣赏活动的组织实施

(一)材料分析

对施教儿童进行认知、心理、语言、思维方面的分析,结合这些特点对拟选定的音乐作品进行深入分析,包括内容、情绪、情感、节奏、篇幅等,把握好作品中儿童容易感知理解和难以掌握的内容。

(二)实施环节

1.导入环节

导入环节是教学活动的开始,目的在于唤起孩子的注意和兴趣,为接下来的活动奠定基础,所以导入环节应简洁,导入的内容一定是与接下来的活动息息相关的。

案例节选

音乐欣赏活动:斗牛比赛

环境创设导入:

教师提问:今天老师给小朋友们带来了一个小动物,现在请小朋友们猜猜它是谁?(把小牛毛绒玩具放在小朋友们身后,请小朋友们摸一摸、猜一猜。

由以上案例可以看出,教师准备的物质材料和导入话语都和活动的主题息息相关,单刀直入进主题,以孩子们熟悉的小动物毛绒玩具切入,也不会模糊接下来的主要活动过程。

2.基本部分

整体把握是音乐欣赏的重要原则,所以在新知识教学时,一定要先整体倾听。

(1)整体倾听,整体感受

在孩子初次倾听时,教师可以将倾听与其他艺术手段(文学、韵律活动)相结合,帮助孩子更准确地感受和理解音乐,体验音乐形象和音乐内容。

(2)分乐段或分节段欣赏

教师在活动前对素材进行分析,并根据这个环节的目的和要求,强化孩子对于音乐的每个部分或节段的理解和表达。比如:《金蛇狂舞》中上呼下应那一部分就需要筛选出来,让孩子尝试理解这样的音乐结构。

(3)自主参与和创造性表达，再次整体欣赏

在这个环节应鼓励孩子进行自主表达，在孩子们说出自己的感受后，教师再组织全班儿童进行整体欣赏，加深理解。

上述环节是根据学前儿童音乐欣赏常见的环节设计的，主要运用于欣赏各段落音乐形象、音乐情绪、力度对比鲜明的音乐作品。

五、学前儿童音乐欣赏素材与活动案例

表3-4　音乐欣赏:《拯救格里格》

活动环节		教师的教学行为	幼儿的学习活动	备注(能力发展、教具使用)
活动导入	**播放音乐，让幼儿感受(第一次播放音乐)** 听完以后和老师分享感受。(根据情况可放第二遍) 提问:“小朋友们听完有什么感受?” 预设回答:“我感觉很紧张，好想跑步”“我感觉有人在追我”“我感觉我慌里慌张的”。 追问:“能说一说这段音乐哪一部分让你紧张吗?” 预设回答:“速度开始变快的那部分。” 提问:“旋律刚开始是不是很……慢? 后来变快了?” 预设回答:“是。” 提问:“还有小朋友发现旋律有什么特点吗?” 预设回答:“每一段都是一样的”“我感觉自己紧张是因为声音越来越大了，刚开始声音比较小”。 教师总结幼儿说的音乐特征:“老师和大家感受到的旋律是一样的，它令我很紧张，速度越来越快，声音越来越大，感觉有人在后面追赶似的。而且旋律是重复的。”	播放音乐后，提问幼儿(关注音乐节奏是否相同、节奏速度和强度变化)	认真聆听音乐并描述心情和音乐特征	培养幼儿的倾听和欣赏能力

续表

	活动环节	教师的教学行为	幼儿的学习活动	备注(能力发展、教具使用)
活动进行	**第一部分(第二次播放音乐)** 1.讲述故事背景:主人公格里格被山魔王绑到了山洞中,山魔王要求格里格与自己的女儿结婚,格里格不愿意,我们一起来看一看他是怎么做的。(第二次播放音乐) 2.格里格为了逃出山洞做了很大的努力,但是他失败了(幼儿猜测,教师再给出答案)。 3.根据视频,请幼儿描述故事内容。 4.提问: ①你觉得山魔王是个怎样的妖怪? 预设回答:“它很可怕”“它跑起来速度很快”“它是一个凶狠的妖怪”“它是一个执着的妖怪”“它是不会放了格里格的”。 教师总结:“我也觉得山魔王它不会轻易放了格里格,格里格必须想办法逃走。” ②你觉得格里格是个什么样的人? 预设回答:“他是一个聪明的人”“他很害怕山魔王”“他担心自己真的死掉”“他愿意尝试”。 教师总结:“格里格他是一个音乐家,他的音乐非常出名,山魔王就是听到他写的歌才将他绑了回来,因为山魔王的女儿很喜欢好听的音乐。” **第二部分(第三次播放音乐)** 补充故事背景:得知了格里格被绑走的消息,格里格的朋友——蓝精灵村长决定去山洞里救出格里格,她希望小朋友们跟随她一起去(原来教师是蓝精灵村长)。 1.蓝精灵村长在山洞里收集能救出格里格的工具:“我给大家准备了一些东西,你们看一看,有哪些可以使用?”“到时候去了山洞里也可以看一看山洞里有没有可以用的东西。” 预设场景:幼幼互动,决定使用哪些工具。 2.蓝精灵村长提问:不能吵醒妖怪,我们需要怎么配合? 走路怎么走? 怎么找工具?(师幼互动、幼幼互动)“山洞里一旦发出声音就会很大,吵醒了山魔王的话,我们就有可能会被发现,所以,我们一定不能发出声音”“我们需要一个探路的小朋友走在最前面”…… 3.音乐提示大家时间不多了,山魔王就快醒了。 (可以先练习一次,村长当山魔王,再正式行动)	1.讲述音乐故事背景,播放音乐小视频; 2.引导幼儿关注山魔王和格里格的性格特点以及音乐带来的氛围感; 3.补充故事背景,变身成蓝精灵村长,带领小朋友们去救格里格,集中讨论成员之间的合作,村长提出走路、找工具、应急方法等几个方面的问题; 4.提醒大家跟着音乐走比较安全	1.认真观看视频,回答教师提出的问题; 2.描述山魔王和格里格的性格特点,了解音乐氛围; 3.在补充故事内容时有角色代入感,积极讨论怎么救出格里格,用自己的方式表现行动过程,在表现行动过程中有自己的思考; 4.律动时动作有变化,会根据音乐节奏加强紧张感	1.幼儿了解故事中的角色后,对故事氛围有了感受,也能够与音乐有相通感; 2.在音乐氛围中,幼儿需要集中注意力讨论出有效的营救方式,并且在短时间内想清楚需要什么样的工具; 3.根据音乐背景感受音乐的节奏、速度、强度变化; 4.记得这个旋律,并且听到旋律能够不由自主地律动和表现自己

续表

活动环节		教师的教学行为	幼儿的学习活动	备注(能力发展、教具使用)
活动结束	最后,格里格被村长救回来了,为了记住这次可怕的经历,格里格写下了这首曲子《山魔王的宫殿中》。我们一起再来感受一下格里格紧张的心情吧!	带领幼儿再次欣赏歌曲	享受音乐	幼儿的感受能力得到提升

(案例作者:云南师范大学研究生 杨蕾)

教师以“山魔王”的故事进行导入,抓住了孩子的兴趣。活动按照常见模式设计,让孩子们在整体欣赏完后表达自己的感受有利于锻炼其表达能力,但继续追问“哪一部分产生的感受?”稍显多余。孩子感受到“紧张、快、有人在追赶”都说明了音乐的速度使得他们有了这些同质性的感受,而再次追问会使得孩子产生认知混乱,可以直接通过这些回答引导孩子发现感受与音乐的“速度”变化相关。其次,“救援”部分没有必要使用工具,跟随音乐做韵律活动时随乐而动即可,可以让孩子更投入地感受节奏变化。

第三节　美术欣赏活动

一、学前儿童美术欣赏活动概述

美术是一种作用于视觉器官的艺术形式，也被认为是一种造型艺术。通常，美术包括了绘画、雕塑、建筑等门类。随着信息技术的发展，我们步入了读图的时代，所以，今天的视觉传媒设计类作品也可以归属在美术范畴，包括综合材料制作的艺术作品、海报设计等等。

学前儿童美术欣赏活动即学前儿童体验美术作品中所传递的视觉美感，形成对作品或事物的形式、内容的审美感知，产生意象丰富的想象，并获得审美愉悦感的活动。在美术欣赏活动中，教师作为资源提供者、审美引领者、活动设计者和体验支持者等角色出现，有目的、有方法地引导儿童发现作品或事物中蕴含的美，并激发儿童对于视觉艺术作品的审美兴趣。

二、学前儿童美术欣赏活动的教育目标与重难点

（一）学前儿童美术欣赏活动的教育目标

总体而言，我们可以综合参考儿童审美心理发展的规律及教育教学活动的三维目标来确定学前儿童欣赏活动的教育目标。

1. 认知（知识）目标

（1）知道艺术作品、大自然、社会生活中都蕴含着美的元素，发现身边的美；

（2）初步了解美术作品中美的规律，比如：对称、相邻色搭配等；

（3）掌握一些欣赏美术作品时用于表述美的词语；

（4）了解美术作品的内容、风格、表现手法、媒材、主题等及其与美感的关系；

（5）积累欣赏美术作品的个性化方法，比如：按照自己熟悉的元素进行观察；或先观察整体，再观察局部；等。

面对不同年龄段的儿童时，教师可以对上述认知目标的难度层次进行相应的调整

和拓展。下表是结合《3-6岁儿童学习与发展指南》中不同年龄段儿童发展特点和需求而提供的目标建议。

表3-5　不同年龄段儿童美术欣赏活动教育目标(认知目标)建议

年龄段	美术欣赏活动的认知目标
3-4岁 (小班)	(1)知道在大自然中有美的花草树木、日月星空; (2)知道在画作、工艺美术、雕塑、设计等美术作品中蕴藏着美
4-5岁 (中班)	(1)知道美术作品在形态、色彩、线条轮廓等方面都有其与众不同的特征; (2)初步掌握简单的美术表现方法; (3)懂得一些简单的美术词语和用于描述美术作品的话语
5-6岁 (大班)	(1)在欣赏美术作品时,能初步了解作品内容、风格、表现手法、媒材、主题等; (2)掌握向他人介绍美术作品时应用的一些简单词语和惯用表达方式; (3)掌握观察和欣赏美术作品的基本方法; (4)理解部分简单的美术元素,比如线条、色彩等

2.能力目标

在设计学前儿童美术欣赏活动时,能力目标是我们考虑的重点,涉及儿童的审美感知能力、审美想象能力和审美理解能力。

(1)审美感知能力目标

①能够感知美术作品中蕴含的色彩美、造型美、风格美、内容美等;

②能够敏锐地察觉美术作品中不和谐的元素,并表述出来;

③能够调动不同的感觉器官来欣赏美术作品;

④能够用表情、言语、动作、符号等来表述自己在作品中感知到的美,表达自己的审美体验。

(2)审美想象能力目标

①能够根据美术作品的色彩、造型、构图,以及画面中的不同元素进行自由的想象,比如:想象画中的故事,拟人化地想象图形、线条的特点,等;

②能够由美术作品中的内容联想到自己的生活经验,并表达出来;

③能够尝试想象画家或艺术家在创作美术作品时的心理活动和基本意图。

(3)审美理解能力目标

①能够理解用于描述美术作品的艺术词语、语言;

②能够理解作品中不同元素之间的关系,以及各元素融合在一起所表达的意境。

3-6岁儿童的审美感知、想象和理解能力的发展速度、水平各不相同,因此,在实际设计美术欣赏活动时,还可以参考以下分年龄段的目标。

表3-6　不同年龄段儿童美术欣赏活动教育目标(能力目标)建议

年龄段	美术欣赏活动的能力目标
3-4岁 (小班)	(1)能够初步分辨让自己觉得“美”和“不美”的作品； (2)能够感知作品中直接可见的美； (3)能够尝试用简单的语言表述自己对作品的感受； (4)能够在画面中找到自己熟悉的、与生活有关的事物
4-5岁 (中班)	(1)能够多感官、多途径地欣赏美的作品； (2)能够初步感知作品如何用色彩、线条等元素来表达美； (3)能够初步发现作品中美的规律； (4)能够初步结合画面中的形象和元素想象画中的故事； (5)能够用自己的方式表达审美体验； (6)能够听懂部分艺术词语、语言
5-6岁 (大班)	(1)能够敏锐地察觉作品中的色彩美、造型美、风格美； (2)能够说出作品使用的媒材、表达的内容等； (3)发现作品中不和谐或不熟悉的艺术元素时，能表达出来； (4)能够灵活运用多种方式表达自己的审美体验； (5)能够就美术作品的元素展开联想，并想象作品中的故事； (6)能够尝试理解创作者的想法、情感、意图； (7)能够理解作品中各元素的关系和共同构成的意境

3. 情感目标

情感目标是设计学前儿童美术欣赏活动的关键，也是认知目标和能力目标的归宿，无论我们试图通过美术欣赏活动支持儿童哪些方面的认识和能力的发展，最终，积累的知识和技能都是为了促进儿童审美情感的获得、审美趣味的形成。具体而言，审美情感的发展目标包括：

(1)喜欢欣赏美术作品，能积极主动地参与美术欣赏活动；

(2)在欣赏美术作品时，能够体验作品中蕴含的情感；

(3)能够在观看美术作品时产生积极的审美体验和愉悦感；

(4)喜欢在欣赏过程中或之后自由、大胆地表达自己的体验。

表3-7　不同年龄段儿童美术欣赏活动教育目标(情感目标)建议

年龄段	美术欣赏活动的情感目标
3-4岁 (小班)	(1)喜欢参加美术欣赏活动，对观看美术、雕塑、设计、摄影等不同类别的美术作品有兴趣； (2)愿意跟随老师欣赏美术作品中的具体元素； (3)能够在欣赏夸张、幽默的美术作品时感受到快乐

续表

年龄段	美术欣赏活动的情感目标
4–5岁 （中班）	（1）喜欢欣赏不同风格、表现手法、主题、媒材、类别的美术作品； （2）在欣赏时，能够跟随作品的导向产生与之相应的情绪体验； （3）愿意在成人引导下说出自己的情感体验
5–6岁 （大班）	（1）喜欢欣赏各种不同的美术作品，包括不同时代的作品等； （2）能够体验美术作品中的色彩、线条等元素所传达的情感； （3）在欣赏活动中感到快乐，并且积极主动地表达自己的审美愉悦感

在设计活动时，我们可以根据本班儿童的发展特点和需求，选择特定的发展目标，并对目标进行更细致的延伸，将审美对象中相关的内容纳入目标当中，从而使目标更有针对性。

（二）学前儿童美术欣赏活动的重难点

活动的重难点不完全等同于活动目标，相应地，学前儿童美术欣赏活动的重难点也可以在上述教育目标基础上延伸与拓展后形成。总体而言，结合3–6岁儿童审美心理发展的特点，在这个阶段，美术欣赏活动的教育重难点应体现在：激发儿童对美术欣赏活动的兴趣、支持儿童初步形成对视觉艺术作品的审美判断、为儿童后续形成个性化的审美偏爱和审美趣味奠定良好的基础。

1.3–4岁（小班）儿童美术欣赏活动的重难点

对于小班的儿童来说，美术欣赏活动的重点在于激发和保护他们对于美的事物、美的艺术作品的好奇心、探究欲和兴趣。难点则在于选择适宜的作品，以生动有趣的形式支持他们更深入地参与到欣赏活动中，保持专注。

小班儿童的注意力保持时间较短，如果我们选择的作品不适宜，或者离他们的生活较远、有一定的感知难度，那么，小班儿童可能在最初接触作品之后，就会因为不感兴趣而转移注意力。所以，活动的难点就是如何将视觉欣赏活动拓展为多种感官参与的欣赏活动，让儿童的所有感官都有机会“忙”起来，全身心地、沉浸式地进行欣赏。

2.4–5岁（中班）儿童美术欣赏活动的重难点

中班儿童的感知能力和认知加工能力有所发展，因此，美术欣赏活动的重点在于为他们的审美感知和审美想象能力发展提供更加丰富的资源和其他相应的支持。难点则在于拓展他们的审美经验，引导其发现美术作品中各元素之间的关系，提供一定的艺术词语，鼓励其积极大胆地表述审美体验。

在这个年龄段，儿童的自我意识发展迅速，因此，在设计活动时，还应考虑活动环节的适宜性，确保各个环节之间衔接自然，并为儿童提供感受、表达的机会，让每一名儿童都在欣赏活动中更好地发挥自主性。

3.5–6岁（大班）儿童美术欣赏活动的重难点

大班儿童感知能力、思维能力、情感表达能力等各方面的发展都比中班儿童更加完善，因此，美术欣赏活动的重点在于：延续儿童对于欣赏美术作品的兴趣，拓展儿童关于美术表现手法、美术元素、美术风格与题材等方面的经验，支持儿童以个性化的方式创造性地表达自己的审美体验。活动的难点在于：支持儿童在大量的欣赏经验基础上逐渐形成个性化的审美品位和审美情趣。

为大班儿童组织的美术欣赏活动，如果还是停留在观察、感受、欣赏的水平，那么，儿童的注意力很快会消散。他们需要更有挑战性的欣赏活动，所以，教师应在这个时期的美术欣赏活动中设置一些小任务，引导儿童在欣赏过程中积累知识，发展能力，表达情感。

三、学前儿童美术欣赏活动的内容选择

教育者应通过各种途径积累大量的美术欣赏资源和素材，并且掌握一定的美术鉴赏知识，在此基础上，才能更好地为不同年龄段的儿童提供适宜的欣赏素材。此外，在开展美术欣赏活动前，我们还应结合儿童发展的需要，对作品内容进行分析，进而形成有效的教育活动设计思路。

学前儿童美术欣赏活动的内容划分方式多样，比如可以按照美术类别（绘画、雕塑、建筑、设计等）、作品诞生时期、作品风格流派、作品主题/题材等进行划分。在此，我们按照经典美术作品、中华传统民族民间美术作品、自然中的视觉艺术元素来进行分类介绍。

在选择美术欣赏活动的内容时，教育者应注意根据儿童的审美心理特点、欣赏活动的目标来挑选适宜的作品，并且重视作品的可接受性和体验性。也可以按主题来选择欣赏的素材，比如以花为主题组织多次欣赏活动等。下面将呈现部分不同类别的美术欣赏作品及其分析和教育建议，以供参考。

（一）经典美术作品

经典美术作品的范畴较广，我们结合幼儿园常见的主题教学活动设计，根据作品的内容或题材来进行分类介绍。

1.静物类作品

静物类作品主要指不同风格流派的画家所画的静止类物品等，也包括一些符合儿童审美心理需求的摄影作品、雕塑作品等。

(1)凡·高的向日葵

图3-1 《花瓶里的十二朵向日葵》，凡·高，1888年

图3-2 《向日葵》，凡·高，1889年

著名的印象派画家文森特·威廉·凡·高在不同的创作时期画过许多向日葵，图3-1、图3-2呈现的分别是创作于1888年和1889年的两幅向日葵作品，两幅画作有共同的特点：用明亮的黄色、自由伸展的花茎和张扬的花瓣来表达花朵的生命力。花的造型各不相同，彼此之间形成了一种对比的关系。同时，两幅画作又有不同之处：创作于1889年的向日葵画作中，凡·高用黄色的背景来衬托黄色的向日葵，画面更加明亮，并且也更加热烈、躁动。

凡·高笔下的向日葵和生活中的向日葵有一定的联系，也有不同的地方，所以，适宜3-6岁的儿童欣赏。根据儿童的年龄特点，教育者可以设计不同难度层次的欣赏活动，比如：小班儿童集中欣赏一幅向日葵作品，并将之与生活中的向日葵相联系，如果条件允许，教师还可以提供真实的向日葵给儿童看和触摸，进行直观体验；中班儿童可以在欣赏的基础上进行加工和再创造；大班儿童则可以在加工创造的基础上，欣赏凡·高在不同时期创作的多幅向日葵作品，并在教师的引导下进行对比，了解凡·高的创作风格和其画中的共性特征。

（2）米勒《雏菊》

图3-3　《雏菊》，米勒，1869年

米勒创作了许多现实主义的画作，表现劳动人民的生活。这幅《雏菊》是他五十多岁时创作的静物画，画中星星点点的雏菊安稳地放置在窗台的花瓶里，有阳光洒下来，白色的雏菊花瓣仿佛在发出光芒，一朵朵小雏菊向四面八方伸展着，就像好奇的小朋友，探头探脑地到处张望。在这瓶雏菊的旁边放置着一个红色的针插，刚好与蓝色的花瓶形成对比。雏菊后面的暗影里，一位女性在偷偷张望，她的嘴角上扬，仿佛知道了什么小秘密。

这幅画作能够吸引儿童的地方就在于悄悄藏在雏菊背后的人，而关注这个人，免不了就要关注与她形成明暗对比的雏菊，小朋友的视线在雏菊和人之间来回活动。教师可以引导他们猜想这个人的心理活动、情绪情感，进而想象画中的故事。对于年龄较小的儿童，也可以引导他们欣赏画中花朵的形态、色彩，初步感知明亮与阴暗对比的美，以及颜色对比的美。

（3）张大千的《嘉偶图》

张大千是我国著名的山水画大师、国画大师，其画作工笔和写意相结合，生动有趣。他画了许多荷花图，荷花、莲叶的组合充满写意的美感。

选用张大千的系列荷花图作为儿童美术欣赏活动的内容时，教育者可以引导儿童关注画面留白的作用，支持儿童想象这样的荷花生长在什么样的地方，并鼓励儿童仔细观察莲叶、茎干的姿态；欣赏花瓣着色的方式、莲叶的墨染方式等，从中体会国画之美。欣赏右边这幅图时，还可以引导儿童欣赏平时在水面上看不到的部分——莲藕，并观察莲藕、茎干之间的关系等。

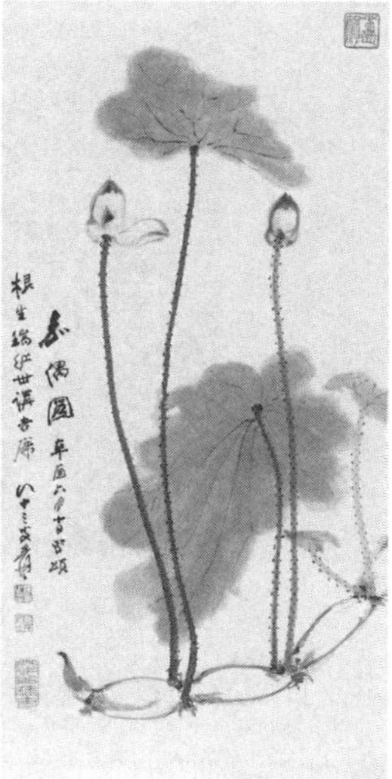

图3-4　《嘉偶图》，张大千，1981年

(4)齐白石的萝卜图

图3-5　萝卜图,齐白石,1956年

齐白石是我国著名的国画家,擅长山水、花鸟、鱼虫、人物画。他笔下的虾,造型简练生动,呈半透明,情态各异,欣赏价值很高。除了画虾,其实,齐白石先生还画过各种各样的常见静物,如:柿子、丝瓜等等。图3-5是他创作的萝卜图中的两幅,萝卜的形态质朴可爱,色彩浓淡相宜,配合旁边的香菇、蝴蝶、蟋蟀,别有一番童趣。

这一类画作同样与儿童的生活经验相关联,可以唤醒儿童关于"萝卜"的种种印象。在欣赏时,教育者可以引导儿童观察和感受色彩的对比、萝卜的形态、画面的布局等,此外,还可以重点引导儿童感受中国画写意风格的美感。

(5)凡·高《凡·高的椅子》《高更的椅子》

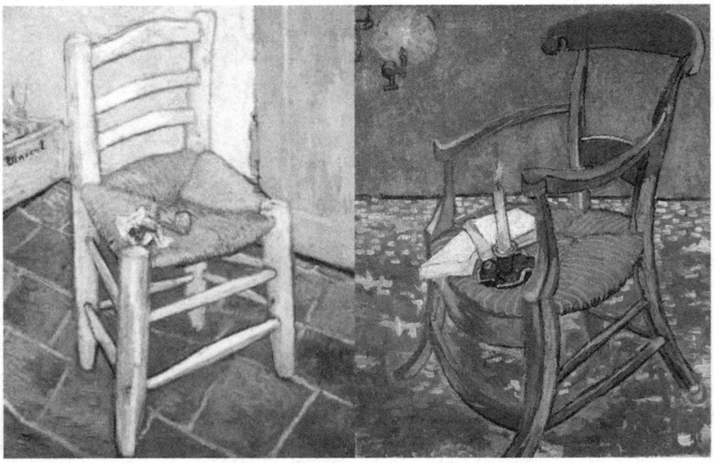

图3-6　《凡·高的椅子》(左);《高更的椅子》(右),凡·高,1888年

我们可以选择描绘生活中常见物品的画作,或是背后有故事的画作供儿童欣赏。在此以凡·高画的椅子为例进行介绍。1888年,凡·高创作了两幅有关椅子的图,一幅是《凡·高的椅子》,另一幅是《高更的椅子》。两幅画作中,椅子的摆放方向相对,两把

椅子各有特点，凡·高的椅子用明亮的黄色来表现，高更的椅子用红色、绿色和蓝色来表现，刚好与两位画家常用的颜色、绘画的风格相一致。椅子上分别摆放着凡·高认为可以表达二人特征的物品，比如：凡·高的椅子上摆放着烟斗，高更的椅子上摆放着蜡烛和书等。两把椅子都空着，似乎传递的是"等待主人回来"的意图。

在欣赏这两幅作品时，可以引导儿童观察椅子的颜色、地面和墙面的颜色。在此基础上，对于小班的儿童，可以引导他们观察画面上有什么，椅子在画面的什么位置，并引导其感受画面的美；对于中班的儿童，可以引导他们猜测椅子的质地、椅子坐起来舒不舒服、画中的椅子和我们生活中常见的椅子有什么不同等；对于大班的儿童，可以进一步引导他们观察椅子上放着的物品，猜测两把椅子有什么联系，并且评论两幅画创作的手法，根据地板和墙壁的色彩、花纹来猜测相应的质地、温度等，最终形成自己的审美经验。

以上选取了五组不同风格、内容、主题的静物画作品作为美术欣赏活动内容选择的例子。以花卉、蔬果、鸟虫等为主题创作的绘画作品都可以作为欣赏的内容，此外，还可以选择相应主题的雕塑作品、泥塑作品、工艺美术作品等立体的作品供儿童欣赏。

2. 风景类作品

风景类作品是画家用不同的颜料、媒材、手法将大自然的风景定格在画中的创作。选择这类作品，同样应从儿童的生活实际出发，并适当选择风景内容不同的画作，在第一章呈现的凡·高画作《星月夜》就属于这类作品中独具创意的代表。

(1)席勒《四棵树》

图3-7　《四棵树》，埃贡·席勒，1917年

席勒是20世纪初奥地利画家，擅长表现主义风格的绘画。《四棵树》是他在短暂生命的末期创作的风景画。画面采用暖色调描绘了四棵并列作一排的树。树与树之间间隔一段距离，彼此之间有相似又有区别。其中左边第二棵树的树叶凋零较多，右边第一棵树仍处于枝繁叶茂、挺拔向上的状态，其他两棵树则介于二者之间。稍远的地方，席勒还画出了似乎快要落山的太阳。整幅画寓意深远。

在欣赏这幅画时，我们可以引导儿童由浅至深地关注四棵树之间的关系，比如：从观察四棵树的位置、树枝和树冠的形态，逐渐过渡到观察四棵树之间的距离，猜测它们之间的关系，接着再过渡到想象四棵树之间的对话、故事等。同时，还可以引导儿童观察天空的颜色，并将之与真实生活中看到的天空颜色进行对比，感受色彩变化中的美。

(2)吴冠中《江南水乡》

图3-8　《江南水乡》，吴冠中，时间不详

吴冠中先生是我国当代著名的画家、美术教育家，他擅长以水墨画的形式描绘江南水乡之美。如图3-8，寥寥几笔墨色铺就了阶梯，塑造了小船。间或几点绿、红、黄、蓝呈现了人的动态和生命感。看着画面，仿佛能够听到粼粼的水声、喁喁的人声，感受到充满烟火气的生活之美。

同样，我们应该根据儿童的年龄特点来引导其欣赏这幅画。小班儿童应能够分辨画面中的事物，观察不同色彩的使用，感受留白位置的写意美；中班儿童可以在审美感知的基础上进行想象，比如：联想画的是一天中的什么时候、谁会住在这里等；大班儿童要关注画面中的艺术元素和创作的手法，比如：为什么不把河道全部涂成蓝色，而只在边缘位置使用浅蓝色？房顶有什么特点？楼梯是如何表现的？画中的人是什么样子的？画面给人的感受如何？

以上呈现的是表现自然风物的风景画以及表现人文美景的风景画。对于自然风景画，我们可以重点引导儿童观察和欣赏画家如何选取景物，画中的动物、植物和天地美在何处；对于人文风景画，我们可以重点引导儿童观察人生活的场景是什么样的、生活中的美在何处等。除了这两类，还可以为儿童提供与节日庆典、天气物候、山川河流等主题相关的风景画，在欣赏时，也可以按照自然风景和人文风景来进行分类引导。

3. 人物类作品

人物类作品包括以人物形象为主题而创作的绘画作品，以及以造型为主题而创作的雕塑作品。其中，人物画还包括肖像画、群像画等多种类型。

（1）维米尔《戴珍珠耳环的少女》

维米尔是荷兰著名的肖像画家，他创作的《戴珍珠耳环的少女》描绘了一个天真纯洁的女孩。在回眸的一瞬间，女孩的眼睛看向画外，嘴巴微微张开，似乎有许多话要对观看这幅画的人讲述。女孩的表情中有一点欣喜、一点忧愁，还有一点不谙世事的单纯，让人看了心生喜爱。画家用简单的蓝色和黄色表现女孩的服饰，并细细地描绘了女孩左耳戴着的珍珠，表现出了珍珠锃亮的光泽，整个画面柔和可亲。

图3-9　《戴珍珠耳环的少女》，维米尔，1665年

欣赏肖像画时，教师可以引导儿童观察画中人物的面部表情，从表情、服装、动作等方面来感受不同的人所呈现出来的美。此外，还可以引导儿童在欣赏画作时进行二次加工，即观察并模仿画中人的动作、猜想画中的人想说什么、再现画中人服装的特点等。结合《戴珍珠耳环的少女》，教师还可以设计具有挑战性的任务，比如：引导大班的儿童观察少女服装的颜色特点，用类似的颜色搭配，为自己喜欢的形象设计服装等。

（2）夏加尔《散步》

夏加尔是著名的超现实主义风格画家，他的画作色彩鲜艳明亮，充满了想象力。他创作了许多与“爱”有关的绘画作品，《散步》就是其中之一。在这幅作品中，他和妻子漫步于村庄、田野之间，愉快的心情自然而然地流露出来。妻子飘在空中，仿佛是因为快乐而飞了起来；二人的脸上都带着轻松的笑容。画面左下角红色的装

图3-10　《散步》，夏加尔，1917年

饰也映衬了这样的情绪。在远处,众多绿色的房屋中,有一幢独特的粉色小屋,格外引人注目。

在欣赏这幅作品时,可以引导儿童观察两个人的位置,猜想为什么有人会在天上,根据表情和神态猜想他们的心情。同时,引导儿童观察画面中色彩的明暗对比、田野线条的起伏、远处和近处景物的关系,并感受红色在画面里发挥的作用。支持儿童一边欣赏,一边想象画里的故事,比如,粉色的房屋是用来做什么的?可能发生什么样的故事?二人是什么关系?他们会有什么样的对话?接下来,他们会做什么?等等。

(3)马蒂斯《舞蹈》

图3-11 《舞蹈》,马蒂斯,1909-1910年

马蒂斯是著名的法国画家、雕塑家,也是野兽派绘画的创始者和代表人物。他喜欢用对比强烈的、明亮的色彩来进行表达。《舞蹈》创作于1909至1910年间,画面中蓝色的背景仿佛是自由的天空,五个人手拉手,在绿色的、起伏的地面上肆意地舞蹈。马蒂斯用棕红色来描绘人的身体,并且让画中的五个人紧紧相连,围成一个圈,传递出一种奔放、舒展的美感。整个画面色彩的冲撞给人强烈的视觉刺激。

在欣赏这幅画时,教师可以先引导儿童关注画面中的色彩,并谈一谈这样的色彩给人的感觉;同时,可以引导儿童关注画面中有什么、人与人之间的关系是什么。在游戏化的欣赏活动中,我们还可以引导儿童模仿画中五个人的造型和动作,感受每个人的动作所带来的肌肉紧张感,并感知五个人之间力量的分布,从而体会画作的张力。对于能力较强的儿童,还可以引导其体会舞蹈传递的主要意图,为他们创编新的舞蹈动作等。

上述三幅作品呈现了单人肖像画、双人画、人物群像画的不同,欣赏时,我们的重点也应有所区分。

4.抽象类作品

抽象类的绘画作品具有多义性、模糊性、不确定性和破碎性，这类作品适合儿童发挥审美想象来进行欣赏和理解，所以，在幼儿园的美术欣赏活动中，教师经常会选用抽象类的作品以供儿童感知，包括毕加索、米罗、蒙德里安、康定斯基等画家的作品等，在此，以其中部分作品为例进行介绍。

(1)米罗《加泰罗尼亚风景》

米罗是西班牙超现实主义画家，他的画作中充满了用简单几何形状构成的各种意象，仿佛是许许多多不可思议的生物，能够激发欣赏者们的想象。因此，在幼儿园教育情境中，米罗的绘画是经常被选择使用的素材之一，包括：《人投鸟一石子》《华丽翅膀的微笑》《蜗牛的轨迹》等。图3-12是米罗创作的《加泰罗尼亚风景》(也被称为《加泰隆风景》)，画中，金黄色和橙黄色分割了整个画面，交界处是起伏的曲线，但上、下又分别有笔直的线条，形成对比。画中还有一些放射状的直线，仿佛是飞射而出的箭矢。更多的几何图形拼接在一起，形成了种种莫名的生物。

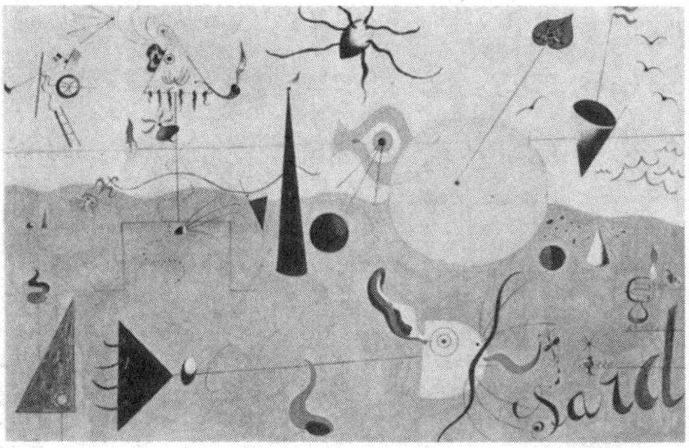
图3-12　《加泰罗尼亚风景》，米罗，1923-1924年

欣赏这幅画时，教师可以引导儿童在观察的基础上自由想象，通过颜色、画面布局来猜测这风景究竟在哪里；再从不同的角度和方位来观察画中的奇怪生物，猜测它们可能是什么；画中表达的是一个怎样的故事。在欣赏过程中，教师应有意识地关注儿童欣赏的范围，比如：对于粗粗概览整幅画面的儿童，引导他们再细细感知；对于仅局限于某个局部位置的儿童，引导他们由点到面地欣赏。通过讨论的方式，支持儿童共享审美经验。

(2)康定斯基《即兴31号》

康定斯基是一位出生于俄罗斯的画家、音乐家、美术理论家，他被认为是打破了美术与音乐之间障碍的艺术家，他的画里仿佛有着音乐的旋律，他作画就像是在创作音乐。康定斯基曾经将不同的颜色与乐器联系起来，比如：淡蓝色相当于长笛、深蓝色相当于大提琴等。在他的作品

图3-13　《即兴31号》，康定斯基，1913年

《即兴31号》中，不同的色彩也像是各种乐器一样，共同构成了一曲和谐的旋律。画面中蓝色、红色、土黄色、翡翠色、黑色交织在一起，各种颜色像是相互拥抱，又像是朝着自己的方向在前进。整个画面明快，色彩之间的碰撞十分激烈，欣赏者可以从中解读出不同的含义。

在欣赏这幅画时，我们可以引导儿童感知色彩的搭配、融合与对比。还可以引导儿童观察不同颜色构成的形态像什么，从抽象中尝试解读具体的意象，并想象相应的画面。同样，年龄段不同，欣赏的重点也不同。小班儿童感知色彩的和谐之美，并尝试用相应的色彩进行创作；中班的儿童想象不同色彩表达的意象、情绪；大班的儿童关注色彩搭配的方式、表达的情感，并想象画面中的故事。

(3)马蒂斯《马、骑手与小丑》

图3-14 《马、骑手与小丑》，马蒂斯，1943年

马蒂斯晚年因疾病缠身，很难有精力再拿起画笔进行绘画，于是，他用剪纸的方式继续创作。这个时期，他的剪纸作品也体现出一些抽象的特点。比如这幅题为《马、骑手与小丑》的剪纸作品。蓝色的背景上，可以看到紫红色的图形，像是一匹马的上半身，从画面左边延伸出一条亮黄色的细曲线，暗示着有人(骑手)在驯服马。画面左下角和右上角的剪纸纹样形成了对称。除了半匹马的形象，画中的各种纹样可以被理解为各种不同的意象。

在欣赏这幅画时，我们可以引导儿童观察画面中形成强烈对比的颜色，谈论这样的颜色给人什么样的感受和情感体验。同时，还可以引导儿童猜测画面中不同形象的含义，从最明显的意象出发进行联想和想象。

抽象类作品中有非常丰富的几何意象，以及点、线、面等基础美术元素，而且，这类作品通常色彩明艳、意蕴丰富，适合不同年龄的儿童欣赏。在欣赏时，教师应避免将自己的理解强加于儿童，要包容儿童不同的创意和想象。

整体而言，经典美术作品是儿童美术欣赏活动的主体，教师在进行选择时，应结合儿童发展的需要和教育目标，进行素材分析后，设计适宜的环节，循序渐进地引导儿童欣赏，支持儿童产生良好的审美体验。

(二)传统的民族民间美术作品

中华文明源远流长,传统文化、民族民间美术作品灿若繁星,在此,我们按照民族、民间来进行大致分类,介绍相应作品。

1. 民间美术作品

常见的民间美术作品包括剪纸、皮影、木版画、刺绣、织锦、印染、陶瓷、泥塑、雕塑、金工等等。民间美术作品与我们的生活息息相关,有许多作品都是在特殊的生活场景及特定时期使用的。欣赏此类作品时,应引导儿童观察和发现作品与生活的关系,以及人们为了追求美感体验而对生活用品进行了怎样的艺术美化。

(1)杨柳青年画

杨柳青年画是我国著名的民间木版年画,因为发源和兴盛于天津杨柳青镇而得名。其在制作工艺上采用半印半画的方式,在单色套印之后填上色彩而成。年画所用的色彩秀丽明艳、人物灵动活泼、形式多样,内容吉祥喜庆,是百姓家中逢年过节必备的装点。有的地方还按照杨柳青年画的创作风格进行再创造,用传统的剪纸工艺来呈现画面中的意象,也别有一番趣味。

图3-15 杨柳青年画

在引导儿童欣赏杨柳青年画及其他民间传统年画时,我们可以将其与“节庆”主题的教育活动结合起来,先渲染过节的喜庆氛围,再支持儿童感受在这样的氛围下,人民创作的艺术作品的审美特点,并在此基础上,激发儿童对民间艺术的兴趣。

(2)泥人大阿福

泥人大阿福是江苏无锡惠山的泥塑代表作,即用泥塑成团团坐的男童和女童,并让其怀抱具有吉祥意义的物件,置于家宅中辟邪、保平安。塑成的泥娃娃虽然在衣饰、五官上会有些许差异,但都笑容可掬、唇红齿白、天真可爱,用色也鲜艳明亮,深受人们喜爱。在很多地方,泥人大阿福也是孩童幼时的玩具之一。

图3-16 泥人大阿福

泥人大阿福是立体的泥塑作品，在引导儿童进行欣赏时，除了看，还可以让儿童触摸、感受。教师可以提供不同形态、不同服饰特征的大阿福，引导儿童来观察比较，并且想象大阿福的故事。泥塑作品易碎，所以，适合中大班儿童欣赏。教师应有意识地为儿童普及艺术欣赏的素养教育，即在欣赏时应保护好作品，让更多的人来欣赏它。

（3）大理扎染

图3-17　大理扎染

扎染是我国传统的民间染色印花技术之一，大理扎染是流传于大理地区的民间扎染艺术作品。它通常只用青白两种颜色（现在也可采用其他颜色与白色搭配），通过手工绘图、扎缝、染漂、扎花、碾平等工序创作而成。扎染的纹样丰富，最常见的是对称式样的图案。人们将日常生活中常见的、有特定含义的元素扎染到布料中，表达自己的喜好、情感、心愿等，如使用瓜果、鸟虫、花卉等纹样。如今，也有艺术家用扎染的方式来作画。

引导儿童欣赏扎染作品时，可以选用对称的图样，一方面引导儿童观察白色和另一种颜色搭配呈现的美感，并关注两种颜色在画面中的布局和占比；另一方面引导儿童观察对称图样的特点，比如轴对称、中心对称，支持儿童在欣赏艺术作品时获得审美愉悦。此外，还可以支持儿童玩“草木染”的创意绘画游戏，拓展其扎染欣赏经验。

学习研究

中华传统文化中的民间艺术作品展示：请你从自己喜欢的传统民间艺术中选择一件作品，对作品进行素材分析后，向全班同学介绍。

2. 民族美术作品

我国民族众多，在文明发展的过程中，积累形成了民族美术资源宝库。采用这类作品作为学前儿童美术欣赏活动的内容，不仅能够支持儿童审美经验的发展，还能够激发儿童对祖国的热爱之情。在幼儿园情境下，我们可以选择民族服饰、民族纹样、民族建筑和民族工艺作品等作为素材，组织欣赏活动。

(1)民族服饰

民族服饰,指的是生活在不同地区、拥有不同民族文化的人们在日常生活中所穿的服装。服饰背后蕴含的是一个民族的传统、文化和信念。在不同的历史时期、不同的场合,民族服饰会有一些变化,比如汉族服饰,在汉朝、唐朝、宋朝就有不同的制式,呈现的美也各不相同。此外,我国五十五个少数民族的服饰也各有特征,比如:生活在炎热地带的傣族、黎族、瑶族,他们的服饰特征与生活在寒冷地区的蒙古族、鄂伦春族、满族的服饰特征就有所不同。

在组织儿童欣赏民族服饰时,教师可以采用集中教学的方式,为儿童提供相关服饰的图片,或提供真实的民族传统服饰,引导儿童欣赏。欣赏的重点在于支持儿童感知民族服装的构成、线条、裁剪、花样、色彩。同时,教师还可以采用区域游戏的方式,在美工区提供民族服饰图片、实物,以及儿童可以动手操作的颜料、纸、泥工材料,支持儿童在欣赏的基础上进行创作。

(2)民族纹样

民族纹样具有很强的装饰意义,常见于民族服饰、器物装饰中。比如:汉族传统的祥云纹、凤鸟纹、如意纹、八宝纹、寿字纹、缠枝纹就经常被用在服装、摆设、器皿中。图3-18呈现的青花缠枝花纹折沿盆就是一个例子。

图3-18　青花缠枝花纹折沿盆

这些纹样有特定的构型规律和色彩搭配规律。组织儿童欣赏时,可以重点引导其关注美术元素的各种规律,并感知由这些规律所创造的美。

比如:彝族漆器或服装中的纹样就常用饱和度高的红色、黄色以及黑色三种颜色,并根据器具造型,采用对称、重复等方式,呈现由曲线、直线、几何图形共同形成的图案,给人以热烈欢快又不失沉稳的感觉。引导儿童欣赏时,就可以重点从美术元素的构成入手,支持儿童运用多种感官来感知这些元素如何传递美,并进行二次加工和创作。

图3-19　彝族漆器、服饰中的常见纹样

民族纹样还常见于工艺美术作品中，教师也可以在日常生活中收集并积累相应的资源，比如：在旅游时，收集当地的工艺美术作品，带回幼儿园作为欣赏资源提供给儿童，从而拓展其美术欣赏经验。

此外，结合第二章提及的艺术教育活动内容的几个来源，我们还可以从不同民族的建筑、美食、故事插画等途径来收集相应的欣赏素材。运用此类素材组织美术欣赏活动时，同样要先对其中的艺术元素、美的规律进行详细分析，在此基础上，再通过观察、感受等多种体验活动支持儿童充分欣赏。

拓展欣赏内容

拓展欣赏2021届清华美院学生毕业设计作品《万华镜》。在这个作品中，作者将各民族的服装、头饰、鞋履等融合在了一部2分50秒的动画之中，突出放大了每一种民族服饰的独特之处，以及背后的文化意蕴。比如：专门呈现了纳西族星月披风的美等。

（三）自然中的视觉艺术元素

大自然是许多画家灵感的来源。自然中蕴含着千变万化的色彩、曲折迂回的线条、变化多端的形象，也是儿童进行美术欣赏的资源宝库。从自然中挖掘儿童美术欣赏的内容和素材，我们应注意从色彩、线条、结构变化等角度进行加工，突出展现其中美的特点，支持儿童更好地获得审美体验。

1. 山川河流

大自然鬼斧神工，造就了令人钦叹的山川河流。利用这些资源对儿童进行审美教育，不仅可以培养儿童的审美情操，而且可以对其进行可持续发展的生态方面的教育。

在向儿童呈现以山川河流为主的美术欣赏素材时，可以主要引导儿童关注画中景物的轮廓、线条的走向。比如：将华山险峰与桂林秀峰一同呈现出来，支持儿童观察、对比弯曲与笔直、凌厉与柔和的山峰轮廓线等。同时，可以引导儿童关注山川河流的色彩，比如：在远山含黛的美景中，欣赏层层渐变的山青色；在波浪追逐的湖海美景中，欣赏波光粼粼的靛蓝色等。

2. 鸟兽虫鱼、花草树木

草木昆虫之美，是儿童在日常生活中随处可见的，比如：雨后破土而出的小蘑菇、结着晨露的草叶、五彩斑斓的蝴蝶等等。这是自然的奇妙之处，昆虫对称的造型、鸟儿流畅的身体线条、各种动物身上层次分明的色彩等，都饱含着赏心悦目的美。

图3-20　蝴蝶

选择这类内容进行欣赏时，教师应主要引导儿童从中体悟生命之美，感知鸟兽虫鱼、花草树木中蕴含的美术元素。比如：感知昆虫形体中小与大的对比、动物色彩中冷与暖的对比、花草线条中曲与直的对比等。还可以将美术欣赏活动与科学探究活动结合起来，生成领域渗透的主题教学活动，引导儿童发现生物身上藏着的科学之美。

3. 天光云影、时空流转

光影变化能够为大自然增添不一样的美感，比如：在晨光熹微和夕阳西下时，稻田的色彩、气韵都会发生变化。以印象派画家为代表的艺术家们抓住了自然中光影的变化，创造了许多描绘自然光影的作品。然而，自然中的光影变化并不容易捕捉，教师可以在户外开展相应的欣赏活动，引导儿童在不同的时段观察同一风景的色彩变化，并将自然欣赏与艺术作品欣赏结合起来。

此外，季节的变化也会带来自然风景的变化，我们将此作为美术欣赏的资源之一。比如：二十四节气的物候特征中蕴含的美等。

概括来看，挑选学前儿童美术欣赏活动内容的依据包括以下几点：

符合儿童审美感知发展的特点和需求；

蕴含丰富的美术元素（线条、色彩、造型、构图），审美价值较高；

与儿童的生活经验相关，并且是可见的；

内容和题材有延展性和故事性，能够支持儿童反复观看、感知、猜测和想象。

四、学前儿童美术欣赏活动的组织与实施

基于目标确定、内容选择，在组织实施学前儿童美术欣赏活动时，应坚持以审美感知为主，设计鼓励儿童积极参与、自由表达的游戏化活动。

(一)活动环节设计

1. 导入环节

导入环节的设计目的在于引发儿童对活动的兴趣,同时引入主题。所以,我们可以设计问题情境的方式来进行导入,比如结合作品的内容,向儿童提问,唤醒儿童的相关经验等;也可以在儿童准备好后直接呈现欣赏内容,形成视觉冲击,引发儿童的审美兴趣。需要指出的是,虽然美术欣赏活动主要与儿童的视觉体验有关,但在导入时,也可以提供多种素材,支持儿童调动所有感官来进行欣赏。

案例节选

美术欣赏活动:美丽的孔雀(版画)

导入:

教师出示孔雀尾羽的局部图片,提问:今天,老师捡到了一根漂亮的羽毛,也不知是哪只鸟儿掉的,小朋友,你能帮我想想这是谁的羽毛吗?

你从哪里看出这是孔雀的羽毛?(引导幼儿观察羽毛的色彩、图案)

这根羽毛上除了美丽的图案,还有美丽的绒毛,这些绒毛长得怎么样?(引导幼儿了解羽毛的细密质地)

(教案作者:西双版纳州勐腊县勐哈幼儿园 白巧玲)

在上面这个案例中,教师呈现了与欣赏内容相应的实物图片,并通过局部呈现和提问的方式来引发儿童的兴趣,在活动开始就给儿童提供直观的体验,并逐步引入活动的主题:孔雀羽毛细腻的质地和线条方向。导入环节没有占用过多的教学时间,而且与主题密切相关,效果较好。

2. 基本部分

在导入之后,进入欣赏活动的基本部分,在这个部分,常见的活动环节有:

(1)整体欣赏,整合感受

教师以不同的形式(人手一幅、大屏幕呈现、实物呈现)向儿童展现所欣赏的美术作品,引导儿童先从整体上欣赏作品,并分享自己在欣赏作品时产生的视觉感受、触觉感受等感官体验。在这个环节,教师可以支持儿童近距离地感知作品,并且鼓励儿童交流讨论。如果有个别儿童在此基础上发现了作品的细节之美,教师就可以自然地进入下一环节。

(2)细节品味,逐层体验

在这个环节,教师需要根据自己在活动前完成的素材分析,将儿童欣赏的焦点引到与活动目标相关的作品细节中来。比如:在整体欣赏凡·高作品《蓝色鸢尾花》的基础上,引导儿童观察画面中央的花朵造型,分辨它与其他花朵的差异;再引导儿童感受位于前景中的蓝色花丛和位于背景中的白色花丛之间的关系等。

(3)自由想象,发表评论

充分欣赏作品之后,教师应通过创设游戏情境、问题情境等方式,鼓励儿童自由地想象画面所传达的故事,并重点分享这种想象从何而来,引导儿童关注画面中不同元素之间的关系。同时,关注儿童对作品的个性化审美偏爱,为儿童提供艺术评论的机会,比如:将欣赏的一系列作品按照画廊或美术馆的陈列方式进行展示,引导儿童按照自己喜好的节奏、顺序来欣赏画作,并鼓励儿童对画作发表评论(喜欢与否、好看与否、细节的意义等等)。

(4)初步理解,升华情感

基于3-6岁儿童思维发展的特点,在美术欣赏活动过程中,可以初步引导儿童理解画作,包括理解作家的创作手法、意图、题材、内容等,比如为什么莫奈让自己画中的女人穿上了白色的连衣裙、白色给人什么感觉等,进而激发儿童的审美情感,在认可儿童个人偏好的基础上,引导儿童整体地感知作品传递的情绪情感。

(5)活动延伸,经验拓展

在充分地感知并达到欣赏活动的教育目标之后,教育者可以继续为儿童提供丰富的活动机会,加深、巩固其在欣赏活动中获得的审美体验。比如:在美工区提供作品的副本,支持儿童反复欣赏;为儿童提供二次创作的材料(如画笔、纸张、黏土等),引导儿童用创作的方式来表达自己的审美体验;引导儿童在生活中寻找与作品中的场景相似的地方,进行对比观察和体验等。

上述是以集中教学形式开展学前儿童美术欣赏活动的常见设计,需注意的是,除了集中欣赏,我们还可以将美术作品陈列在教室中,支持儿童自主地从中获得审美经验;此外,还可以采用区域游戏、模拟画廊或儿童美术馆的方式,为儿童提供密集的、丰富的美术欣赏经验。

(二)活动实施方法

无论是在集中的美术欣赏活动中,还是在区域游戏活动中,教师都应该充分发挥支持者、资源提供者、引导者、艺术评论者以及儿童倾听者的角色的作用。为实现这一目的,我们可以采用以下具体的教学方法开展欣赏活动，确保儿童获得持续、完整的审美经验。

1. 讨论法

讨论法，即教师在活动中提供充足的时间和空间，支持自身与儿童之间、儿童与儿童之间进行讨论。通过讨论的方式，促进儿童的联想能力、表达能力、交流能力的发展。在讨论过程中，教师通过提问的方式，唤醒儿童对相关美术作品的经验，激发儿童深入观察和欣赏作品的欲望，进而由儿童个体、群体分享相关经验，从而达到儿童和教师围绕着美术作品进行自由谈话的状态。

可讨论的内容包括：美术作品表现的内容、作品细节的表现方式、作品采用的艺术元素及其构成方法、作品表达的情感和意图、作品的风格和题材、儿童由作品出发联想到的内容和经验等。

在讨论时，应注意避免用标准答案来影响儿童的自主判断，相反，应鼓励儿童自由、大胆地联想。同时，也要注意引领讨论方向，避免出现完全脱离作品的聊天。

2. 游戏情境设计法

游戏是儿童的基本活动，在引导儿童欣赏美术作品时，我们也可以设计适宜的游戏情境作为活动的导入，激发儿童的兴趣。同时，在欣赏过程中，通过趣味性的闯关游戏环节设计，引导儿童自主观察，感知作品的美。

通常，可以从美术作品的内容入手设计游戏情境，比如：欣赏《大碗岛上的星期天下午》这幅画作时，可以设计“找找××在哪里”的游戏，引导儿童逐一观察画面中的人物，以及猜测人与人之间的关系等。此外，还可以根据美术作品中的艺术元素特点设计游戏情境，比如：欣赏蒙德里安的格子画系列时，可以将彩色的方格拟人化，创设色彩格子找邻居，或者跳格子等参与性的游戏，引导儿童发现不同的方格所在位置的特点，以及方格位置之间相对和谐的关系、画面整体的韵律感和美感。

设计游戏时应突出美术作品的内容和美学特点，避免完全用游戏取代欣赏。同时，避免设计过多的游戏规则，限制儿童的自由体验。

3. 多感官体验法

欣赏美术作品时，儿童主要运用视觉来接收和加工信息。但从艺术通感的角度来考虑，教师可以为儿童创设多感官体验美术作品的机会。比如：在呈现画面的同时，配合播放画面中可能出现的声音，为儿童提供沉浸式的审美体验。

多感官体验法在运用时，通常是将视觉与听觉相结合，此外，还可以将视觉与触觉、嗅觉相结合。在欣赏不同肌理、质地的美术作品时，教师可以提供作品实物，或与作品肌理相似的物品，以供儿童真实感受，支持儿童更好地体验美术作品的创作手法，并将视觉接收的信息与其他感觉器官接收的信息统合起来，形成完整的审美体验。

在运用多感官体验法时，教师应注意仔细分析素材，明确作品中可提供多感官审美体验的元素。

4. 再现法

再现法即在欣赏时或欣赏后对美术作品进行二次加工的方法。为了支持儿童内化美术欣赏经验，教师可以提供多元的素材，支持儿童用自己的语言来表达审美体验。一方面，可以鼓励儿童按照自己的审美感知和想象来进行与所欣赏的作品相关的图画、手工创作等；另一方面，提前收集其他欣赏者二次加工的作品，在欣赏原作后，引导儿童欣赏二次加工的作品，比较二者之间的区别，并再次发现原作的美。

使用再现法时，应确保美术欣赏环节是活动的主要环节，为儿童提供足够长的欣赏时间和足够自由的欣赏空间之后，再考虑再现。换句话说，再现是为了用非言语的方式来使儿童表达自己在欣赏美术作品时所获得的审美体验。

五、学前儿童美术欣赏活动设计案例

下面以某位老师组织儿童欣赏凡·高画作《星月夜》的活动为例，对学前儿童美术欣赏活动设计进行分析。

表3-8　中班美术欣赏：《星月夜》

活动步骤	活动内容	游戏过程
导入	师：小朋友们，老师有一个问题想问问大家：和白天相反的是？ 生：夜晚、黑夜。 师：出示《星月夜》图片，请小朋友们用动作来比一比星空中的事物	用提问来导入，激发幼儿的兴趣

续表

活动步骤	活动内容	游戏过程
活动过程(播放轻音乐)	一、引导幼儿观察、描述画面 师:小朋友,请仔细看一看,画面上有什么? 生:我看到了龙卷风、房子、星星、月亮、火、树、大海…… 二、引导幼儿欣赏并讨论: 师:这幅画用了哪些颜色? 生:有黑色、黄色、蓝色…… 师:什么颜色用得多些?(黑的、深蓝的、紫的)这些是灰暗的颜色还是明亮的颜色?(灰暗色) 师:把它们放在一起,你有什么不一样的感受? 生:明亮色看着很开心,灰暗色看着心里难过…… 三、引导幼儿欣赏线条并讨论 师:作品用到了哪些线条? 生:用了波浪线、螺旋线…… 师:你在什么地方找到了波浪线?有什么样的感觉? 生:树用了波浪线,好像大海里的波浪一样。 师:小朋友仔细看,哪里用到了螺旋线? 生:星星和月亮旁边用了螺旋线…… 师:你有什么感觉? 生:星星和月亮吵架和好后,抱在了一起。 四、情景表演 老师当螺旋线,孩子当小星星,让孩子说出被紧紧包住的感觉	游戏情境: 音乐律动:在活动开始就播放轻音乐,在活动过程中让幼儿通过音乐感受夜晚的宁静。 情景表演:教师参与到幼儿的情景表演活动中。 教师指导一:通过创设问题情境激发幼儿的兴趣。 如:你们看到了什么?它们是怎么样的?在哪里见过呢?说一说你与它们的故事吧。 教师指导二:通过构图、线条引导幼儿观察作品,改进幼儿的观察方法和审美方式。 如:你们看到了哪些线条?形状是什么?有什么效果呢?
活动延伸	一、小结 师:谁来说说你看到这幅画时的感受呢? 生:我想象着我和妹妹有一双翅膀飞到了太空,我们看到了星星,看到了地球。 生:我感觉我是一条美人鱼,在海里睡觉,我还看到了黄色的灯光。 师:老师听到了很多有趣的故事,现在请小朋友们互相说一说,之后把你的想法画下来。 二、引导幼儿尝试作画,教师指导 师:我们刚才欣赏了凡·高用波浪线和螺旋线创作的画,非常漂亮,小朋友们现在用波浪线和螺旋线画画吧!	教师指导三:在作品创作中,教师把时间和机会给予幼儿,一旁观察幼儿的行为,并适时地给予指导和帮助。 如:你想用什么颜色来装饰呢?你心中的星空是怎样的?加一点黄颜色会不会好一点呢?
展示作品	引导孩子向老师或同伴讲述自己画作的内容,如用什么线条画了什么东西	教师指导四:在分享作品时,教师鼓励幼儿大胆地表达自己的想法和意图。 如:你是采用什么线条画的呢?为什么选择这种呢?孩子,勇敢一点,说出你的想法

(案例作者:云南省昆明市第三幼儿园 魏进琳)

在这个活动中,教师能够把握中班儿童的审美感知特点,用提问的方式引发儿童对于教学内容的兴趣,引入活动主题。在向儿童呈现美术作品后,教师提供了较为充足的欣赏时间,支持儿童整体感知作品,欣赏作品色彩、欣赏作品线条,并谈论作品中的美术元素带给个人的体验。之后,教师根据儿童的回答,创设了情景表演环节,教师和儿童通过动作模拟的方式,感受画面中线条组合在一起的状态,由此来加深儿童对于画中线条的印象。最后,教师对活动进行拓展,由儿童用绘画的方式来表达自己欣赏作品后的体会。

活动环节设计符合美术欣赏活动的基本设计,在活动中,儿童愿意表达,并且体现出了较强的语言表达能力。教师通过创设情境的方式开展活动,在一定程度上也能调动儿童的积极性和兴趣。但在活动中,用于拓展儿童讨论的艺术类词语以及教师的提问显得比较单薄,还不够丰富。后面,可以围绕《星月夜》画面进行更深入的探讨,比如:弯曲流动的线条让人产生什么样的动感体验?此外,教师对儿童的追问不足,当儿童说:“明亮色看着很开心,灰暗色看着心里难过”时,教师可以追问两种对比带给人的色温体验、联想体验,尽可能地扩充儿童“开心”和“难过”体验的由来。

第四节 戏剧欣赏活动

一、学前儿童戏剧欣赏活动概述

戏剧是一种表演艺术，通常包括话剧、歌剧、舞剧、音乐剧、木偶戏、皮影戏等。戏剧表演融合了文学、美术、音乐、舞蹈、建筑、雕塑等多种艺术元素，能够给观众带来综合的、整体的审美体验。戏剧有着悠久的历史，在人类早期的祭祀、庆祝活动中，戏剧的雏形就已经渐渐浮现出来。在后来的发展中，戏剧又逐渐演化出以人为演员、以偶为演员、人与偶合演等多种表演形式，并根据其中不同艺术门类占比情况，演化出默剧、歌剧、歌舞剧、话剧等形式。但无论什么样形式的戏剧，都包含了四个基本元素：演员、故事、舞台和观众。在有的戏剧形式（如实验戏剧）中，观众也要参与到戏剧表演中，与演员互动，共同完成演出。

学前儿童欣赏戏剧表演即在观看戏剧的过程中，综合地获得视觉、听觉等多种感觉的审美体验，并感知戏剧叙事艺术的展现过程。事实上，在戏剧表演的过程中，不同艺术形式、门类、元素的组合，都服务于叙事这一目的，所以，儿童观看戏剧的过程，也是一种独特的“看/听/感知故事”的过程。研究者在梳理了以往的学前儿童戏剧欣赏活动的基础上提出“儿童歌舞戏、皮影戏、木偶戏（傀儡戏）的欣赏是三种主要的戏剧欣赏教育形式”[①]。这几类戏剧形式符合儿童理解能力、审美能力发展的特点和需要，能够激发儿童的兴趣。

在戏剧欣赏活动中，我们希望儿童能够获得整体的审美经验，包括对戏剧的内容、形式、艺术表现方法等各方面的感知、理解，对戏剧故事的参与式想象，以及通过移情而产生的审美情感体验。

---

① 张金梅．幼儿园戏剧综合课程研究[M]．南京：江苏教育出版社．2005：54.

二、学前儿童戏剧欣赏活动的教育目标与重难点

(一)学前儿童戏剧欣赏活动的教育目标

由于戏剧是融合美术、音乐、建筑设计、文学等多种形式于一体的艺术表现形式，所以，戏剧欣赏活动的教育目标也可以被视为多种艺术欣赏活动目标的综合。

1. 认知目标

知道戏剧是一种运用综合的艺术形式进行叙事的艺术。

了解戏剧中运用的不同艺术形式及其元素。

理解各种艺术元素在戏剧中出现的方式有所不同，并知道这些元素如何共同给人美的体验。

初步理解某种艺术元素与戏剧中故事元素的关系。

初步了解戏剧欣赏的观众守则、剧场礼仪。

在不同年龄段的儿童戏剧欣赏活动中，目标的层次和难度应区分开来。

表3-9　不同年龄段儿童戏剧欣赏活动的认知目标建议

年龄段	戏剧欣赏活动的认知目标
3-4岁 (小班)	观看戏剧时，知道是在表演一个故事
4-5岁 (中班)	(1)分辨戏剧表演中的人物，知道不同人物之间的关系； (2)初步了解戏剧中美术、音乐元素的表现形式； (3)感知不同艺术元素在戏剧中呈现的美
5-6岁 (大班)	(1)了解戏剧是不同的艺术元素组合在一起共同讲故事； (2)掌握戏剧中的故事梗概，知道基本情节发展和故事结局； (3)分辨戏剧中不同的艺术元素，并尝试将其与故事联系在一起(比如：悲伤的桥段配悲伤的音乐等)； (4)知道观看戏剧时应该遵守的具体规则

2. 能力目标

能够专注地欣赏戏剧表演，并从中获得审美愉悦。

能发现戏剧表演中的各种艺术元素。

能够按照戏剧欣赏的观众守则、剧场礼仪进行欣赏。

能跟随戏剧表演进行想象，能在欣赏的过程中产生代入感。

为实现这些能力目标，教育者可以从小班开始，为儿童挑选适宜的欣赏素材，引导儿童从小参与戏剧欣赏活动。

表3-10　不同年龄段儿童戏剧欣赏活动的能力目标建议

年龄段	戏剧欣赏活动的能力目标
3-4岁（小班）	能够专注、投入地欣赏戏剧表演
4-5岁（中班）	(1)能够积极主动、持续专注地欣赏戏剧表演，并初步遵守剧场礼仪； (2)能够说出戏剧表演中有哪些艺术元素，并能说出自己喜欢的具体元素； (3)能够在欣赏时进行联想，或想象戏剧中人物的感受等
5-6岁（大班）	(1)能够很好地遵守观众守则、剧场礼仪，能够长时间投入地欣赏戏剧表演； (2)能够评论戏剧表演中的艺术元素，比如说出这个部分的音乐给人的感觉是什么； (3)能够产生代入感，并对戏剧进行丰富的联想和想象

3.情感目标

喜欢参加戏剧欣赏活动，能够从中获得乐趣和审美愉悦感；

能够体验剧中人物的情感，产生移情，并初步理解相应的情感线索；

能够根据自己的情感体验，判断戏剧的整体情感氛围，并形成个性化的审美偏爱。

不同年龄段儿童的情绪情感发展水平各不相同，年龄较小的儿童的情感体验具有强烈、简单、外显等特点，复杂的情绪及情绪产生的原因对他们来说有一定的理解上的难度，因此，戏剧欣赏中的情感目标也应分层次设计。

表3-11　不同年龄段儿童戏剧欣赏活动的情感目标建议

年龄段	戏剧欣赏活动的情感目标
3-4岁（小班）	喜欢观看戏剧表演，能够从中感到快乐
4-5岁（中班）	(1)乐于专注地欣赏戏剧表演，从中获得快乐，并初步产生审美愉悦； (2)能够感知剧中人物的情绪情感变化，并根据人物的肢体动作、表情、语音语调、姿态等进行判断； (3)根据戏剧的整体情感氛围，产生相应的情感体验
5-6岁（大班）	(1)喜爱戏剧表演，乐于欣赏戏剧表演，并产生创作和表演的欲望； (2)理解剧中人物的情绪情感变化，并能够综合故事情节、人物表现、音乐和美术等艺术形式营造的氛围来判断人物的情感特点； (3)能够在欣赏过程中产生强烈的审美情感体验、移情体验

在设计活动前，教育者应分析欣赏的具体戏剧作品，根据作品内容、艺术表现特征、情感氛围等要素来分解目标，保证教育活动目标具有针对性和个体性。

（二）学前儿童戏剧欣赏活动的重难点

戏剧表演的特点就是综合了多种艺术门类进行叙事，因此，引导学前儿童欣赏戏剧表演的重难点就在于根据其综合性、叙事性、情感体验性的艺术特点，支持儿童获得综合性的体验和审美经验，促进儿童在欣赏过程中移情能力和情绪理解能力的发展。

1.3–4岁（小班）儿童戏剧欣赏活动的重难点

小班儿童整体的能力都处于发展中，所以，组织小班儿童戏剧欣赏活动的重点在于支持其初步感知和体验戏剧表演这种形式，形成对戏剧欣赏的初步兴趣，并在欣赏中初步体验戏剧中的故事和情感。

其中，难点在于支持儿童在一段时间内保持注意力，专注、投入地欣赏。小班儿童注意力持续的时间较短，而且很容易受到新鲜事物的吸引，所以，设计欣赏活动时，应选择时长适宜、内容贴近儿童经验、表达直接的作品。同时，应给儿童提供完整的欣赏体验，避免中途打断（尽量不要停下来讲解）。

2.4–5岁（中班）儿童戏剧欣赏活动的重难点

中班儿童处于规则意识发展迅速的时期，在这个时期，可以将戏剧欣赏的守则、剧场的礼仪作为教育的重点之一，引导儿童了解在欣赏不同类型戏剧时应有的基本素养和礼仪规范。同时，在这个阶段，可以侧重引导儿童感知剧中人物情绪、掌握故事梗概，形成初步的审美感知和审美想象。

在这个阶段，戏剧欣赏活动的难点仍然在于维持儿童的兴趣和专注度，因此，要选择符合其年龄和经验特点的作品。此外，难点还在于引导儿童从剧中人物的动作、表情等来推测其情绪情感，理解故事中人物间的关系，获得审美情感的发展。

3.5–6岁（大班）儿童戏剧欣赏活动的重难点

大班儿童已经有相对丰富的艺术欣赏经验，对不同门类艺术的基本元素和表达特点有了一定的概念，因此，戏剧欣赏活动的重点在于支持其整体感知戏剧中不同艺术元素创造的美，并尝试表达对艺术元素在戏剧中的运用的理解。此外，还应重点支持儿童产生移情和代入感，从戏剧中获得整体的审美体验。

此时，戏剧欣赏活动的难点在于引导儿童尝试分析不同艺术元素在戏剧叙事中的作用，并形成个人化的审美偏爱。

三、学前儿童戏剧欣赏活动的内容选择

戏剧艺术发展历史悠久、表现形式多样，其中，只要以儿童为观众、内容符合儿童的理解水平的戏剧都可以被认为是儿童剧。按照演员类型的不同，可以将其分为成年人演给儿童看的戏剧、儿童演给儿童看的戏剧、成年人和儿童一起表演的戏剧等；按照采用道具的不同，可以将其分为用手偶表演的戏剧、木偶戏、皮影戏等。教育者可以从不同类别的戏剧中挑选符合学前儿童欣赏水平的、在内容、形式、艺术表现手法等方面具有多样性的作品。

学前儿童的戏剧欣赏活动可以发生在幼儿园内（小剧场）、班级内（表演区），但更常发生在专门的儿童剧场中。教师可以通过真人表演、播放视频、区域游戏等方式来加工和使用素材，同时，鼓励家长在有条件的情况下，带儿童到当地的剧院，观看真实的舞台剧，丰富儿童的戏剧欣赏经验。

（一）歌舞剧

歌舞剧是一种综合了音乐、诗歌、故事、舞蹈、舞台艺术等多种艺术形式的戏剧，以边歌边舞的形式来进行表演，如《猫》《歌剧院魅影》《悲惨世界》等。在歌舞剧中，故事情节、人物话语都可以融合在歌唱和舞蹈中。儿童歌舞剧包括以儿童为观众的歌舞剧，以及由儿童参演的歌舞剧。它具有生动、有趣、贴近儿童生活等特点。

在儿童喜爱的动画片中，我们也能够看到歌舞剧的表演形式，比如：迪士尼公司出品的《美女与野兽》《白雪公主》《睡美人》等，都在故事情节中加入了歌舞来渲染整体氛围。但动画片并非真人表演，整体的演出效果与歌舞剧相比，差异较大。

在我国，儿童歌舞剧在二十世纪二三十年代开始萌芽，随后涌现了一批创作者，其中的代表人物为黎锦晖先生。他为了推广国语，为儿童创作了11部歌舞剧，并组织剧团进行巡演，其经典作品包括《麻雀与小孩》《葡萄仙子》《三只蝴蝶》等。这些歌舞剧中包含了经典的、充满想象力的、符合儿童喜好的故事，也包含了与故事相匹配的乐曲。下面简要介绍其中两部经典作品。

1.《麻雀与小孩》

这部歌舞剧首演于1921年，讲述了一个调皮的孩童将一只活泼可爱的小麻雀诱骗到自己家里，关到了笼子里。后来他看到了前来寻子的麻雀妈妈，被麻雀妈妈身上体现的母爱感动，认识到自己的错误，将小麻雀放生的故事。剧中，黎锦晖先生结合民间的音乐曲调，创造了简单悦耳的曲子来配合台词，并创编“飞飞舞”配合歌唱，生动展现了老麻雀教小麻雀飞翔时的情景。部分歌词如下：

飞飞，飞飞，飞飞。

这个样子飞飞，飞飞，飞飞。

这个样子飞飞，飞飞。

慢慢飞，这边飞来，那边飞去。

飞，飞，要上去就要把头抬，

要转弯尾巴摆一摆，

要下来斜着飞下来，

照这样子飞到这里来。

2.《三只蝴蝶》

《三只蝴蝶》讲述了三只蝴蝶在下雨天寻找小花避雨，每一种颜色的小花只欢迎同样颜色的蝴蝶避雨，然而三只蝴蝶坚持好朋友不分开，不愿抛下同伴单独避雨，最后太阳公公出来了，赶走了乌云，三只蝴蝶又一起开心玩耍的故事。剧中的台词优美，歌曲氛围与情节一致，感染力很强。比如：在开场舞亮相之后，小蝴蝶们分别唱出了故事发生的场景、当时的情绪。部分歌词如下：

(独唱)：青天高高，太阳照照，云儿缈缈，风儿飘飘，今天天气很好。

(合唱)：我们出来游玩，游玩，快乐逍遥！

(独唱)：青山高高，绿水滔滔，草儿萧萧，花儿娇娇，这里景致很好。

(合唱)：我们出来游玩，游玩，快乐逍遥！

(独唱)：清风飘飘，树枝摇摇，鸟儿叫叫，虫儿闹闹，这里音乐很好。

(合唱)：我们一同舞蹈，舞蹈，快乐逍遥！

此外，负责表演风、云、雨的小演员也有属于自己的歌曲、舞蹈动作。比如：雨先生出场时动作轻柔，慢慢雨势变大、雷和闪电出场后，歌曲和动作变得更加有力，小蝴蝶们也表现出风吹雨打下的凌乱感。整部剧感染力很强，一直深受儿童喜爱。

(二)偶剧

偶剧是以各类偶道具为主要表演工具的戏剧形式，包括了手偶、木偶、皮影等多种偶道具类型。这类戏剧表演虽然也需要真人参与，但人只操作偶道具，不作为剧中人物出现。在表演时，还需现场音乐配合。

由于需要的表演空间不大、道具容易准备和制作，所以，偶剧的限制性也较小，在不同的场合都可以开展，并且支持表演者自由发挥。在幼儿园教育情境下，教师可以专门设偶剧表演台，为儿童提供指偶、手偶(布袋偶)、皮影等偶剧表演。根据不同年龄段儿童的注意力集中时长,偶剧的表演时间通常在10–15分钟左右。下面简要介绍两部经典的偶剧作品。

1. 音乐木偶剧《彼得与狼》

《彼得与狼》是苏联作曲家普罗科菲耶夫创作的一部交响童话作品,讲述了少先队员彼得在爷爷家外的池塘边玩耍,爷爷吓唬他说狼马上要来了,把他带回了家。接着狼真的出现了,吃掉了鸭子,还威胁着要吃小鸟和猫。彼得在小鸟的配合下,机智地抓住了狼,并由爷爷和猎人一起把狼送到了动物园的故事。

在这部交响童话中,普罗科菲耶夫用不同的乐器模拟不同动物的声音,比如用长笛模拟小鸟、用双簧管模拟鸭子、用大管模拟爷爷等,很好地塑造了人和动物的舞台形象。1994年,著名指挥家阿巴多和欧洲室内乐团演奏、DG公司制作木偶戏,共同再现了这一原创于1936年的经典作品,相应的视频资源也可以在网络上获得。

2. 动画木偶剧《阿凡提的故事》

在儿童喜爱的动画作品中,也有许多是用偶剧的形式来表演的,比如《神笔马良》《聚宝盆》《曹冲称象》等。《阿凡提的故事》是1980年由上海美术电影制片厂制作发行的木偶动画电影。剧中塑造了机智勇敢、倒骑着毛驴的阿凡提形象,他为百姓解决了许许多多难题。

除了上述两类作品之外,还有许多在剧场表演的大型偶剧、童话剧、动画改编剧、绘本剧,以及传统戏曲(如儿童京剧)等,都可以作为教育的资源,提供给儿童欣赏。

四、学前儿童戏剧欣赏活动的组织实施

组织学前儿童欣赏戏剧表演,不是提供资源任由儿童观看欣赏即可,相反,在活动设计的过程中,教师应注意将欣赏与单纯的观看区分开来(如与观看动画片区分开),应通过合理的活动环节设计,引导儿童逐步积累戏剧欣赏的经验并获得审美体验。

(一)活动环节设计

1. 导入环节

正式开始活动之前,教师需准备好欣赏的戏剧素材,熟悉戏剧的情节发展、配乐及旋律特点、人物精彩对白、表演动作特征等,以便在活动过程中引发儿童的兴趣。同时,准备与戏剧人物、场景、音乐有关的材料,比如:准备戏剧中用的道具包括头饰、手偶或人偶等作为提示,在导入环节使用。

活动开始后，教师可以以“介绍新朋友”的方式引入戏剧中的主角，并鼓励儿童猜想“这位新朋友发生了什么样的故事”，激发儿童对欣赏活动的兴趣。也可以提供音乐，请儿童根据音乐猜测会有谁出场。还可以设置跟故事情节有关的问题，如：小羊和小马在独木桥上相遇了，他们之间会发生什么事呢？总之，通过提出问题的方式，引发儿童的猜想，吸引其注意力，为后续的活动拉开序幕。

2.基本部分

完整欣赏作品是学前儿童戏剧欣赏活动的主要部分。

(1)完整欣赏

在导入环节之后，进入戏剧作品的完整欣赏环节。此时，我们应为儿童提供充足的时间来感知和体验作品。考虑到教育活动时间的限制，在挑选时，应选择短小精悍的戏剧作品。在完整欣赏环节，教师不要随意打断儿童的欣赏体验，应和儿童一起沉浸式地观看表演。

(2)剧情回味

完整欣赏之后，教师可以出示预先准备好的戏剧截图或相关手偶、布偶等，引导儿童对故事进行回忆和细致感受。在这个环节，可以选择剧中矛盾冲突明显的部分，或是情感体验强烈的部分，引导儿童再次感受，从中获得个性化的审美感知。

(3)艺术分析

至此，儿童已经获得了关于戏剧的完整体验，并且对于戏剧中的精彩部分有了更细致和深刻的审美感知，教师可以进一步引入对戏剧表演形式的赏析。比如：选取剧中的一幕，向儿童呈现，引导儿童感知舞台背景是如何创设并烘托剧情的，感知音乐旋律起伏与剧情发展之间的关系，感知人物的动作表现传递的情绪情感，等等。由于儿童年龄段的不同，教师在引导和介绍的难度上应划分层次。

(4)评论提升

在儿童发现戏剧表演中吸引自己的部分的艺术表现方式之后，教师应为儿童提供自由评论的机会，引导儿童说出、画出或者演出自己对戏剧的感受，以及由戏剧表演所想象到的内容等。

3.活动延伸

对于不同类型的戏剧欣赏活动，可从不同的角度进行延伸。比如：对于篇幅较长的戏剧，可以在集体欣赏后，拓展到区域游戏活动中，提供与戏剧相似的服装和道具，鼓励儿童进行“场景重现”；对于情节简单、故事短小的戏剧作品，可以鼓励有能力的儿童进行创编表演;对于儿童十分喜爱、印象深刻的戏剧作品,可以围绕着作品本身,组织开展主题教育活动,丰富和深化儿童的经验。

(二)活动实施方法

在戏剧欣赏活动中,教师应通过适宜的师幼互动,充分发挥自己的支持作用,避免儿童自主观看戏剧,教师不做引导的情况发生。

1.多感官体验法

戏剧是一种综合的舞台艺术,在欣赏戏剧表演时,应支持儿童充分调动多种感官,共同投入到欣赏活动中。

具体而言,应鼓励儿童多看,运用视觉加工戏剧表演的多种信息。由于戏剧是一种动态的艺术,儿童需要运用视觉追踪舞台上/剧场里表演者的动作、位置等,因此,教师应有意识地引导戏剧欣赏经验较少的儿童主要关注哪里、看什么等;还可以通过与儿童谈论自己所看到的内容,鼓励儿童彼此分享获得的信息。

应鼓励儿童多听,运用听觉来获取戏剧表演中的音乐、音响、对话、独白等声音信息。比如:听到一段悲伤的旋律,将其与情节联系起来。教师应为儿童选择声音表达清晰准确、配乐优美的作品,使儿童获得良好的审美体验。

应鼓励儿童多联想,即将视觉、听觉,以及可能的其他感觉器官收集的信息统合起来,进行联想和想象,整体地感知和理解戏剧表演。在此,需要由教师有意识地引导儿童进行联想,比如:引导儿童关注场景变化后人物的造型、神态、动作等的变化及其与音乐的关系等。

2.讨论法

根据儿童的兴趣和欣赏戏剧时的具体表现,教师还可以采用讨论法,巩固和深化儿童的审美经验。有的教师在儿童欣赏戏剧的过程中,通过提问的方式引发儿童的讨论;也有的教师在欣赏时倾听和记录儿童自发的对话,在欣赏后与儿童分享这些对话,并引发进一步的讨论。无论什么样的做法,最终都以引发儿童对戏剧的讨论为目的。

讨论的内容可以包括:故事梗概、剧中人物的关系、剧情的突然变化、有趣或搞笑的剧情、令人产生“美”的体验的内容、音乐/美术等元素在剧中的具体运用(运用了哪些元素、如何运用等)。

由于戏剧本身是欣赏的重点,而戏剧又综合了多种艺术形式的特点,所以,教师应以直接欣赏和感知的方法为主,同时恰当地借用欣赏其他艺术作品的一些方法。

五、学前儿童戏剧欣赏活动案例

戏剧欣赏活动的重点之一就是关注儿童在欣赏过程中获得的审美经验、产生的审美想象和体会的审美情感，并支持儿童用个性化的方式把这些审美体验表达出来。下面，我们将呈现一个皮影戏欣赏活动，以及由此而诞生的系列课程故事。

课程案例

遇见皮影戏

（一）课程起源：欣赏皮影戏

周五下午，我给大家播放了《哪吒闹海》的皮影戏。

“老师，这是什么啊？”

“为什么能像动画片一样呢？”

“它就是动画片吧？”

孩子们在观看皮影戏时七嘴八舌地讨论着。观看结束后，孩子们对我说：“陈老师，我们也想表演皮影戏。”“我想演孙悟空，他会七十二变化”“我想演哪吒，他有三头六臂”……

于是我呈现了皮影戏的视频截图，和孩子们一起回忆：“我们刚刚看的皮影戏是什么样子的呢？”

小泽说：“皮影戏中有许多的小人，可以摆出许多不同的动作。”

小欣说：“这些小人还会讲话呢。”

小宇说：“皮影戏是要讲一个故事。”

我又问：“表演皮影戏需要些什么呢？”

“需要有小演员。”

“还要有许多的小观众。”

“要有许多皮影人偶。”

“还需要黑黑的环境。”

“还要有一个亮亮的，能够表演皮影戏的东西。”

孩子们在观察和讨论中，知道了演皮影戏需要的物品和道具。

第二天，在开展区域活动时，一个孩子告诉我：“老师，我今天要做一个孙悟空。”

（二）我会做皮影

区域活动中，孩子们找到了制作皮影人偶的材料，开始了他们的制作。一会儿工夫，大家就把身体的各个部位做好了，那么，怎么把它们连接在一起呢？大家开始想办法，小孙用胶带把人偶的身体各部位连接起来；小田用双面胶把它们连接起来；小杜用连接钉把它们连接起来。当大家把制作好的皮影人偶拿来表演时，对话发生了：

小孙说："老师，为什么我的皮影人偶不会动呢？"

小田说："我的皮影人偶也不能跳舞呀。"

小杜高兴地说："我的人偶跳起舞来啦，哈哈哈哈，好可爱。"

两个孩子好奇地围上去。他们仔细地看了小杜的皮影，又看看自己的，小田突然大声地说："她用的是小钉子，手和身体之间有一点缝隙。"

孩子们发现了问题，于是各自对自己的皮影人偶进行了修改。这一次每个孩子的皮影人偶都动了起来。

（三）玩转皮影

1.皮影小剧场

孩子们把自己做的皮影人偶带到了表演小剧场，争先恐后地把自己制作的人偶放到幕布上。

小孙说："你过去一点，挡到我了，我的人偶看不见了。"

小田说："我要开始表演了，给我让个位置。"几个孩子在幕布后开始了自己的表演。不一会儿小杜说："老师，太挤了，没有皮影人偶的位置了。"看到孩子们的情况，我暂停了游戏，并提出了问题："皮影戏应该怎么演才不拥挤、不混乱呢？"

"要按角色有顺序地演。"

"小朋友站的位置可以有高有低。"

我说："你们说得很对，那我们一起来解决这些困难吧。"

为了让孩子们更好地进行游戏，我带着他们用现有的皮影人偶编了一个故事，大家都熟悉了各自的出场顺序。孩子们还选出了小熊来做故事的解说员。大家沉浸在排练的快乐中。

下午离园时，小若对我说："陈老师，我要让妈妈讲孙悟空的故事给我听，明天我要做一个孙悟空的皮影人偶。"

2.皮影困难多

第二天吃过早餐后，孩子们如往常一样看着绘本，有一群小朋友则围着小若听故事。这一举动引发了我的好奇心，我凑过去听了听。原来是小若在分享昨晚妈妈讲的《三打白骨精》的故事。也正因为这个故事，区域活动时有很多孩子对我说："老师，我要演唐僧""老师，我要演孙悟空""老师，我要演猪八戒”……孩子们快速做好了自己的皮影人偶，来到了皮影小剧场。可是因为角色多，孩子们对故事又不是很熟悉，所以上演了一场混乱的《三打白骨精》。孩子们的游戏过程并不顺畅。小高有些沮丧地对我说：“他们一直在说话，不让我表演。一点儿也不好玩。”此时，我们不得不暂停游戏。

“你们在游戏中遇到了什么困难？”我问。

小天说：“我不知道猪八戒要说什么。”

小宇说：“人太多了，皮影人偶都没处放。”

我问：“那有什么好办法可以解决呢？”

小若说：“大家都不熟悉故事，如果有人帮我们讲故事，我们只用表演，那就不会乱了。”

办法是好，但谁来讲故事呢？这时，小袁说：“我认识很多字，我来给你们讲故事。”问题解决了，孩子们高兴得欢呼起来。于是大家又重新分配了角色，各自回家练习指挥皮影，期待明天的到来。

3.“创意”皮影

第二天下午，孩子们按照之前的约定开始了《三打白骨精》的皮影戏表演，这一次的表演非常有秩序，角色一点儿也不混乱，孩子们都积极投入，这次表演得到了小观众们热烈的掌声。

表演结束，更多的小朋友来找我：“陈老师，我们能演《冰雪奇缘》吗？”得到肯定的答复后，小朋友们又在忙着分配角色了……我期待着他们明天的表演。

生活即教育，处处皆课程，孩子们在观看动画片时对皮影戏产生了兴趣，我们应抓住教育契机，巧妙地将其转化成课程。皮影是生活中不常见的东西，在幼儿的眼里，它是那么神奇有趣。在活动中，小朋友们通过尝试—失败—改进，成功掌握了表演皮影戏的秘诀。皮影戏的表演形式还有很多，小朋友们遇到的问题也在增加，皮影戏表演还可继续“挖掘”……

（案例作者：昆明市第三幼儿园　陈莉）

在这个案例中，皮影戏欣赏引发了儿童的好奇心与兴趣，并由此产生了后续的游戏探索和课程活动。为了更好地演出皮影戏，儿童在老师的支持下，不断回顾最初欣赏的皮影戏作品，自主发现了皮影戏的表演手法和人偶制作方式，在审美经验积累的同时，艺术表现能力、问题解决能力也得到了发展。

活动中，教师扮演的是引导者、资源提供者和支持者角色。在最初的欣赏活动中，教师并没有做过多的干预，而是首先给孩子们提供了完整的欣赏材料，在儿童形成了强烈的审美体验之后，根据儿童自发的谈话和讨论，引导儿童回顾欣赏经验（提供视频截图，支持儿童深入观察和欣赏），并在回顾中引导儿童观察和发现皮影戏的艺术表现手法（表演皮影戏需要什么）。由此引发后续的区域游戏活动。

在后续的活动中，教师不断支持儿童在探索中发现问题，并讨论如何解决问题。儿童由此也慢慢了解了皮影戏表演的要点、规则、方法等。

本章小结

本章主要介绍学前儿童艺术欣赏活动的基本心理特点和发展需求，以及活动组织的方法。第一节介绍学前儿童审美心理的特点，以及相应的发展目标、教学目标、教育原则。第二节、第三节、第四节分别介绍学前儿童音乐欣赏、美术欣赏、戏剧欣赏活动，包括：活动的目标、设计原则、活动内容和素材、实施过程、评价方法等。同时，每一节都提供具体的欣赏活动案例，以供参考和学习。

思考与实训

1. 请结合我国传统文化、本土文化特点，梳理适合不同年龄段儿童欣赏的音乐、美术、戏剧素材。

2. 依据儿童审美能力发展的目标，任选一种艺术门类，设计完整的艺术欣赏活动方案。

3. 在集中的艺术欣赏活动基础上，整理素材，撰写创设美工区、音乐区、戏剧扮演区的方案。

专题探讨

在欣赏活动中，儿童通常处于感受、体会、接收信息的状态，那么，如何体现儿童的主动性和主体性呢？有的老师采用“先欣赏，后创作”的方式来组织欣赏活动，你认为是否适宜？经过本章的学习，你认为可以如何用游戏化的方式组织欣赏活动呢？

第四章

学前儿童艺术表现与创造活动

学习目标

1. 知识目标

- 了解3–6岁儿童艺术表现力和艺术创造力发展的年龄特点和规律；
- 理解学前儿童艺术表现与创造活动的关键目标和重难点。

2. 能力目标

- 能够根据儿童发展水平设计适宜的艺术表现与创造活动目标；
- 能够用儿童感兴趣的方式组织不同类型的艺术表现与创造活动。

3. 情感目标

- 发现学前儿童艺术表现与创造的审美意义和价值。

学习重难点

1. 学习重点：基于儿童艺术表现与创造能力的发展特点，设计并组织开展具有年龄适宜性的不同类型的艺术表现与创造活动。

2. 学习难点：对儿童的创造性想法与行为感兴趣，在教育活动中包容并支持儿童多元的创造性表现。

案例破冰

中班的C老师发现最近班里的孩子们似乎对音乐节奏很感兴趣，听到做操的音乐响起就会跟着跺脚、晃动身体。在做铿锵有力的武术操时，无论男孩女孩都喜欢跟着音乐节奏大声地喊出来，有的孩子还能分辨出节拍中的强弱，自发地创编出强拍的动作和弱拍的动作。C老师认为，这是一个教育契机，应给孩子们提供更丰富的节奏韵律活动经验。于是，她精心挑选了一首奥尔夫音乐材料包中的歌曲《大象孵蛋》，希望能够用这首2/4拍的韵律音乐引发孩子们跟随节奏创编舞蹈动作的兴趣。

实际开展活动时，孩子们虽然对音乐旋律、节拍，以及大象孵蛋这件事情表现出了十足的兴趣，但是，他们似乎更愿意跟着C老师做动作。尽管C老师对孩子们强调“大家可以做得跟我不一样哦”“我看看哪只大象用新的办法来孵蛋”等等，但是，孩子们仍然跟着C老师做一样的动作。

活动结束后，C老师感到有点儿挫败，明明孩子们近期已经有了自发创编动作的表现，自己平时也足够包容，很愿意鼓励和支持孩子们创造，为什么在这样一个音乐简单、节拍明显的韵律活动中，孩子们仍然没有如自己所愿地表现出丰富的创造力呢？究竟什么样的艺术教育活动才能真正支持孩子们创造呢？

…………

案例中，C老师的困惑也是我们在开展学前儿童艺术教育活动中时常遇到的问题。C老师敏锐地发现了儿童艺术表现与创造的需求，并抓住时机组织了一次韵律活动，但为什么儿童没有在自由状态下进行创造呢？也许是由于儿童对音乐不熟悉，也许是因为教师提供的活动游戏性不足。为了解答这些问题，我们有必要从理解儿童艺术表现与创造的特点开始进行学习。

第一节 学前儿童的艺术表现与创造的特点

一、学前儿童艺术表现与创造的总体特点

学前儿童的艺术表现与创造力包含双重概念，其一是学前儿童的艺术表现力，即儿童运用自己掌握的艺术表现手法、艺术元素（如色彩、线条等）来表达情绪情感和对事物的认知的能力；其二是学前儿童的艺术创造力，即儿童以艺术形式为媒介，创造出具有新颖性和独特性的作品的能力。二者互相依存，儿童能够自如地运用艺术语言进行表现，也就更容易产生新的艺术表达；儿童要进行丰富多样的创造，也需要更多种用于表现的艺术语言的支持。

按照维果茨基的观点，“任何一种能够形成新事物的人类行为都可以被称为创造性行为，无论创造的是物品、精神状态或情感，就算这过程只发生在创造者心中，也是如此”[①]。儿童运用艺术语言进行表现和创造，也可以被理解为一种创造性行为。它的根基在于“将不同元素组合起来创造一种新结构，或者以新的方式来组合旧材料”[②]，而多种不同的艺术活动为儿童提供了可以组合的多种元素，从而为他们的创造奠定了基础。

在童年早期，儿童的创造天性就在艺术活动中体现出来了，比如：他们天生爱画画、爱自发地哼哼唱唱、爱自由地舞动身体，他们的艺术表现与创造能力在此时也体现出不可复制性。

（一）非线性发展

儿童的艺术表现与创造力并不是突然出现的，而是缓慢地萌芽、渐进地发展的。而且，这种发展并不是沿着一条向上的直线进行，而是螺旋式前进，甚至有可能停滞和倒退。打个比方，儿童最初的艺术表现与创造力就像是一颗充满了生命力的种子，满怀着生根发芽的希望，但是在向上生长的过程中，可能会遇到石块，需要绕道而行；也可能会遇到板结的泥土，需要蓄力而发；有的种子遇到不适宜的土壤，可能会慢慢失去

---

① Vygotsky，L.S.Imagination and creativity in childhood [J].Journal of Russian and east European psychology，2004：Vol 42(1)，7-97.

② Vygotsky，L.S.Imagination and creativity in childhood [J].Journal of Russian and east European psychology，2004：Vol 42(1)，7-97.

最初的生命力。这里的土壤，就是我们为儿童的艺术表现和创造提供的空间和机会。在包容、支持的教育环境中，儿童的艺术表现与创造力才有发展的可能。

这种非线性发展的特点也得到了一些研究的验证。有的研究发现，4岁是儿童艺术创造力的转折点；有的研究则认为5岁后转折才慢慢出现；还有的研究认为儿童的艺术创造力会经历先升、后降、再提升的历程①。无论发生在什么时候，人们普遍认为，如果不善加保护，儿童的艺术表现和创造愿望会消退；如果不给予艺术经验的支持，儿童的艺术表现与创造能力则得不到发展。

（二）个体性特征明显

儿童的艺术表现与创造能力具有个体性，其受个人的艺术天赋、审美偏爱、艺术活动经验、个性特点甚至教育环境（包括幼儿园和家庭等）的影响较大。比如：有的儿童对某些艺术元素比较敏感，能够迅速在欣赏与感受的过程中产生审美体验，并形成自己的创作意图；有的儿童观察能力和想象力发展较好，能够天马行空地产生新的想法；有的儿童在家经常和父母一同欣赏艺术、自由创作，因此也能娴熟地进行表现等。

对于艺术经验不同、想象力不同的儿童，我们应该充分尊重其个体性，支持其自由地尝试自己的想法。在开篇的案例中，C老师没有能够顺利激发儿童创编动作的行为，主要原因在于她用集体活动的形式来进行创编，未能给儿童提供充分感知和欣赏的时间以及自由表现的个性化空间，在一定程度上导致儿童习惯性地模仿老师的动作。

（三）以游戏化的方式展开

儿童艺术活动与游戏十分相似，二者都没有正确与错误之分，有的艺术作品体现出来的无意义性、超功利性、夸张性和颠倒性也与儿童自由自在的想象游戏类似。所以，儿童的艺术表现与创造活动还具有游戏性的特点，在艺术表现与创造活动中，儿童运用艺术的语言，以好玩的方式来呈现自己内心的情感、想法和故事。在这个过程中，他们能够体验审美的愉悦和创造的快乐。

基于此，在组织艺术表现与创造活动时，我们要避免预设好标准答案，不要提供要求严格的示范和范例，切忌将表现与创造的活动变成模仿活动。比如：组织绘画活动，目的不在于教会儿童原模原样地画出一个具体物件，而是引导儿童发现某种表现方法后，自由地尝试运用这种方法来进行表达。正如《3-6岁儿童学习与发展指南》中所要求的，要避免范画。

---

① 林崇德.创造性心理学[M].北京：北京师范大学出版社，2018：349.

实际设计和组织活动时，我们还需要具体考虑不同年龄段儿童艺术表现与创造能力发展的特点，据此设定适宜的目标。

二、学前儿童艺术表现与创造力发展的年龄特点

在这里，我们主要从绘画和音乐表现两种主要的艺术表现形式来考察不同年龄段儿童的艺术表现与创造力发展特点。

（一）3-4岁儿童的艺术表现与创造力发展特点

1. 绘画表现力与创造力

儿童绘画能力的发展有一定的阶段性，3岁儿童处于涂鸦期，即对绘画涂鸦的动作感兴趣，并逐渐开始关注自己留在纸上的记号。在这个时期，他们开始尝试命名自己的涂鸦痕迹，但还未有意识地用图形来进行表征。3.5-4岁时，自发的图形表征就出现了，这个时候，儿童还会尝试画出自己的第一个“蝌蚪人”形象，即画出一个圆表征人的头、再从头部向外延伸出直线表示手和腿。

图4-1 头和身体分开的常规人（彩色小人）和胳膊与腿相连的蝌蚪人（画面右侧黑白线条画），小班儿童画作

4岁左右，大部分儿童开始由画简单的蝌蚪人慢慢过渡到画头和身体分开的“常规人”。在这个过渡阶段，他们偶尔会画一些胳膊和腿连在一起的蝌蚪人。

在这个时期，儿童还没有完全建立起构图的意识，但是，出于一种天生的画面敏感性，他们倾向于按照一种队列原则进行构图，即给自己画下来的事物排队，成一行地分布在画面中。如图4-2，儿童不仅把画面中心的图像排成了一行，还把画面底部的“小草”也排成了一行。

图4-2 队列原则在画面中的体现，小班下学期儿童画作

综上所述，3-4岁的儿童已经具备了一定的绘画经验和绘画表现力，他们需要获得更丰富的绘画资源的支持。在教学中，我们应尽可能地为儿童提供不同的绘画素材，如各种创意的画笔、纸张等，支持儿童尝试、探究和创造。

2. 音乐表现力与创造力

从婴儿期开始，儿童就会表现出自发的哼唱行为，比如：他们跟随母亲讲话、哼唱童谣，发出咿咿呀呀的声音；或者在独处时低声哼哼，给自己解闷儿；等等。婴儿期的哼唱对儿童的语言发展也有一定的助益。到了3-4岁，儿童已经可以算是音乐经验“丰富”的小小“歌唱家”了，他们会在自己游戏时、阅读时哼哼唱唱。这被称为儿童的自发歌唱。挪威的音乐教育者认为，这种歌唱广泛地与内心的情感相联系①，也就是说，儿童从这个阶段开始尝试用歌唱的方式来表达情感。

3-4岁，儿童可以模仿音高，但是歌唱的音程相对较小，一般来说，大二度的音程是这个年龄段儿童容易掌握和驾驭的。随着年龄的增长，他们的音域范围慢慢扩大。在这个时期，儿童还可以用单一的调子进行歌唱，并在此基础上创编属于自己的歌，还会把歌唱和说话联系在一起，边唱边说。

在这个时期，教育者应该为儿童选择旋律简单、篇幅短小、节奏欢快的歌曲进行模仿和表现，并且注意在一日生活中的各个环节为儿童提供丰富的音乐经验，让他们有机会积累更多的素材，以供其自发歌唱和创编歌曲时使用。

（二）4-5岁儿童的艺术表现与创造力发展特点

1. 绘画表现力与创造力

图4-3　画面中心的表现，中班儿童画作

4-5岁的儿童已经脱离绘画的涂鸦期，走进了前图式期，即初步使用图形图像来进行表征的时期。在这个时期，儿童的绘画表现力有所发展，他们能够自如地画出头和身体区分开的人，也会加工一些简单的几何形状来构成画面中的花朵、树木、房屋等。与3-4岁时相比，4-5岁的儿童在画面中运用的色彩更加丰富，开始尝试探索不同的颜色搭配方式，形成自己认

① [挪威]让-罗尔·布约克沃尔德.本能的缪斯：激活潜在的艺术灵性[M].王毅，孙小鸿，李明生，译.上海：上海人民出版社，1997：68-70.

为“美”的个性化配色方案。他们对线条的掌控更加熟练，可以画出相对稳定的线条（尽管对线条方向的控制还需要进一步发展）和封闭的、不同形状的图形。

在画面的布局和构图方面，4-5岁的儿童延续了3-4岁儿童排列图像的习惯，也倾向于在水平轴（基底线方向）上均匀分布不同的意象。在美术经验逐渐丰富后，大部分儿童还可以画出围绕中心、平衡分布各画面元素的作品，而且，他们会把自己认为重要的元素放在画面的中心位置。这也是对称构图的早期体现。比如：在图4-3里，儿童画了爸爸、妈妈和自己，爸爸和妈妈的动作一致，画面的中心是自己，整体构图体现出了沿中心平衡布局的特点。而且，画面低段的绿色小草和小花也同时体现出了沿水平轴均匀分布和围绕中心（小花）分布的特点。

在这个时期，儿童对画作的美观也有一定的要求。基于这些特点，教育者在组织教育活动时，应该重点支持儿童绘画表现力的发展，为他们提供具有不同线条、色彩、布局特点的画作进行欣赏，丰富其审美经验。

2.音乐表现力与创造力

4-5岁时，儿童的歌唱能力日渐完善，最显著的特点之一是他们开始熟悉自己文化中常见的节奏型，并且能够有意识地模仿节奏（记忆节奏）。在这个阶段，无意识的自发歌唱（哼唱）慢慢消失，儿童开始主动地希望能把一首歌唱好。而且，他们也有能力把歌唱好。这个时期，儿童能够唱出旋律升降变化较明显的歌曲，还能改变熟悉的歌曲来表达自己不同的情感，比如：需要表达快乐的情感时，儿童会有意识地加快速度、提高声音，用跳跃性的声音来歌唱；需要表达悲伤的情感时，儿童会放慢速度，用低沉、柔和、连续的声音来歌唱。

此时，由于音乐经验的不断丰富，儿童表现出更多创编歌曲的尝试，他们会把熟悉的歌曲与自己的游戏、动作结合起来，比如：一边下楼梯，一边哼唱《命运交响曲》开篇下行的四个乐音；一边在操场上跑跳、翻跟斗，一边唱动画片《西游记》的主题曲《白龙马》；等等。他们也会在专注地游戏、完成挑战任务时，哼唱一些舒缓情绪的旋律来帮助自己更好地投入到活动中。

所以，教育者应该尽可能地为儿童提供更多倾听音乐的机会，同时，通过专门的教育活动，支持儿童学会用好听的声音歌唱，认识不同的节奏和旋律表现方式，发现歌曲旋律、歌词和动作之间的关系，等。

(三)5-6岁儿童的艺术表现与创造力发展特点

1.绘画表现力与创造力

图4-4　线条的运用,大班儿童画作

5-6岁的儿童能够画出流畅的直线、曲线,并且有意识地用线条来装饰画面,描绘画中事物的纹理。同时,他们积累了丰富的色彩经验,开始用颜色的抽象特点来表达情绪,比如:在同一幅画中用深浅渐变的蓝色来表达恐惧、害怕的情绪,用大红色来表达勇气等。在这个时期,儿童能清楚地划分自己画面中的上部和下部,他们依赖基底线作为绘画的起点,沿着基底线横向或纵向分布画面元素。他们习惯在画面的上部与下部之间留下空间,表达天空或类似的意象,同时,也会在画面中不同的空间方位通过重复画出相同要素的方式来实现对称的布局。

在这个时期,儿童逐渐向图式期过渡,对画面中元素、符号、图形的表征意义更加重视,他们会突出地表现人物的某种特征(比如:草草画出人物的身体后,细细描摹人物耳垂上挂着的耳环等)。但如果请他们画人的侧面、或是身体被矮树丛挡住的人,他们要么会选择性地丢弃一些元素(比如:脸上少画一只眼睛),要么会忽略现实的形象(比如:画了矮树丛,同时也画出人的全身,叠加在树丛上,仿佛树丛是透明的)。

5-6岁儿童的画已经开始带有清晰的个人风格,他们能够分辨自己的画和其他小朋友的画,并且保持自己的个人风格。因此,这个时期的教育活动应为儿童提供充足的绘画创作时间,同时,教师可以有意识地支持儿童互相鉴赏、评析同伴的画作,并且为儿童的美术创作提供综合的材料,鼓励儿童利用多种美术元素和材料进行创造。

2.音乐表现力与创造力

3-6岁儿童的音准处于建立和发展的过程中,所以,到了5岁时,儿童虽然能够准确地把握节奏了,但还是有一半的儿童不能准确地把握音高。5-6岁时,儿童开始能够唱出不连续的音高(即变化的音),歌唱的音程不断扩大,并且能够获得相对稳定的调性中心。到6岁末,大部分儿童的歌唱水平就与成人类似了。在这个时期,儿童仍然会创编自己的歌,在各种活动中用歌唱来做背景音,增加活动的趣味性,而且,部分儿童群体会形成歌唱文化,一名儿童自发歌唱后,其他儿童也会自然地跟着一起唱。

同时,5-6岁的儿童在音乐活动中会表现出一定的创造力,他们会把自己的各类经验联系在一起,配合情感,用音乐表达出来;也会把歌唱和绘画联系起来,比如:用长短不一、弯曲纵横的线条来表示旋律、节奏等。可以说,初步的记谱意识和能力在这个时期开始萌芽了。

对此,教育者一方面应有意识地在音乐教育活动中运用简单的图谱,教会儿童根据图谱来歌唱、律动等;另一方面,还应该一如既往地为儿童提供丰富的音乐作品,包括不同乐器演奏、不同风格、不同国家、不同表现内容的音乐作品,扩充儿童的音乐表现经验和歌唱曲库,从而鼓励儿童创编属于自己的歌。

拓展阅读

创造力内隐观

对于“什么是创造力”或者“儿童是否表现出了创造力”这样的问题,每个人都有自己的看法,有的时候,我们甚至意识不到自己已经形成了一种固定的观念,这就是我们对于创造力的内隐观。教师的创造力内隐观,会对其教学行为产生影响,比如:认为每一个孩子都有创造力,那么在教学的过程中,教师可能就会提出更多开放性的问题,尽可能地和每一个孩子互动。为了探究教师所持有的创造力内隐观,许多研究者开展了一些有趣的实验和调查。

例如,研究者在探究了教师对儿童画的创造力内隐观后发现,幼儿园教师认为儿童画具有创造力的最重要的10个特征依次是:有想象力、反映自己的个性、表达自身对事物的理解和情感、构思大胆、能根据画作进行丰富的阐释、内容丰富且生动、让看画的人有较大的遐想空间、以日常生活为主进行延伸创作、反映自己的内心世界、敢于探索等。此外,幼儿园教师有关创造性儿童画特征的内隐观结构表现为:独立自主创作且内涵丰富、具有明显的年龄特征、表现方式独特、技巧相对成熟[①]。

① 戴明丽.幼儿园教师关于创造性儿童画特征的内隐观[J].学前教育研究,2012(08):45.

第二节 歌唱与韵律活动

一、学前儿童歌唱活动的组织与设计

歌唱活动是把歌作为载体，唱出自己的情感，表达自己的心声的活动，此类活动重在情感表达，而不在于对唱的技能的要求。所以在进行此类活动时应强调孩子对于歌曲情感的把握，而不是“音准、词清”等技能性要求。

(一)歌唱活动的目标与设计原则

1.活动目标

举行歌唱活动是为了让幼儿享受参与活动的快乐，运用嗓音进行艺术表现且发展自身的音乐感受能力，所以歌唱活动应注重结合儿童身心发展特点，让他们在这样的活动中感受到乐趣，同时在潜移默化的过程中陶冶孩子的情操、启迪他们的心智、完善他们的人格。

小班：知道要保护嗓音，学习用正确的姿势、自然的声音歌唱；

能够让自己的声音与集体的歌声相一致；

能够初步理解和表现歌曲的内容和情感；

能够用歌唱的方式与他人交往。

中班：能够用正确的姿势、自然的声音基本准确地歌唱；

能够大致唱出歌曲中力度、速度、节奏的变化；

能够给熟悉的曲子编词。

大班：能够用正确的姿势、自然的声音歌唱，也可以在无伴奏的情况下独立歌唱；

能根据不同的合唱要求控制、调整自己的声音且能学会领唱、齐唱、两声部轮唱等歌唱表演形式；

能够根据音乐形象或音乐情绪变换自己歌唱的速度、力度；

能够恰当地唱准起止、跳音、音句重音、衬词等。

2. 活动原则

（1）审美性原则

审美性原则是歌唱活动的首要原则。教师在组织歌唱活动时，不仅要选择有审美价值的音乐作品，还要注意歌曲的各要素也是符合审美要求的。

（2）适宜性原则

3-6 岁学前儿童歌唱活动教学在曲调、节奏节拍、歌词内容选择上要符合各年龄段儿童的发展特点，应有利于儿童提升音乐能力。不同年龄段的儿童在音域、节奏感、节拍掌握等方面都有区别，所以教师要对乐谱进行分析。另外，教师要对歌词内容进行把控，不适宜孩子学习、不具备审美价值、不合乎孩子心智发展的都不能成为活动的材料。

（3）可持续性原则

歌唱活动包含音乐的几大基本要素，歌词是歌唱活动较为明显地区别于其他类型活动的部分。通过歌唱活动，儿童可以发展自身在编词、改词方面的音乐创造力。根据歌词表演也能提升儿童的音乐表现力和创造力，所以在组织歌唱活动时教师应该注重儿童循序渐进地发展。

（二）歌唱活动的材料

在教育活动中，能否为儿童选择适宜的歌唱内容，决定了儿童能否对歌唱产生兴趣，能否学会根据内容的不同，用适宜的声音来歌唱。

1. 适宜的歌词材料

（1）有趣且易于记忆和理解；

（2）内容是积极、健康、美好的，具有潜在的情感价值；

（3）结构相对工整；

（4）易于以动作来表现。

丢手绢

鲍　侃 词
关鹤岩 曲

1=E $\frac{2}{4}$

稍慢

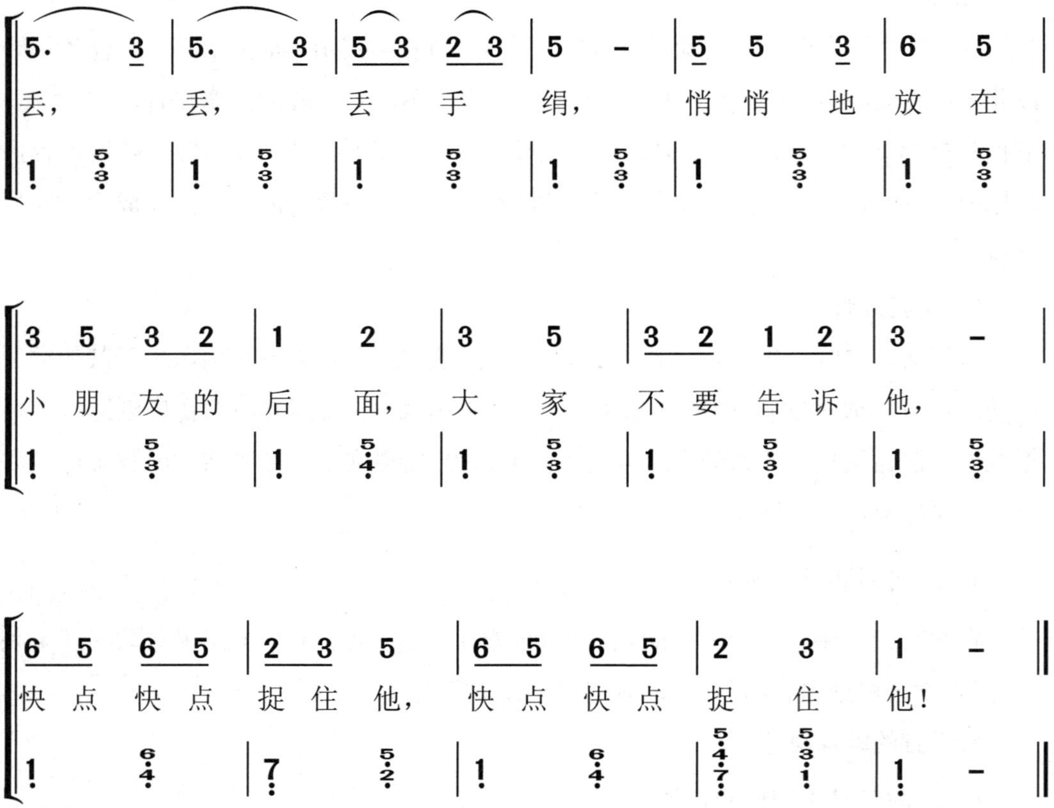

图4-5　儿歌《丢手绢》曲谱

2.适宜的曲调材料

(1)音域不宜过宽

3-4岁儿童适宜的音域为c^1—a^1；4-5岁儿童适宜的音域为c^1—b^1；5—6岁儿童适宜的音域为c^1—c^2。

(2)旋律较平稳

下行的三度音程儿童最容易掌握，其次是四度、五度和八度音程。六度、七度音程对于5-6岁的孩子而言是较难掌握的。为3-4岁的孩子选择的歌曲最好为三度音程，4-5岁的孩子歌曲旋律可以稍复杂一点；5-6岁的孩子可以增加一些三度以上的跳进。

(3)节奏节拍不宜冗杂

学前儿童不适宜唱节奏过于复杂的歌曲，小班儿童歌曲曲调应主要为二分音符、四分音符节奏，节拍上一般以2拍子、4拍子为主；中班幼儿可加上八分音符、附点节奏，节拍有3拍子、6拍子；大班儿童可选择有切分节奏、弱起节奏的歌曲。

(4)歌曲旋律结构短小工整，词曲关系较简单

由于3-6岁儿童记忆、注意、认知等方面的特点，教师在选择歌词材料时要以短小且结构较工整的为主。4岁以前的儿童可以选择歌词为2-4句的歌曲，词曲关系以一字一音为宜；4岁以上儿童可以选择歌词为6-8句，二段体或三段体形式的歌曲；有间奏或尾奏等附加部分，词曲关系可以是一音两字或一字两音。

小雨沙沙

许　竞 词
王天荣 曲

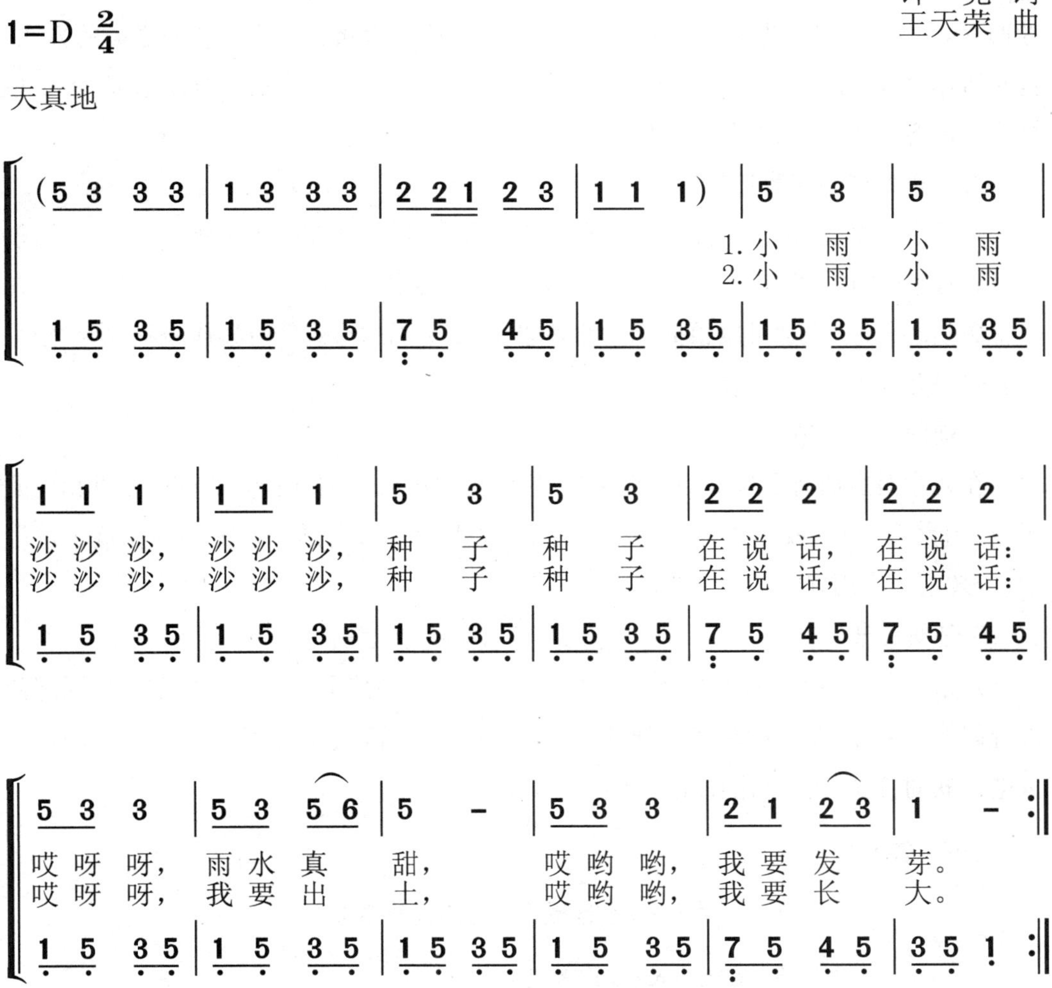

图4-6　儿歌《小雨沙沙》曲谱

(三)歌唱活动的组织

1.导入环节

组织歌唱活动之前,教师应对儿童喜欢的歌曲类型有所了解,再在分析本次活动的歌曲素材是否能够直接引起儿童的歌唱兴趣基础上,决定采用何种导入形式。例如:班里的孩子近期比较喜欢节奏欢快的歌曲,恰好今天要学唱的也是一首舞曲风格的歌曲,那么,教师就可以采用直接导入的方式,引导儿童在倾听歌曲的过程中对歌曲产生兴趣。而假如将要学唱的歌曲风格是儿童不太熟悉的,那么,教师可以通过故事情境、音乐游戏、身体律动等方式,引导儿童先熟悉歌曲旋律和歌词,由此引发儿童对新材料的兴趣。

2.教师示范和引导环节

在导入歌曲、儿童开始熟悉旋律之后,教师可以通过直接歌唱的方式向儿童呈现歌曲之美。教师需事先多次演唱歌曲,寻找到能够表达歌曲旋律和歌词之美的方式,再呈现给儿童,引发儿童的兴趣。教师可以进行整体歌唱或选某些节段歌唱,可以根据音乐内容伴以动作或图片,这样,有利于儿童视觉和听觉共同发挥作用。

3.儿童尝试和探索环节

在这个环节,教师应给儿童提供充足的机会和时间,让儿童跟唱歌曲。最开始,教师可以放慢歌曲的节奏,鼓励儿童跟着哼唱,并用动作或其他方式来提示歌词。在儿童稍微熟悉之后,教师可以根据儿童的兴趣,改变跟唱的形式(如:集体跟唱、小组跟唱等),引导儿童继续熟悉歌曲。

4.辅助工具环节

在儿童对歌曲有了较好的掌握之后,教师可以根据歌词、旋律的特点,提供相应的图片、图谱等工具,或提供与歌词有关的道具,引导儿童尝试进行视唱。在这个过程中,应鼓励儿童用好听的声音来歌唱。

5.创编环节

儿童对旋律和歌词都已经基本掌握后,教师可引导孩子对歌曲中可创编歌词部分进行创编。例如:有的歌曲,歌词比较简单,有较多儿童熟悉的事物,那么,可以鼓励儿童进行歌词替换(用“小花红红”替换“小草绿绿”等)。

(四)案例分析

中班歌唱活动《贪吃的大猩猩》

(一)旋律练声、情境导入,激发幼儿兴趣

1.《贪吃的大猩猩》旋律练声。

师：小朋友，你们好！

幼：老师您好！

师：小狗怎么叫？小狗怎么叫？

幼：汪汪汪汪汪汪！

师：小朋友，你们好！

幼：老师您好！

师：小猫怎么叫？小猫怎么叫？

幼：喵喵喵喵喵喵！

…………

2.播放大猩猩视频，幼儿欣赏。

(1)提问：小朋友们见过动物园里的大猩猩吗？你见过它做什么动作？

(2)看完视频后提问：小朋友们，刚才大猩猩做了哪些动作？

(3)带着幼儿一起简单模仿大猩猩走路、捶胸等动作，初步感受XXX XXX的节奏型。

(二)欣赏歌曲、理解歌词

1.教师扮演大猩猩进行歌曲范唱。

2.提问：你们刚才都听到了什么？

3.根据幼儿回答，找出对应图谱。

4.看着图谱、学唱歌曲。

(1)大声、小声练唱。

(2)开展《猜歌词》的游戏，通过游戏引导幼儿接唱歌词。

(三)学习歌曲中XXX XXX节奏型

1.幼儿尝试拍出节奏。

(1)找出图谱中重复的地方，请幼儿尝试拍XXX XXX节奏(请个别幼儿上前示范)。

(2)提问：宝贝们，大图的速度要怎么拍，小图的速度怎么拍？请幼儿说说该节奏的特点。

(3)小结：大图拍得慢一点，小图拍得快一点。

2.带着幼儿一起练习节奏XXX XXX。(拍手、拍肩、拍腿、学大猩猩捶胸)

3.跟着图谱完整演唱歌曲，并拍手打出图谱里XXX XXX的节奏。

4.跟着音乐边唱歌边做动作。

(四)创编歌词

1.提问：大猩猩最近特别想吃剥皮的水果，请宝贝们想一想，大猩猩还会发现哪些剥皮的水果呢？我们来唱一唱，你们创编。

2.跟着图谱完整演唱创编歌曲。

（五）歌曲表演

1.请幼儿简单创编动作，并进行完整的歌唱表演。

教师：大猩猩太喜欢你们创编的歌曲和动作了，谁唱得最好听，动作做得最好看，大猩猩就给哪个宝贝发美食宴会的邀请卡。那我们带上动作，唱着歌曲表演给大猩猩看吧。

2.教师带着幼儿一起边唱边跳离开活动室。

（六）活动结束

教师：刚刚大猩猩看了宝贝们的表演，觉得你们都很棒！所以，它决定给每个小朋友都发一张美食宴会的邀请卡。大猩猩要带小朋友去参加美食宴会啦！谁唱得最好听，谁做的动作最好看？让我来看看。你们准备好了吗？我们出发吧！

（案例作者：云南师范大学　马梦珊）

本次活动结合中班儿童发展特点，基于中班儿童音乐经验，结合大猩猩的形象以及歌曲活泼、有趣的旋律，歌词结构简单、多重复，易于儿童理解和记忆等认知特点，在目标制定中以八分音符、十六分音符组合的不同形式作为认知目标，有效提升了儿童的音乐能力。导入部分以歌曲的主要节奏为基础进行旋律练声，与活动内容紧密切合，为下一步活动的组织奠定了基础。

二、学前儿童韵律活动的组织与设计

韵律活动是在音乐的伴奏下以协调性的身体动作来表现音乐的活动，而动作是儿童表达和再现自己的理解的最直接和自然的方式。韵律活动不仅能满足儿童对活动的参与意识和创造性表达需求，还可以增强儿童身体的协调性，从而发展他们的音乐感受力、音乐表现力和音乐创造力。

（一）韵律活动的目标与设计原则

1.活动目标

小班：能够基本按照音乐的节奏做基本动作或模仿动作；

能够基本按照音乐与动作的关系改变自己的动作，使自己的动作与音乐相协调；

能够根据一些简单的节奏型创编一些简单的动作；

能够根据音乐内容选择合适的道具，并在舞动中使用这些道具。

中班：能够根据音乐的节奏做基本动作或模仿动作；

能够根据音乐变化改变自己的动作，使自己的动作与音乐相协调；

能够根据熟悉的节奏型创编动作；

能够进一步了解与音乐相关的道具并能合理地将之运用于动作中。

大班：能较准确地按音乐节奏做一些复杂一点的模仿动作和舞蹈动作；

能够根据音乐变化迅速变换自己的动作，并与音乐相协调；

能够根据复杂或综合节奏型创编动作；

能够根据变化的音乐，选择不同的道具进行动作创编。

2.活动原则

（1）适宜动作表现原则

音乐关系和动作表现要能够协调一致，不仅有利于儿童对音乐节奏的感受，同时也要有利于动作与节奏关系的协调。

（2）综合性原则

韵律活动中包含了律动及其组合、舞蹈及其表演形式等内容。而律动主要由基本动作、模仿动作等组合构成，所以选择韵律活动中的音乐作品时要注意几种律动组合的综合表现。

（二）韵律活动的材料

1.音乐材料

（1）节奏清晰、旋律优美

旋律优美的音乐作品不仅能够提升儿童的音乐感受力和表现力，而且能够使儿童更好地用动作进行表达。

（2）结构工整，形象鲜明

音乐结构相对规整可以促使儿童在做模仿动作、舞蹈动作时更加切合音乐节奏，更便于他们区分、理解和表现乐曲。由于学前儿童生活经验、音乐经验有限，音乐形象鲜明更有助于儿童理解音乐以及进行创造性的表达。

2.动作材料

（1）符合儿童兴趣

律动动作主要由基本动作、模仿动作、舞蹈动作构成。动作表现属于儿童的兴趣表达，不同年龄段的儿童动作表达会有所不同。小班儿童更趋向于模仿，而中大班的孩子由于认知水平的提升，会有进一步的提升性的动作和基本舞蹈动作的表达。所以教师在组织韵律活动时要注意孩子的兴趣所在。

（2）考虑儿童的动作发展水平

3-6岁儿童的动作发展遵循一定的规律，在活动实施过程中教师要注意从单纯动作过渡到复杂动作、大动作过渡到小动作、不移动动作过渡到移动动作。

3. 道具材料

（1）道具有助于增强儿童对于音乐的理解和表现。

（2）道具要根据活动实际需要选取，不能流于形式。

（三）韵律活动的组织

1. 整体感受作品

韵律活动可以提升儿童的音乐感知力，身体协调力及表现力等，但这些能力得到提升的前提是儿童对音乐情绪、内容、旋律有较深入的理解和感受。教师在组织韵律活动的过程中应该注意让孩子把握音乐的整体性，只有这样，儿童才能更好地进行身体动作的表达。

2. 学习表演动作

表演动作侧重于孩子对于音乐的身体表达，而动作的表达需要与音乐表达的内容一致，教师在带孩子感受音乐时可以有与音乐关系一致的动作表达，这不仅可以添加视觉感受，也能激发孩子对于音乐感受的动作联想。

需要注意的是，不同年龄段的孩子由于身体发展特点不同，对动作的掌握程度也不同，所以动作掌握应该遵循渐进的原则。孩子的模仿力强，所以在理解音乐内容后教师应该给予孩子自主创造的机会。

3. 巩固练习

音乐内容的感受遵循整体感知、分析、理解、表达的过程，要做出与音乐关系相一致的动作表达就需要真正理解音乐内容，重复倾听，不断感受和理解，只有这样，孩子才能逐渐理解音乐作品表达的内涵。

4. 完整练习 、表演

随着年龄的增长，儿童在韵律活动中的合作意识越来越明确，动作的随乐性水平有了明显提高。面对不同的音乐、不同的主题，儿童会有不同的理解，同样的音乐和同样的主题会瞬间促使他们内容储备从而促使他们做出动作反应。

（四）案例分析

活动过程	（一）出示图片，提问导入 1.师：“小朋友们早上好！今天老师给小朋友们带来了一张图片，请你们看一看图片上有什么？” 2.师：“猜一猜，图片中的小男孩和小狗在干什么？” （幼儿自由讨论1分钟，然后回答） （二）播放音乐，感受节奏 1.第一次播放音乐 师：“原来图片上有一个小主人，还有三只小狗，他们在草地上散步。接下来，请你仔细听一听，音乐里有什么声音？” 2.感受节奏 师：“小主人和小狗的心情是什么样的？为什么？” 3.教师小结 师：“刚刚小朋友们都听到了，音乐里有口哨的声音，小主人和小狗在散步时是开心的，因为这首音乐的节奏是热情欢快的。今天我们听到的这首音乐叫作《口哨与小狗》。” （三）分段播放音乐，幼儿用形体动作表现 1.分段播放音乐，提问并讲解每一段音乐中包含的故事。 师：“现在请你再听一听这首音乐，结合图片，听一听、看一看每一段发生了什么故事。” 2.幼儿用形体动作表现 师：“在第一段中，小主人带着小狗在开心地散步，开心地散步用动作怎么表现呢？” “在第二段中，小狗们围在一起玩耍，小狗们玩耍用动作怎样表现呢？” “在第三段中，小主人又带着小狗散步了。” “第四段中，小狗们在互相追赶，怎样用动作表现小狗们互相追赶呢？” “最后小主人带着小狗们开心地回家了。” 3.教师示范表演 “现在请小朋友们看一看小主人和小狗们是怎样散步玩耍的。”（教师邀请三位老师进行表演） 4.幼儿四人一组进行表现 教师分发小狗头饰和丝带，幼儿跟随音乐用形体动作表现小主人与小狗散步的情景。 （四）活动结束 师：“可爱的小主人和小狗们，我们一起跟随音乐去洗手准备吃饭吧。”

（案例作者：云南师范大学研究生 张承菊）

本活动选择的音乐节奏感强、节奏型也较为统一，有明显的乐段区分，儿童易于把握和鉴别。教师用与音乐形象较为贴合的进行引导，利于儿童在不同乐段产生不同的理解，从而形成联想，产生创编动作。

本首音乐有明显的乐段区别，教师可把活动重点放在引导孩子理解音乐变化和不同乐段的音乐形象上，可尝试让孩子自主表达对于不同乐段的理解，从而进行动作创编。

第三节 音乐游戏与打击乐活动

一、学前儿童音乐游戏活动的组织与设计

音乐游戏是在音乐伴随下进行的游戏，是遵循一定规则，以发展儿童音乐能力为目标的活动。音乐游戏和体育游戏、角色游戏、智力游戏大有不同，前者有音乐目的包含其中，音乐和游戏之间互相协调，音乐延续、促进又制约着游戏活动，而游戏活动帮助儿童更加具体、形象、生动地理解音乐，两者相辅相成。而在其他游戏活动中，音乐只是用来增添氛围感的。

（一）音乐游戏活动的目标与组织原则

1. 活动目标

小班：愿意参加音乐游戏活动；
能在老师指导下按照规则进行音乐游戏活动；
能够基本按照音乐内容的变化变换自己的动作。

中班：喜欢参加音乐游戏活动，能在活动中与同伴分享快乐；
能够根据音乐内容或音乐形象变化，用动作、表情进行创造性的表达；
能够初步创编新的游戏玩法和规则。

大班：积极参加音乐游戏活动，并能自主安排角色或制定玩法；
能够按照音乐形象的变化大胆创编新的游戏内容和规则；
能够监督自己和同伴在音乐游戏中是否遵守规则。

2. 组织原则

（1）游戏性原则

音乐游戏侧重于音乐与游戏的一致性，音乐中包含较强的游戏性，能够促使儿童以游戏的方式增强对音乐的理解。在活动组织过程中要注意儿童的自主理解以及自主创造。

（2）多样性原则

学前儿童音乐游戏是暗含着音乐目的的游戏，必须按照某些特定的音乐目的来实施，达成音乐方面的要求。音乐游戏活动包含主题、歌舞、角色、表演等方面的内容，在

组织此类型活动时,要注意确定音乐中包含的游戏内容,从而保证通过游戏的方式来实现音乐暗含的教育目的。

(二)音乐游戏活动的要素

1.音乐

音乐游戏是以发展儿童音乐能力为主要目的的游戏,所以在选择游戏音乐时需要注意音乐形象和音乐节奏。节奏鲜明、形象生动、结构工整的音乐,能够使儿童在听的时候对游戏形象或角色产生联想,或者产生与音乐对应的动作表现。

2.情境与角色

(1)情境性强,有较为明显的角色分配

音乐游戏可以促进儿童音乐能力的提升,这有别于其他的音乐活动,所以在组织音乐游戏时要注意选择合适的音乐内容。比如:歌曲《找朋友》的歌词里有明显的角色分担、动作表现和情境,可以促使儿童在音乐氛围下跟随歌词做游戏,还可以在歌词创编的基础上进行更多游戏内容的延伸。

(2)以熟悉的情境与角色为基础

音乐游戏突出游戏性,所以在组织活动过程中,若以儿童较为熟悉的歌曲作为活动的开始,有利于使孩子产生更强的游戏意愿和创造性想法。

3.规则

游戏有规则,音乐游戏同样有规则要求。由于游戏规则大部分是与目标相联系的,应该明确游戏活动的目标,这样儿童的发展才有针对性。

(三)音乐游戏活动的组织

1.分析音乐与游戏的一致性

教师在组织活动之初,需要对音乐与游戏之间的关系进行梳理,确定音乐目标与游戏活动之间的连接。保证音乐可用于游戏,保证游戏能促进儿童对音乐的理解,从而实现两者的一致。

2.创设情境,激发儿童参与游戏的积极性

游戏具有情境性特点,所以在组织活动时教师要有意识地对音乐与游戏之间的关系进行情境性引导,进而确保儿童能够有意愿、有兴趣参与活动,从而实现活动目标。

3.理解音乐形象和游戏形象

音乐和游戏的联系使得两者在某些方面需要达成一致。音乐作品所包含的形象

与游戏形象之间是衔接在一起的，音乐形象、游戏形象是容易理解且易于以动作表达的，也是充满创造性的，在此基础上儿童能够自主制定游戏内容和游戏规则，在音乐中产生游戏行为，在游戏中理解音乐。

4.自由游戏

儿童倾听音乐、理解音乐内容、创造游戏方式，从而实现音乐游戏活动的目标。在教师引导下，儿童理解音乐，并自主发挥、自由游戏。

（四）案例分析

《香香的面包》

一、谈话导入主题

1.教师：老师的面包房开业了，我想请小朋友来参观……你们有人做过面包吗？

小结：学习做面包的步骤。

2.教师：我这个面包师啊喜欢听着音乐做面包，我们听听是什么音乐？（放音乐）

3.分别介绍“撒面粉、揉面团、发酵、放烤箱”的过程，请小朋友用自己的动作来表现。

4.教师小结：哇！小朋友们的动作真好看。那做面包的步骤记住了吗？我们一起试一试。

二、律动感应音乐曲式

教师伴随音乐表现面包师制作面包的动作。

小结：小朋友用自己的方式来做做面包，要和别人不一样哦。

（曲式：A-B-C-A’）

三、教师带领幼儿根据曲式创编动作

（一）做游戏——我是小面包

玩法：教师当面包师，小朋友们当小面包，小面包根据面包师的指挥来律动。

要求：动作方向跟面包师一致，跟做面包的步骤一致，要跟上音乐节奏。

（二）游戏中教师引导幼儿创编有关小面包的动作

1.如果你是面粉，你会用什么动作来表现？（老师做撒面粉的动作，观察幼儿，随机请幼儿示范）

揉完面团并发酵好，然后开始做造型。老师问：我看看你们都是什么造型的面包？（圆面包、长条面包、爱心面包）

小面团发酵后是什么样子？

进了烤箱造型还会变吗？

2.教师小结：做小面包要从撒面粉开始，先加水和面，然后再捏出造型，最后在烤箱里烤熟。

（三）游戏律动

教师扮演小面包，请一个幼儿做面包师，带领大家随音乐表现。

教师问：你想做什么形状的面包？

教师根据幼儿想做的面包形状进行创造性动作。

四、幼儿集体分角色表演

幼儿分为两组，一组扮演面包师，一组扮演小面包。随音乐进行表演时教师应注意提醒幼儿小面包的动作要和面包师捏的造型一样。

五、活动结束

香香的面包做好啦，我们回去记得把做面包的方法教给其他小朋友哦！

（案例作者：云南师范大学研究生　孙小倩）

本活动以做面包引入主题，易于引起孩子的兴趣。教师根据做面包和音乐之间的关系进行活动设计，内容选择上结合了儿童的生活经验和音乐经验，引导儿童根据做面包的流程进行动作创编。

音乐游戏的侧重点在音乐伴随下的游戏活动。为引导孩子理解音乐内容并产生游戏的意愿、发生游戏行为，教师应先引导儿童感知、理解音乐形象。在本次活动中，教师重在对动作创编的引导，在对音乐内涵的理解上引导不充足，不能充分激发儿童的游戏意愿。教师可以选择做面包的不同程序和与之相符合的音乐片段，引导儿童感受两者的联系并自主形成游戏形式、制定游戏规则，在游戏中理解不同片段的音乐形象，在音乐伴随下进行游戏活动。

二、学前儿童打击乐活动的组织与设计

学前儿童打击乐活动是通过打击乐器来表现音乐的一种活动，是儿童以大肌肉动作进行操作，运用一定的节奏和音色，通过打击来表现音乐的一种活动。打击乐活动能够较好地利用乐器敲击提升儿童的音乐表现力和创造力。

(一)打击乐活动的目标与组织原则

1.打击乐活动的目标

小班:了解打击乐器的名称,开始熟悉不同打击乐器的音色特点;

能够用不同乐器为二拍子、三拍子的音乐进行伴奏;

学习几种常用乐器的敲击方式;

初步学会看指挥开始和结束的手势,了解打击乐活动常规。

中班:了解更多打击乐器的名称,体会不同乐器音色的音乐情绪特点;

能够根据二拍子、三拍子音乐的特点选择合适的乐器进行伴奏;

探索不同音色特点的乐器,追求乐器合奏的适中音量和美好音色;

进一步学会看指挥开始、变化和结束的手势;熟悉活动常规。

大班:能够根据不同音乐情绪、音乐形象、音乐内容运用不同的打击乐器;

能够根据不同音乐情绪,使用熟悉或较为固定的节奏型进行伴奏;

探索乐器的音色分类,并能根据音乐情绪或内容选择适宜的乐器组合进行配奏;

能按指挥手势迅速、正确地开始、变化、结束演奏;

熟悉活动常规。

2.打击乐活动的组织原则

打击乐活动的难度层次和年龄发展目标各不相同,所以,在组织学前儿童打击乐活动时,应遵循以下原则:

(1)探究性原则

不同类型打击乐器的声音各有特点,比如:木质类打击乐器的声音不如金属类打击乐器的声音清脆,但会更沉一些。因此,在组织活动时,应支持儿童尽可能多地探索不同类型的乐器,充分地感知其声音特点,并且探究不同乐器搭配之后发出的声音,寻找和谐、好听的打击乐合奏声音。这个过程应由儿童自主完成,不能由教师替代完成。在自由探究的基础上,儿童会逐渐形成关于某类乐器声音的相关经验,并发散性地进行乐器搭配,形成自己的创造性乐器演奏设想。

(2)合作性原则

许多打击乐活动,如节奏卡农游戏,都需要儿童之间相互合作,包括使用不同乐器进行合奏、根据曲谱进行乐句的分配演奏等。这需要儿童既明确自己的任务,又了解同伴的任务,并且还能够相互协作。所以,在组织教育活动时,教师应引导儿童倾听彼此的乐器发出的声音,并且留意自己的乐器与他人的乐器合在一起后的声音，从声音的组合中，发现合作进行打击乐演奏的技巧，并在与他人合作的过程中感受节奏之美。

(二)打击乐活动的材料

1. 音乐材料

打击乐活动中的音乐应该具有鲜明的节奏型、结构工整，可以帮助孩子对音乐情绪或音乐内容产生较好的感知，激发孩子对活动的兴趣。另外，音乐材料应富有情趣性和艺术审美性，可以是进行曲或舞曲类，有较强律动和节奏。对于中大班的孩子，教师还可以选用二段或三段的乐曲，启发孩子在活动中根据乐段情绪、乐器音色生成有创造性的配器方案。

2. 乐器材料

打击乐活动中的乐器，音色应优美，乐器的形状、大小、重量应适合3–6岁儿童使用。乐器的选择要符合使用的儿童的动作发展水平。比如：小班儿童小肌肉发育不完全，最好选用大肌肉操作的乐器，如铃鼓、沙锤、木鱼等；像使用小肌肉操作的三角铁之类的乐器最好用在大班。

图4–7　幼儿园中的打击乐材料

3. 配器

配器是指在打击乐活动中根据音乐的性质、情绪和风格，选择与主要乐器相适应的配奏乐器，以追求整体的音色和谐和协调。比如，在强音突出或强弱对比鲜明的音乐配奏中，可用鼓、锣等；而面对抒情风格音乐时，要注意选择和音乐情绪一致的乐器，比如铃鼓、沙锤、碰铃等能制造延续音效果的乐器。

配器在使用时要注意与主要乐器相结合，不能喧宾夺主。

4. 指挥

指挥是打击乐活动中非常重要的部分，儿童要学会看指挥，明确乐曲开始、进行、结束时不同的指挥手势。明确不同节拍的指挥手势；不同声部配合中指挥的“提示、停止、合作”等手势。

（三）打击乐活动的组织

1. 整体感知音乐情绪

打击乐有较鲜明的节奏，而整体感知音乐能够使儿童对节奏有更好的把握，以及更好地理解节奏在音乐中的作用，所以在活动开始时需要让儿童完整倾听音乐，引发其兴趣。

2. 初步确定打击形式，掌握节奏

打击乐活动需要分步进行。应先引导儿童对音乐作整体的感知并对不同乐段有基本了解；其次确定乐器是整体使用还是分声部使用，并且按照音乐组成部分确定乐器音色，从而确定音乐的主要部分和辅助部分。教师引导儿童以声势练习强化对节奏的掌握。

3. 引导创编配器方案

在充分感受节奏的基础上，引导儿童根据音乐情绪选择合适音色的乐器并初步进行配奏。

4. 教师指挥个体和集体进行乐器打击

教师指挥儿童进行练习，并按照分声部练习—整体练习—交换声部练习的过程，加强儿童对打击乐的熟悉程度，最后完成集体打击。

（四）案例分析

中班打击乐活动：《快乐的啰嗦》

一、回顾乐曲，激发幼儿兴趣

播放音乐，感受乐曲活泼快乐的气氛。

（1）播放整首乐曲。教师和幼儿一起欣赏，请幼儿说一说，听完有什么样的感受。

（2）教师小结：《快乐的啰嗦》是一首好听、欢快的彝族乐曲，给人一种轻松快乐的感觉，展现了彝族人民载歌载舞的生活场面。

二、看图谱学习节奏型，用动作区分两种节奏的不同

1. 出示图谱，播放音乐，感受乐曲结构，学习节奏。

（1）师：我们随音乐一起坐火车去彝族山寨旅行吧！

（2）播放音乐，教师随音乐节奏念节奏型：

（呜、呜、咔嚓咔嚓），学习节奏型|X 0 |X 0 |X X | X X |

（呜—、呜—、咔嚓咔嚓），学习节奏型 |X- |X- |X X | X X |

(3)师：车厢的音乐节奏是什么样的？车头的音乐节奏是什么样的？车轮的音乐节奏又是什么样的？

(4)小结：车厢的音乐节奏是短的，车头的音乐节奏是长的，车轮的音乐节奏是一样的。

2.跟随音乐，鼓励幼儿尝试用拍手的方式，再次感受车厢、车头、车轮音乐节奏的不同。

3.播放音乐，引导幼儿用完整的身体动作表现音乐节奏。

师：我们听着音乐，一起来用完整的身体动作表现一下节奏。

三、引导幼儿讨论配器，并选择打击乐器进行演奏

1.引导幼儿讨论、选择合适的乐器。

教师出示碰铃、圆舞板、铃鼓，请幼儿听一听、试一试：车厢用哪个乐器合适？(碰铃)；车头用哪个乐器合适？(铃鼓)；车轮用哪个乐器合适？(圆舞板)，并在图谱上贴上相应的乐器图片。

2.幼儿尝试看图谱进行演奏。

(1)教师提出演奏要求：仔细听音乐，看指挥。

(2)根据幼儿演奏情况给予适当的指导，重点指导幼儿节奏不准确的节拍。

3. 看教师指挥手势，用打击乐器再次演奏。

4.幼儿交换乐器进行演奏，感受不同乐器的声音。

四、活动结束

幼儿有序放回乐器，离开活动室。

师：火车到站了，我们下车开始旅行吧。

五、活动延伸

将活动节奏型图谱、乐器投放在区角让幼儿自由交换，创编演奏。

(案例作者：昆明市第十五幼儿园 周旭映)

本活动结合中班幼儿音乐经验，结合儿童爱敲打、爱活泼有律动感的音乐的特点，立足于云南本土民族特色，选择了一首具有浓郁彝族风情的乐曲《快乐的啰嗦》，本首乐曲曲调简单、节奏感强，给人一种轻松快乐的感觉。教师在选材上不失灵巧，活动设计也遵循了中班幼儿身心发展特点，但在引导儿童创编配器方案，感知音乐情绪和风格以及乐器选择方面还需要进一步地思考。

第四节 创意绘画活动

一、点、线、面的绘画活动设计与组织

点、线、面是造型艺术的基本元素,也是儿童在进行美术创作时常用的美术语言。充分运用这三种基础元素,并将其进行自由组合,我们就能组织儿童开展富有创意的绘画活动。

(一)活动的目标与设计原则

1.活动的目标

组织此类绘画活动的目的主要在于引导儿童学会观察,发现和使用美术作品以及生活中的点、线、面元素进行艺术创作,并且运用美术表现手法来加工生活中的点、线、面元素。对于不同年龄段的儿童,活动目标的难度层次应有所区分,具体而言:

小班:感知作品或审美对象中的点、线、面;
能够运用简单的点元素来进行创作,比如手指点画、棉签点画;
能够用点元素来填充画面或装饰画面;
能够自由地挥动手臂画出连贯的线条;
能够画出千奇百怪的点、线,创造不同的涂鸦作品。

中班:了解美术作品中运用点、线、面的方法和创意;
在绘画时能够运用简单的点、线、几何块面来进行创作,比如拉线画、线描画等;
能够运用点、线、面三种元素来装饰自己的画作,比如用点的方式上色、用几何块面拼装出新的形象等;
喜欢探索不同的点、线、面,乐意用不同的工具来创作点、线、面,并使之构成有创意的画作。

大班:初步理解点、线、面在美术作品中的组合方法,知道三种元素可以共同构成一幅好看的画;
在绘画时能够熟练运用点、线、几何块面等基本美术元素来表达自己的构思和创意;

能够创造性地将点、线、面联系在一起进行创作；

能够初步发现点、线、面之间的关系；

喜欢观察周围世界中的点、线、面元素，并将之运用到美术创作中。

2.活动的设计原则

围绕点、线、面元素设计美术活动时，我们除了支持儿童使用不同类型的点、线和块面来创作绘画作品，还应遵循以下设计原则：

（1）实践性原则

即在活动中为每一名儿童提供动手操作的机会，包括提供充足的、儿童容易上手的工具和材料，提供完整的、不被打扰的活动时间，提供无标准答案的活动任务，以及提供可以自由活动的空间（儿童不会因为弄乱、弄脏这个空间而被苛责）等。这样，才能保证儿童在实际绘画中感知、体验，发现点、线、面三元素的关系及其在绘画中可能用到的表现形式。

（2）开放性原则

点、线、面是美术作品的基础元素，也就是说，几乎所有的美术作品中都会蕴含这三种元素，而且，不同风格的美术作品中，三种元素的表现方式也不同。因此，在支持儿童运用点、线、面三种元素进行绘画创作时，我们应该用开放的态度来看待儿童与众不同的表达。同时，尽可能多地为儿童提供不同的点、线、面构成的作品，丰富儿童的相关经验。

（二）活动的内容选择与组织过程

1.活动的内容选择

按照第二章介绍的艺术教育活动来源，我们也可以从生活中、自然中、美术作品中寻找适合用来激发儿童创作兴趣的，包含丰富的点、线、面元素的教育内容。下面，我们依据三种元素分类介绍可供选择的部分活动内容。

（1）与点有关的绘画教育活动内容

在绘画创作中，点的使用方式多种多样，比如：印象派的画家用点彩的方式描绘自然界光影的细微变化等。在学前儿童的创意绘画活动中，我们也可以选择多元的点画创作内容和方法。

其一，用点来表征具体形象的绘画创作。比如：用棉签点画的方式创作“小雨点从天而降”的画作等。

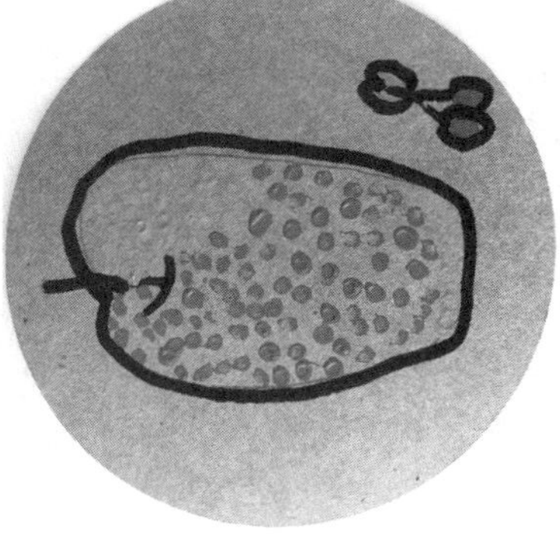

图4-8　点画，大班儿童作品

这类绘画活动简单，容易操作，适合小班开展。如果教师能够创造性地提供不同的点画工具，比如棉签、海绵、画笔、滴管等，那么，部分中班儿童也会对这类绘画创作感兴趣。可供选择的创作方式还有撒点画、滴流画等。

图4-9 运用点、线、面创作的绘画，大班儿童作品

其二，用点来描绘事物轮廓的绘画创作。比如：引导儿童用画笔点画的方式，描绘小鱼、海星、贝壳、海草的形状，创作海底世界的画面。这类活动要求儿童能够概括事物的基本形状，因此，适合大班开展。

其三，用点填充空间、填涂上色的绘画创作。比如：引导儿童使用油画棒，用点画的方式，调换不同的颜色来上色。这种绘画创作需要有规律地搭配色彩，填涂的颜色之间会留有一定的空隙，适合各年龄段班级开展。其中，小班需要提供上色容易的大号画笔。

其四，以点为基础进行添画的创作。比如：用手指点画，点出一个个椭圆的小点后，用彩笔或黑笔进行添画，以点为花心，在周围添加花瓣等。添画需要儿童具备一定的控笔能力，并充分发挥想象力，适合中大班开展。

(2)与线有关的绘画教育活动内容

其一，熟悉和掌握不同类型的线条的活动。比如：引导儿童感知和尝试创造直线、曲线、波浪线、折线、城墙线、锯齿线等多种线条。这类活动也可以在自然中开展，引导儿童观察描绘事物的不同线条(轮廓、纹理等)，适合中大班开展。

其二，运用不同的材料创作自然线条的活动。比如：用小珠子蘸取颜料后在纸张上自由滚动，留下线条痕迹(滚珠画)等。这类创作活动形式多样，不仅限于用笔绘画，因此，适合不同年龄段儿童开展。

其三，用线条来装饰画面的活动。这类活动在幼儿园美术教育活动中十分常见，比如：教师提供手套、绒线帽的轮廓图，请儿童用不同的线条来装饰花纹(线描画)。这类创作活动能够支持儿童手部小肌肉动作的发展，适合中大班开展。

(3)与面有关的绘画教育活动

其一，描绘物体轮廓之后，填充色彩，构成彩色块面的绘画活动。这类活动在幼儿园教育情境中十分常见，也是儿童自由创作绘画作品的常用方式。

图4-10　“面”的绘画，大班儿童作品

其二，与撕纸拼贴相联系的绘画。撕纸拼贴活动属于手工创作，儿童撕开纸张后拼贴成新的形象，而这种形象通常是以几何块面组合的形式呈现的。与撕纸拼贴相联系，教师可以引导儿童将拼贴好的图形进行分区，在不同的区域用色彩、点、线条来进行填充装饰。

其三，与拓印画相联系的创作。由于拓印画能够轻易地在纸上留下“面”的痕迹，所以，与面元素有关的绘画通常会与拓印画联系在一起。教师可以引导儿童在完成拓印之后，同样用点和线元素进行装饰。

此外，还可以组织儿童将点、线和面结合起来进行创作，比如：在欣赏米罗的抽象作品后，进行点、线、面抽象绘画创作活动等。

2.活动组织过程

在运用点、线、面进行绘画创作之前，儿童需要具备丰富的相关经验，包括曾经欣赏过相应的美术作品等。因此，在组织活动时，有必要以审美感知和体验为导入，进而引导儿童尝试创作。

导入环节：用与本次绘画活动相关的美术作品引入，激发儿童的审美兴趣和创作意愿。

分析环节：采用讨论的方式，与儿童谈论美术作品中点、线、面的具体表现，比如：点、线、面出现的位置，色彩，画面关系，等等。同时，谈论创作可能需要的工具、素材等。

尝试环节：给儿童提供自由的时间和相应的工具、素材，引导儿童尝试绘画。

分享环节：在第一次创作尝试结束后，可以将儿童的画作展示出来，请儿童进行分享交流，谈论自己用什么样的方式来安排点、线和面元素。

再次尝试环节：儿童互相欣赏画作之后，教师为其提供第二次创作的机会，引导儿童运用自己在欣赏同伴画作时的新发现进行创作。

总结与延伸环节：儿童完成创作后，教师进行赏析，并结合儿童绘画的内容进行适当的延伸，比如，延伸到区域游戏活动中或户外写生绘画中。

（三）活动的评价

在对儿童运用点、线、面元素进行绘画创作的活动进行评价时，教师应同时评价整体教育活动的效果，以及儿童作品的特点。

1.评价教育活动

根据第二章介绍的学前儿童艺术评价原则与方法来评价点、线、面绘画活动的教育效果。结合活动的独特性，在评价时还需要考虑以下几点：

教育活动是否清晰呈现相应的点、线、面元素特征，是否提供欣赏作品；

儿童是否在绘画作品中呈现点、线、面元素的组合；

教师是否创造性地引导儿童用新的方式来使用点、线、面进行创作。

2.评价儿童作品

儿童的绘画创作具有个体性和自由化的特点，所以，评价儿童作品时，不应用统一的标准来进行评判，相反，应结合儿童作品的内容和表达的情感来评价：

作品中的点、线、面元素的分布及其相互关系，即是否形成美的画面；

作品中的点、线、面使用方式是否具有创造性；

作品中的点、线、面是否具有拟人化的特点。

此外，还可以结合常见的儿童绘画作品评价量表或类似工具进行评价。

（四）课程故事案例分析

这里呈现的两个课程故事案例都与“线”元素的使用有关，一个案例中儿童使用线条来描绘物体轮廓，一个案例中儿童使用线条来装饰画面。

案例1

中班美术活动案例：画月饼

源起：

在《中秋节》主题活动的开展过程中，好吃又好看的月饼是必不可少的话题。孩子们都认识月饼，并且在以往的节日里都和家人们品尝过，对于月饼，孩子们都有一定的认知基础。

随着主题活动的深入开展，大家也想设计一个属于自己的月饼，于是我们绘画月饼活动开始了。

活动实录一：

H老师为孩子们带来了许多月饼的图片，孩子们在欣赏的过程中不由地发出感叹："太好看了！""我也吃过这样的月饼""我喜欢这个有颜色的月饼！""我喜欢这个上面的花纹！"……孩子们一边欣赏一边谈论着自己对于月饼的感受。在初步欣赏结束后，老师带领孩子们针对月饼的花纹和外形进行了讨论。孩子们都跃跃欲试，想要快一点儿画出一个属于自己的月饼。紧接着老师发放了绘画用具，孩子们开始创作属于自己的、最为独特的月饼。

在孩子们创作的过程中H老师开始巡回指导，却发现孩子们画的月饼大都是一个圆形加上花纹装饰，少数孩子想要画出立体的感觉但是表现方式却有很大的偏差。

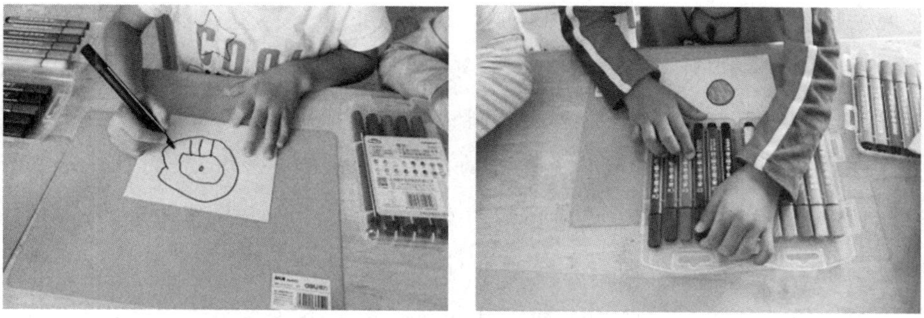

图4-11　第一次画月饼，中班儿童作品

教师的思考：

教师在活动中采用前置欣赏的方式让孩子进行艺术感知和体验，帮助孩子们在这个过程中积累审美经验。通过讨论、分析和感受月饼形状、花纹等外部特征，幼儿能够反馈自己在欣赏过程中的感受，但是对月饼外形的观察流于表面，不够细致深入。

班级幼儿刚升入中班，具有一定的线条绘画基础，并且具有创作表现的欲望，但是通过幼儿的作品可以看出，该年龄段的幼儿处于对平面图形的认知阶段，思维方式以具象思维为主，其抽象思维还未达到相应的水平，缺乏将三维立体图形表现在平面中的经验。幼儿依然处于平面绘画水平，对于立体图形的绘画表现方法是欠缺的，这导致孩子想表现但是却无法表现的情况出现。

活动实录二：

针对本次活动中孩子们表现出的问题，我进行了反思，在幼儿已有的欣赏经验下，对活动进行了调整：

图4-12　感受圆与圆柱的形状特点

利用投影设备，我为孩子们带来了图形宝宝，当圆形的卡纸放在投影仪下时，孩子们一眼就认出了它是圆形。接着我再放上新的图形——圆柱体积木，“是积木！”孩子们争先恐后地回答。“那它又是什么图形呢？”“是圆形。”“它真的是圆形吗？”“又好像不是。”伴随着我的追问，孩子们开始有些犹豫了，极少数的孩子说出了它的名字：“它是圆柱形！”我纠正道：“它的名字叫圆柱体。”

于是我开始引导孩子们进行对比观察。孩子们发现在投影仪下，从上面看下去这些图形都是圆形的，当我将圆柱体放平并且把圆形纸片竖起时，有孩子惊呼：“圆是薄薄的，圆柱体是厚厚的！”“圆形现在是一根线，圆柱体是长长的”。孩子们七嘴八舌地表达着他们的发现。在孩子们发现了两者的差别后，我引导他们对两种图形的外部特征进行了总结，孩子们明白了两者在外观上的区别。之后我又发放了圆形的卡片和圆柱体积木让孩子摸一摸，感知两者的区别。

接下来我再次出示了一张月饼的图片，并问：“月饼上的花纹是怎样设计的？”引导幼儿发现装饰规律，同时引入中心点向外沿连接的装饰方式。“月饼是什么形状的呀？”“是圆柱体形状。”我又出示了一张孩子们画的圆形月饼的图片：“这是你们上次画的月饼，出现了什么问题呀？”“我们画的月饼是圆形的不是圆柱体形状的”“我们没有画出月饼的厚度”……孩子们开始查找绘画中存在的问题。

讨论结束后，我又提出了一个新问题：“月饼的圆柱体外形要怎么画呢？”孩子们都沉默地思考着，没有孩子能够回答出我的提问，有的孩子直接就回答说不知道。

“现在请你们自己观察圆柱体积木，看看老师是怎么把它画在纸上的好吗？”孩子们开始集中注意力，看向了屏幕。“平时我们看物体的时候，不一定都是从正上方看到它的，也可能是从侧面的位置进行观看。”说完这句话后，我将圆柱体积木放在投影仪下，然后转动方向，引导孩子们发现视角的变化，接着观察圆柱体的积木在我改变了其方向后，上方圆形的变化。孩子们很快地发现，原本上面的圆形在改变视角后变成了椭圆形，于是我依照孩子们的发现在纸上画出了椭圆形，接着引导孩子们发现了圆柱体的高度可以用直线表示，其位置在椭圆形的两端，下面的圆形由于被遮挡变成了一条弧线，我依次将孩子们的发现记录在纸上。

慢慢地，一个圆柱体的平面图呈现在了纸上，孩子们似乎恍然大悟，都拍手叫好。"月饼的外形也是一个圆柱体，你们可以自己创意添加花纹，画出一个属于自己的月饼。"在我简短总结后，孩子们跃跃欲试，我发放了白纸让孩子们尝试画一个圆柱体的月饼，并在绘画过程中，针对出现的一些问题进行了指导。

在孩子们初次尝试绘画月饼后，我为孩子们提供了彩色纸，鼓励孩子们用和纸上相近的水彩笔直接绘画月饼，不用涂色，之后按轮廓线进行剪贴，完成月饼礼盒的制作。孩子们开始选择自己喜欢的颜色纸张动手制作，沉浸在绘画创作之中。

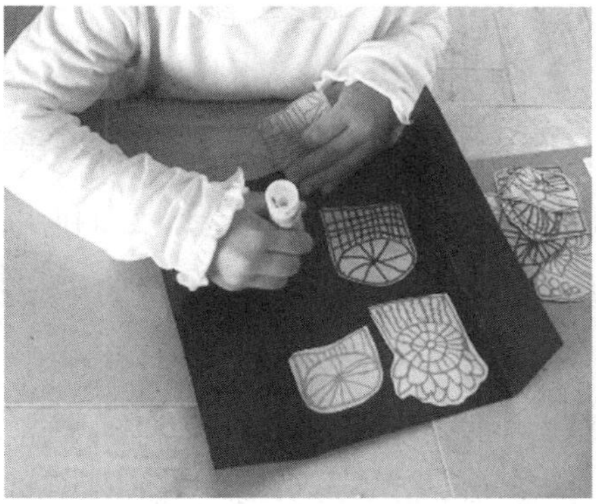

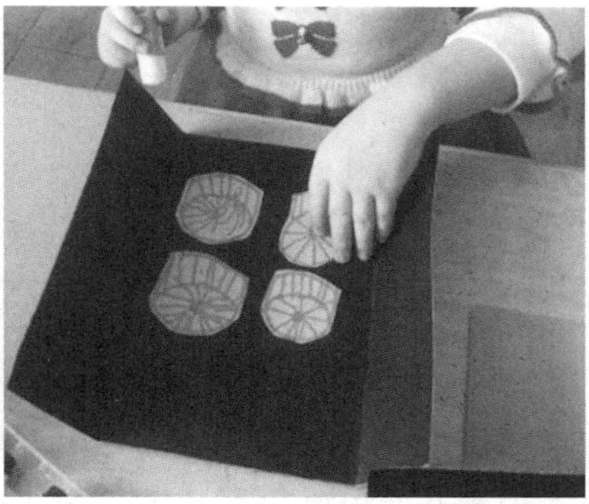

图4-13　第二次画月饼，中班儿童作品

教师的思考：

在调整后的活动中，我利用多媒体设备，从图形认知入手，引导幼儿进行对比性观察，发现图形之间的差异，发现圆柱体的基本外形特征，并由此认识立体图形——圆柱体。为了满足孩子们的好奇心，我设计了摸一摸的环节，让幼儿通过触摸准确地感知立体图形的形状，了解了其具体特征，从而体会到"面"与"体"之间的不同。

再次引导孩子们关注月饼外形时，孩子们很容易地进行了立体图形概念的代入。在宽松开放的谈话环境中，孩子们发现之前作品中出现的问题并表达出来，在描述的过程中孩子们不仅提高了想象能力和语言表达能力，还增强了绘画兴趣。

在将立体图形进行平面表现方面，班级幼儿是缺少经验的。老子说：“授人以鱼，不如授人以渔。”圆柱体的基本绘画技能是绘画月饼的关键，教师启发性的技法示范，使幼儿代入自己的观察、思考和发现，伴随老师细致的讲解，师生间相互表述想法而并非灌输，缩短了幼儿盲目自主探究的过程，帮助幼儿解决了绘画过程中出现的难点，提高了技能掌握的效率。同时不完整的示范，为幼儿打好了基础又留给了幼儿创作表现的空间。

投影示范清晰地展示了教师示范的过程，伴随着演示和讲解，教师通过位置的变换、局部要点的示范，让幼儿明了绘画过程中的要点和关键。

在初步尝试绘画月饼的环节，幼儿呈现出对月饼基本形态的了解。教师引导幼儿根据自己掌握的技能去构思、表现心中的月饼，并适时进行个别指导，提升了幼儿的绘画技能，也引发了幼儿对月饼进行装饰创作的愿望。

最终，教师让幼儿利用自身对色彩搭配的认知开展绘画创作，并用“制作月饼礼盒”的方式呈现了最终作品，提升了作品的审美价值。

（案例作者：昆明市第三幼儿园 张亚萍）

在这个课程故事案例中，教师为儿童提供了真实月饼的图片进行观察。第一次绘画时，儿童根据平面视角的信息，描绘了月饼上的纹理。在此基础上，教师利用多媒体技术，改变日常的观察视角，让儿童看到了月饼形状的特点。之后进行的第二次绘画中，儿童就能够根据自己的视觉经验，画出不一样的月饼了。

活动中，儿童运用直线、曲线分别表现月饼的不同侧面，绘画经验得到丰富。教师则尽可能地为儿童提供感知的机会，引导儿童从不同角度进行观察，而非向儿童出示范画，因此，促进了儿童审美感知力和艺术表现力的发展。在后续的活动中，教师还可以提供不同类型的月饼及其他中式糕点，引导儿童观察和表现。

案例2

中班艺术游戏案例：线描画

在主题活动区域中，我们为幼儿提供了很多活动材料，其中，在美工区，我们为小朋友们提供了很多不同类型的纸盘和纸杯，小朋友们可以根据经验进行自由的装饰。小朋友们用了绘画、涂色、剪贴等方式来装饰纸盘和纸杯，同时，我注意到有幼儿在用简单线条进行装饰，但没有章法，因此效果不是很好。但考虑到幼儿们的兴趣，这又是一个进行线描画相关练习的好时机，于是，我们开展了很多关于线描画的学习和训练，在不断的练习、总结中发现问题，提出有针对性的解决方法，再进行练习，因材施教，进行差异化的指导，有效提高了幼儿对于线描画的认知水平和呈现效果。最终，幼儿整体上完成了利用已有的点、线经验进行线描画的创作。

（一）初次探索

图4-14　用点装饰纸杯

在对线描画的初期探索中，幼儿体现出了强烈的探索兴趣和极大的创造性。当发现有同伴在用线条装饰纸杯时，旁边的幼儿瞬间被吸引了过来。一开始是在一旁观看，然后开始自己进行尝试，但大多是进行模仿学习，跟着同伴画一样的线条和风格。极少部分的幼儿会加入自己的想法和创新，也有部分幼儿在用自己的方式画，但由于缺乏线描画的相关知识经验，因此，线描的效果不是很好。这个时期的幼儿，还没有线描画的概念，只是单纯地在用不同的线条来装饰而已。

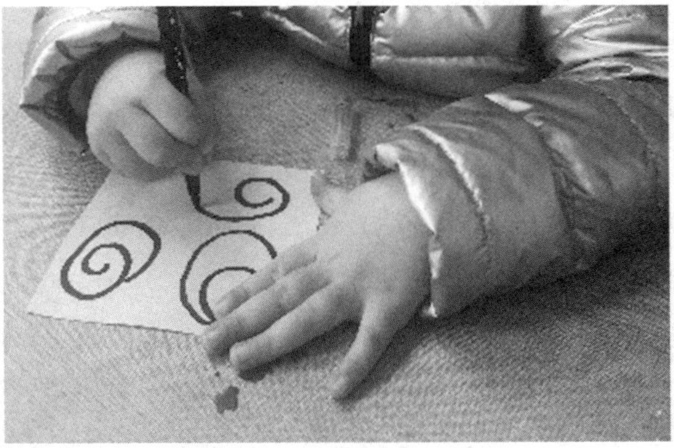

图4-15　简单的线描

观察到了这些现象后，我适时介入到了幼儿的活动中。首先，我询问了幼儿是怎么想到要用线条来装饰纸杯的，幼儿的回答很多："我看到溪溪在画，所以就学着她画了""我看到纸杯上也有线条，就想用五彩的线条来装饰它""我在和妈妈去美术馆的时候看到用线条画出的画，我觉得很好看，就想自己也用线条来画画"……

在幼儿们的回答中，我了解了他们对于线描的已有经验，于是，我用浅显的语言，第一次为幼儿们介绍了线描画的概念——线描画是一种用线条的变化来描述物体形体结构的绘画方式，它是一种古老的绘画方式，也是我国传统的绘画方式之一。然后，又和小朋友们一起熟悉了一些常见的线条及其特点，并且和幼儿一起画了一些常见的线条，丰富了幼儿的线描画经验。

（二）初次线描练习

在幼儿们有了线描的基本概念后，我们一起进行了初次的线描练习。这次，我们为幼儿提供了鞋子造型卡纸和圆形卡纸，让幼儿进行线条的练习。在练习中，大部分幼儿掌握了线描画的要点，能大胆利用不同的线条来进行创作，部分幼儿学会了通过变化线条来创作。但在练习中，也出现了新的问题：小朋友们使用的线条元素比较单一，不够丰富；同时，线条的布局也不够合理，有部分幼儿的线条只画在画面中间，边缘都是空白；还有的幼儿喜欢画五颜六色的线条，画面没有美感，显得杂乱无章。

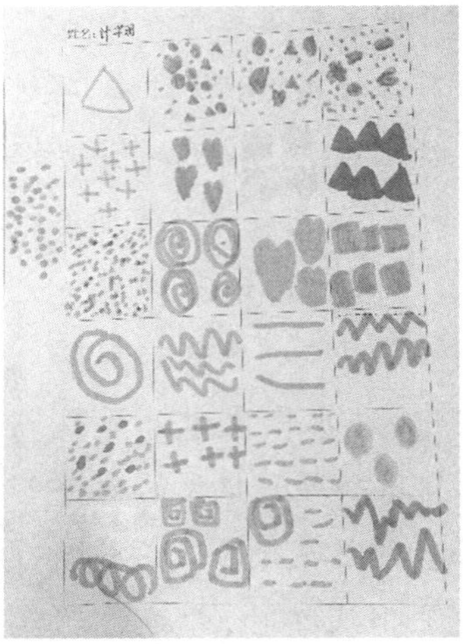

图4-16　点、线、面示意图

发现问题后，我们为幼儿提供了线描画的点、线、面的图示，利用碎片化时间，让幼儿观察不同的点和线，并注意区分线和面的不同，同时，为幼儿提供了练习格，让幼儿练习自己喜欢的点和线。在练习的过程中，我们观察幼儿的表现，进行有针对性的指导，并鼓励幼儿尽可能多地呈现不同的、特别的点线面，同时，还引导幼儿去学习同伴所画的不同的点线面类型，以丰富线描经验。

（三）用线描花装饰花瓶

在幼儿有了点线面的经验积累后，我们进行了进一步的尝试——用线描对花瓶进行装饰。在活动中，幼儿需要用不同的点线面来装饰花瓶，大部分幼儿在装饰时，能大胆运用自己已有的线描经验，而且能利用线来对画面进行合理布局，再加上不同的点来装饰，最终做出了很漂亮的线描作品。但活动也呈现出了一些问题：有的幼儿掌握了很多点线面画法，但不知怎么合理地布局在画面上，有的部分布局过满，显得画面拥挤，有的地方又有很多空白。

图4-17　线描花瓶

发现问题后，我们及时分享了不同幼儿的作品，让幼儿对好的作品进行学习，并对布局有基本的感知，同时，也分享了不是很完美的作品，让幼儿一起来寻找存在的问题，并提出解决办法。同时，我们还一起通过电子资源，学习了优秀的线描画的线条布局、点的合理运用。边学习，边一起在电脑上进行创作，让幼儿一起来出谋划策，切身体验线描画创作，知道布局的重要性。

（四）线描小鱼

有了前面经验的积累，我们开始了再一次的尝试——线描小鱼。这次，小朋友们的创作技能有了明显的提升，线条的运用丰富了，而且会合理应用线条来进行布局了，同时，还会运用线条和点、面的不同结合，呈现出更好的画面效果。在技能提升的基础上，创作时间也有了明显的缩短，这也说明幼儿们的线描画技能有了综合性的发展。

图4-18　线描小鱼

幼儿们总体的表现都很好，但也存在部分幼儿在创作中不够有耐心，或者比较随意的现象，例如：有的幼儿因为着急，把很多线条画在了一起，影响了画面效果。对于学习习惯方面的问题，我们在平时也会提供一些有针对性的锻炼活动。

（五）线描画活动的教育价值与意义

美国当代美术教育家维克·罗恩菲德指出："在艺术教育里，艺术只是达到目标的方法，而不是目标。艺术教育的目标是使人在创造的过程中变得更富创造力，而不管这种创造力将施于何处。假如孩子长大了，而由他的美感经验获得了较高的创造力，并将之应用于生活和职业，那么艺术教育的目标即已达成。"儿童绘画教学重要的不是说"应如何去画"，而是教会儿童怎样自己去画。因此，积极而有意义的线描画实践无疑会促进儿童心智的健康发展。

（案例作者：昆明市第三幼儿园　王晓蕾）

这个案例很好地呈现了中班儿童点、线、面感知经验和创作表达经验不断丰富的过程。案例缘起于儿童的绘画需要（装饰纸杯、纸盘），当儿童发现自己用点和线装饰的杯盘不好看后，教师由此引入了线描画的概念。之后的几次活动中，儿童又发现了新的问题,比如:花纹单一,不知道用什么;布局不合理,疏密无规律;等。在教师的支持下,他们慢慢解决了这些问题,也渐渐获得了用点、线进行装饰的直接经验。在活动过程中,教师以儿童为中心,由问题引发探索,体现了原有经验的不断递增和拓展,也呈现了儿童在使用点、线元素进行绘画创作时的能力发展过程。

二、色彩游戏活动的设计与组织

色彩是绘画作品中必不可少的组成部分,儿童从婴儿期开始就已经能够表现出对明亮、温暖系色彩的偏爱,到3—6岁时,他们在绘画时就会主动地选择自己喜爱的色彩进行搭配。所以,在幼儿园美术教育活动中,我们应专门为儿童提供探究色彩、运用色彩进行艺术创造的教育活动。

(一)活动的目标与设计原则

1.活动目标

设计色彩游戏活动的主要目的在于提升儿童对色彩的感知能力,以及运用色彩进行创造的艺术表现力。尽管以游戏的形式开展,在设计此类活动时,教师仍然需要考虑不同年龄段儿童的发展需求。

小班:初步感知三原色,以及三原色混色后的变化;
在绘画时,能够主动使用2种及以上的色彩进行创作;
能够说出自己喜欢的色彩,并在画面中使用;
喜欢欣赏和创作色彩丰富的绘画作品。

中班:知道不同色彩相混合后会产生新的色彩,了解三原色混色规律;
初步发现色彩深浅变化的美,并尝试在绘画中使用;
能够根据自己画面中的形象选择适宜的色彩进行填涂美化;
初步尝试将不同的颜色搭配起来,如用两种颜色装饰衣服;
喜欢探索色彩的变化规律,乐于从多种色彩中选出最适宜自己绘画的几种。

大班:知道混色规律,初步了解冷暖色、对比色;
发现色彩与情绪表达之间的关系,能够尝试用色彩表达情绪;
能够尝试调配自己喜欢的色彩;
初步尝试在画面中协调地使用多种不同色彩;
喜欢探索色彩搭配的规律,专注地寻找美的色彩搭配,并从中获得乐趣。

2. 设计原则

以游戏的形式来开展色彩探究与艺术创作活动，需要遵循以下原则：

（1）游戏性原则

尽管色彩的混合、搭配有一定的规律，但在实际组织活动时，我们仍然应该保证活动的游戏性，避免将色彩探究与艺术创作活动变成一项有着标准化流程的任务。在组织活动时，应创设不同的游戏情境，引发儿童的兴趣，使儿童主动参与。

（2）生成性原则

儿童感知与运用色彩的能力是不断发展的，因此，在组织色彩游戏活动时，应关注儿童在活动过程中的经验积累和增长，根据儿童的发展需要灵活调整活动目标和活动材料，避免完全用创作的结果来评价儿童。比如：在儿童尝试进行配色的过程中，随着加入的色彩越来越多，画面最终会形成近似于灰黑的、看上去脏脏的颜色。如果仅依据结果来进行评价，不考虑儿童在配色过程中的经验生成，那么，儿童获得的宝贵审美体验就会被忽略。

总体而言，在设计色彩游戏活动时，应做到以儿童的体验和创作为中心。

（二）活动的内容选择与组织过程

1. 活动的内容选择

一方面，教育者可以根据不同的颜料特性来分类选择色彩游戏活动内容，比如：依据水彩颜料透明的特点，组织探究色彩渐变的游戏；依据油画棒覆盖性和颗粒感强的特点，配合砂纸材料，组织探究色彩叠加的砂纸画创作等。另一方面，教育者可以根据色彩变化的规律，选择创造性的色彩游戏活动内容。以下介绍其中几种活动。

（1）色彩对比游戏：水油分离画

水油分离画是将油性蜡笔/油画棒与水彩颜料结合进行创作的一种绘画方式，即使用油性蜡笔/油画棒在画纸上画出特定的形象后，用含水量较高的水彩颜料进行涂抹，因为蜡笔/油画棒具有油性特点、不留水，所以，画出的形象会自然地浮现出来。

图4-19　水油分离画

画作中可以呈现油性蜡笔/油画棒的颜色与水彩颜色的对比。在组织游戏活动时，教师可以考虑提供白色的油性蜡笔/油画棒，以及白色的画纸，创设“画出小秘密”的游戏情境，让儿童相互合作，一人用白色蜡笔画出

“秘密”,另一人涂抹水彩颜色让“秘密”显出来。这样能够很好地激发儿童的兴趣,并且引导儿童直观地体验白色与其他各种色彩搭配后的效果,进而支持儿童产生运用这种方法进行创作的愿望。此外,教师还可以提供紫色油性蜡笔/油画棒+橙色水彩颜料等,支持儿童在创作中感受撞色的效果。

(2)色彩晕染游戏:酒精画

酒精画是用油性水彩笔(或色素)、酒精、水彩纸、喷瓶或滴管进行绘画的一种形式。酒精能够溶解水彩笔中的色素,让色彩向四面八方扩散开来,从而达到画面中的色彩晕染开来与其他色彩渗透融合的效果。教师可根据儿童的操作能力提供不同层次的材料,比如:用白色瓷砖替代水彩纸,让有能力的儿童在瓷砖上创作酒精画,呈现不一样的艺术效果。

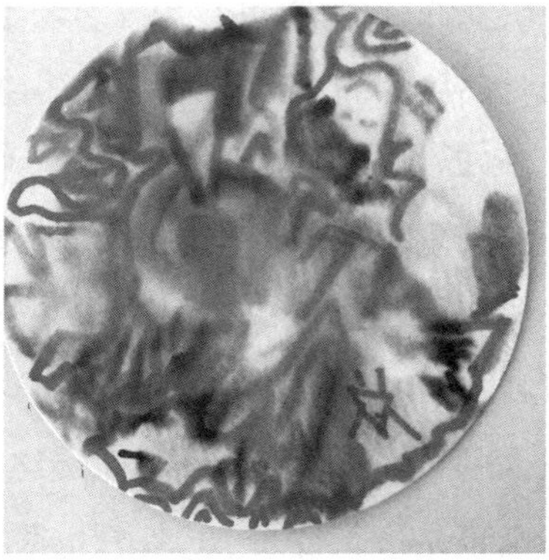

图4-20　酒精画,大班儿童作品

在组织色彩晕染游戏活动时,教师应将“支持儿童感知不同色彩混合、晕染后的效果”作为核心目标,为儿童提供的色彩数量应当适宜(小班少于中班、大班)。同时,还应重视培养儿童创造性地搭配色彩的能力,比如:支持儿童自由选色,自主创作纸面上的图案等。

(3)色彩搭配游戏:几何格子画

对于年龄较大的儿童,教师可以有意识地引导他们探索和创作能够体现色彩搭配特点和规律的绘画作品,这在任意主题、内容的绘画活动中都可以实现。此外,为了更直观、更有针对性地表现色彩搭配效果,我们还可以开展自由的抽象几何格子画创作活动。

图4-21　几何格子画,中班儿童作品

在活动中,教师为儿童提供轻型的KT板或300克及以上的厚水彩纸、绘画用纸胶带、颜料、画笔等材料。引导儿童用纸胶带把画纸分隔成不同几何形状的块面,之后,用颜色填充不同的块面,并可用点和线进行装饰。在填充色彩时,引导儿童尝试将自己认为完全不一样的颜色放在一起,将自己认为有点相似的颜色分隔开;或任由儿童自由发挥。完成后,将纸胶带撕开,留下空白的间隙即可。

组织这一色彩搭配游戏时,教师可以选择两种指导方式:一种是鼓励儿童自由发挥,选择自己认为好看的颜色进行填充;另一种是向儿童说明规则,相同和相似的颜色不能挨在一起，要分隔开等。儿童的表现和创作会因指导方式不同而产生差异，教师需根据活动目标进行取舍。

（4）色彩混合游戏

色彩混合游戏形式多样，其核心就是为儿童提供不同类型的颜料，引导儿童将颜料混合，观察色彩变化的过程。教师可以选择使用水彩颜料配合相应纸张，引导儿童观察水分含量高的色彩扩散和混合的过程；也可以选择使用水粉颜料和相应纸张，引导儿童用棉签或小画笔在纸张或调色盘上混合色彩，观察不加水的膏状颜料混合后的色彩变化等。

色彩混合游戏注重过程而非结果，适合小班或中班上学期开展。在活动过程中，教师可以简单地提供颜料和纸张，让儿童自由探索和操作；也可以设计游戏情境，引导儿童通过混色的方式，发现新色彩或创作新的作品（比如：用混色的方式染宣纸）等。

2.活动组织过程

（1）导入环节：在导入环节，教师应激发儿童对于色彩游戏的兴趣，比如：向儿童呈现已经画好的作品，引导儿童进行审美感知，并猜测绘画方式。

（2）创作环节：在这个部分，教师应为儿童提供充足的色彩游戏材料，包括事先准备好的颜料、绘画工具、纸张或其他载体等，向儿童出示材料并介绍使用方法。之后，由儿童按照自己在导入环节观察、感知的经验进行创作，教师进行观察、记录和支持。

（3）赏析环节：在这个环节，教师支持儿童以不同的方式呈现自己的作品、欣赏他人的作品，并进行赏析。

（4）延伸环节：最后，可以鼓励儿童把自己在色彩游戏中获得的经验运用到日常的绘画创作中，提升绘画效果。

（三）活动的评价

对色彩游戏活动进行评价时，不仅要关注教育的实际效果和儿童的作品，还要关注儿童在活动过程中的艺术表现。

1.评价教育活动

教师的教育活动应以支持儿童感知与表现色彩为重点，因此，评价教育效果时，应考虑：

在活动前是否准备好充足的材料，包括颜料、纸张、绘画工具、媒材等；

活动过程中是否为儿童提供直观的感知和体验的机会，并以此激发儿童的兴趣；

是否为儿童提供自由的创作空间、时间和机会；

教师在活动过程中是否认真倾听儿童的想法、欣赏儿童的创作；

是否为儿童提供互相赏析、评论、交谈的时间和机会；

活动延伸和拓展是否能有效巩固和深化儿童的经验。

2.评价儿童作品

在评价儿童作品时，应结合儿童的创作和探索过程来进行，考虑：

儿童是否获得充足的欣赏机会和审美经验；

儿童是否能够自由地取放和使用绘画材料；

儿童是否有机会观察、分析、推测某种画作的色彩搭配特点和创作手法，是否能够进行自由的尝试和探索；

儿童在创作的过程中是否产生新的色彩混合或搭配创意；

儿童的作品是否能够体现色彩之美。

（四）课程故事案例及教案分析

案例1

小班课程故事：趣玩色彩

在开展主题活动时，我们还进行了一次《牛奶动画》的科学小实验。在白色的牛奶中滴入一滴滴色素后并没有太多的惊喜。但是加入沾有洗洁精的棉签后，水的表面张力被破坏，被扰动的牛奶带动色素翻滚运动，产生了美丽的"牛奶动画"。这一神奇的现象吸引了孩子们的注意，他们热烈地讨论起了"牛奶动画"中色彩的变化。

东东：哇，白色的牛奶变成彩色的了。

师师：好像彩虹啊。

晨晨：里面有红色、黄色、绿色.....

琪琪：为什么会变出很多颜色呢？

小易：紫色的和葡萄的颜色是一样的呢。

浩浩：我们没有放绿色，怎么会有呢？

孩子们对牛奶动画中出现的不同颜色变化表现出极大的探究欲望。结合小班孩子的年龄特点，我们由此开展了一次关于色彩的奇妙之旅。

故事一：色彩在哪里？

问题：我们应该去哪里寻找色彩呢？

浩浩：公园里有很多彩色的花，可以去那里看看。

晨晨：幼儿园里有很多黄色的银杏叶，还有绿色的草地。

莹莹：我家楼下有粉红色的花。

小宇：我的玩具车是蓝色的……

孩子们的回答中出现了几个关键地点——公园、幼儿园、家。为了让孩子们充分感知色彩的无处不在，我们带着问题开展了寻找色彩的活动，同时也发动家长参与了我们的主题活动：利用周末带领孩子出门找一找、看一看生活中的色彩。孩子们通过仔细观察，发现花有不同的色彩，小动物身上也有很多色彩。

在幼儿园里寻找色彩时，有的孩子说："我们幼儿园的房子是黄色的""书包是蓝色的"。孩子们围着美工室的颜料说："色彩在颜料里，有红的、白的、绿的、蓝的……""色彩在画里"。

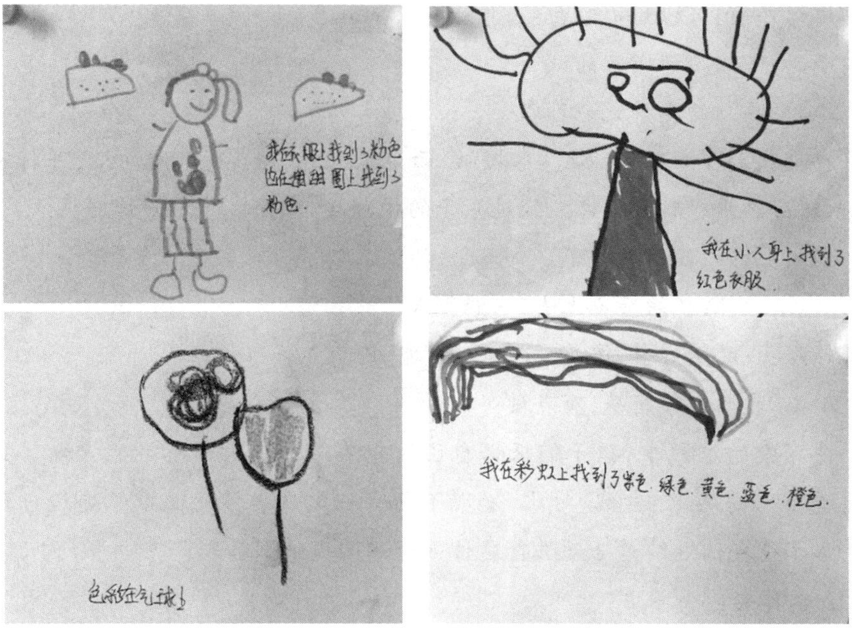

图4-22　色彩在哪里

《指南》指出，幼儿的学习方式是以直接经验为基础，在游戏和日常生活中进行的。孩子们通过观察、记录、分享等方式感知了色彩的存在。同时，在观察的过程中，除了体验色彩的美，教师还支持儿童尝试表达交流，进行信息的共享。

故事二：趣玩色彩

随着问题的延伸，孩子们的兴趣从寻找色彩迁移到了美工室那一瓶瓶的颜料上。颜料可以用来做什么呢？

可可：我们可以用颜料来画画。

小雨：我以前用手指蘸过颜料来点奶牛。

毛毛：可以用来染色。

从聊天的过程中我们可以看出孩子认为色彩与艺术创作是联系在一起的。但由于孩子缺乏玩色经验，在具体的创作上教师需要进行指导，提升其相关的经验。

（一）染一染

1.哪种纸适合用来染呢？

在谈话时，有孩子提到染。经过讨论后，我们决定从“染一染”来开展我们的玩色活动。用我们在玩颜料时发现的创造新色彩的方法来染纸，会有不一样的惊喜吗？那怎么染呢？有的孩子提出：“可以把颜料放在水里，然后把纸放进去。”那我们可以用什么纸呢？

洋洋：我们可以用那种白纸。

小雨：可以用擦嘴巴的纸。

小晴：画画的那种纸也可以……

我们找到了普通的白纸、水粉纸、面巾纸、卫生纸4种不同的纸，并将它们折叠，然后再用颜料水染色。经过孩子的操作后，我们有了不同的发现。

琪琪：老师，我的纸破了。

晨晨：老师，我的染不上去，它淌下来。

师师：我的染好啦，像花一样。

小娄：我的好难折叠，有点硬……

在探索的过程中，孩子们根据自己的想法选择纸来进行染色活动。孩子们通过自己的思考、尝试、对比，发现了具有一定吸水性的面巾纸更适合用来染色。于是我们继续对活动进行延伸——用面巾纸制作彩色小方巾。

2.制作彩色小方巾

用来染色的纸选定了，我们就开始制作彩色的小方巾。小朋友们首先将纸巾对折成三角形或者其他形状。接下来将折叠好的纸巾沾上不同颜色的颜料，等待颜色的扩散与相融。最后展开纸巾进行晾晒，美丽的小方巾就制作好啦。在制作的过程中，孩子们再次感受到了晕染带来的美。

3.混色出现了

小朋友们相互欣赏作品，这时有小朋友发现大家的彩色方巾上有不同的地方。

戴戴：老师，你看我的好像一个圆圆的冰激凌排着队。

君好：我的是一条一条的，像彩虹。

小毅：我的每个角都有颜色。

毛毛：老师你看，上面出现了不一样的颜色。

俊俊：这里的颜色与其他地方不同哦。

洋洋：我上次在点画时也发现啦。

教师的反思：在染的过程中，孩子们通过操作、观察后发现当两种或者两种以上的颜料混合后会出现新的颜色。孩子们的兴趣点由此转移到了颜色的混合上。颜色中有什么样的秘密呢？如何来创造新的色彩呢？我们将在游戏中提供更多的颜料和材料来进行探索。

（二）颜色变变变

于是一场关于颜色变变变的故事又开始了。为了让孩子们能够与颜料来一个亲密接触，我们为他们提供了一次性桌布、红黄蓝三原色等材料，开启了一场真正的玩色游戏。在透明的桌布上挤上不同颜色的颜料，让孩子们用手亲自感受一下颜料。

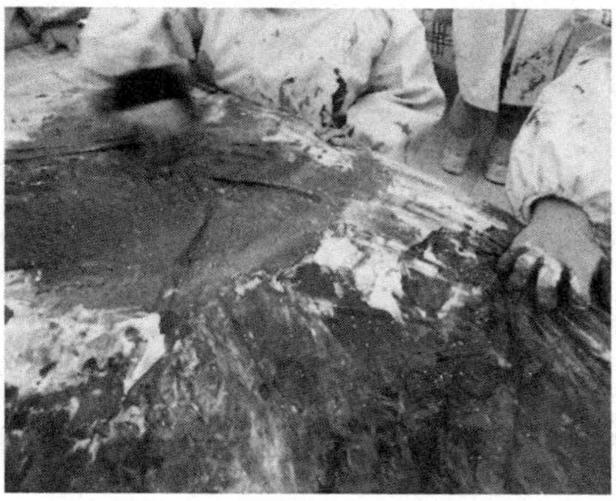

图4-23　混色游戏

晨晨：老师你看，我变出了绿色。

小雨：我的也出现一个新颜色啦。

西西：我把红色和黄色放在一起变出了橙色，像橘子。

朵朵：我的也是啊，还有好多颜色呢。

教师的思考：孩子们用摸一摸、看一看、玩一玩的方式认识了颜料，发现颜料可以用来染色，不同颜料混合在一起时会有新的变化。孩子们在自由探索中，获取了一些关于混色的经验，丰富了对色彩的认知。

（三）扎染来了

游戏到了尾声，孩子们依然意犹未尽。这时，一场意外发生了。西西的衣服上沾染了一些颜色，孩子们又开始了新一轮讨论。

小艺：西西的衣服上染了颜料，好像花哦。

晨晨：我们可以用来染衣服吗？

小雨：可以吧，我的衣服是红色的呢……

教师的思考：孩子们想到用颜料来染衣服，那么，我们可以学习大理白族的扎染。但是是否可行有待验证。对于扎染，孩子们知道多少呢？

晨晨:我想来染衣服。

小雨:可是用什么来染呢?

西西:老师,可以用什么染色呢?

最后,我们给他们提供了布手绢,孩子们将在染纸中学习到的经验迁移到了扎染手绢中。在老师的帮助下,成功地用色彩染出了属于自己的小手绢,孩子们高兴极了。后续又会发生什么呢?我们和色彩的故事还未完……

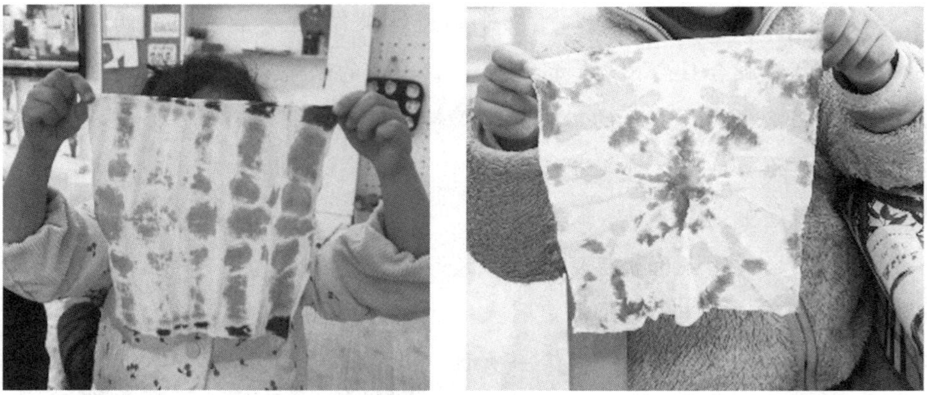

图4-24 扎染游戏

教师的思考:我们尊重、支持、接纳孩子的每一个想法,鼓励孩子们积极主动地参与活动,在不断实践中调动已有经验、拓宽思路。我们的玩色活动由浅入深,孩子们在不断的调整中获得了自己的经验。

(案例作者:昆明市第三幼儿园 吴艳玲)

小班儿童的思维具有直观性、形象性特点,在这个案例里,教师关注儿童对于色彩的经验,在活动之前通过寻找生活中的色彩调动儿童的参与兴趣。之后,提供了多种不同的方式,引导儿童探索色彩的种种特性。活动中,儿童能够发挥自己的主动性进行创作,发现了混色的现象,积累了相应的艺术表现经验。

案例2

中班美术活动:美丽的染纸画

一、活动目标

1. 了解染纸的由来和染纸过程。

2. 学会不同的折纸方法和染色方法。

3. 乐于参与活动,感受积极动手操作的乐趣。

二、活动准备

1.已染好的纸。

2.各色的颜料、托盘、棉棒、宣纸。

三、活动过程

（一）教师出示各种染纸作品

1.出示作品：今天老师带来了许多非常奇特的美术作品跟你们分享，我们一起来欣赏一下吧。

2.提问：小朋友，谁知道这些作品是怎样制作出来的？

3.导入活动内容：它们不是画出来的，而是染出来的。你们想不想也制作一张特别的纸巾呢？我们一起来制作吧。

（二）介绍材料和染纸的方法

1.介绍材料：小朋友看我手里拿的是什么？宣纸。染纸用的材料有宣纸和各种水粉颜料，选用宣纸是因为它吸水性特别强。盘子里是水粉颜料。还有棉棒，这些都是染纸需要的材料。

2.讲染纸方法：现在老师讲一下染纸的步骤。首先将宣纸折起来，折的方法有好多种，比如可将纸折成正方形、三角形等，这样可以染出各种不同的图案。今天主要学习对边折和对角折。折好后用棉棒蘸上水粉颜料，将颜料印到纸的一条边上，马上拿起，让颜料自然洇开。然后再染下一条边，每次选择1—2种颜色。染好后将纸轻轻地打开，晾干即可。

染角是指将纸的每个角都染上不同的颜色，染的步骤和染边的步骤一样。

第三种是边和角都染，你可以染两个角、一条边；也可以染一个角、两条边。

3.老师今天为小朋友们准备了许多的“小手绢”，请所有的小朋友都来尝试一下，看谁染的“手绢”最漂亮，小朋友们愿意吗？

（三）幼儿染纸，教师巡回指导

（四）小朋友们比一比看谁染的纸漂亮，染得好的小朋友谈一谈是怎么染的，用的什么方法

（五）随音乐收拾材料

（案例作者：西双版纳州勐腊县勐哈幼儿园 白巧玲）

案例呈现了中班染纸活动的基本设计。教师按照从感知到表现的思路设计教学环节，并且介绍了三种不同的染纸方法（染不同位置）。之后，在儿童的自由创作中，教师进行一对一的指导和支持。这是一个常见的色彩类创作活动，在这种教学活动中，

大部分儿童都能够完成有自己个人特点的作品。但在撰写活动方案时，教师还需要补充整个活动的设计意图，凸显儿童的中心地位；在活动中，还需要进一步关注儿童创作时的新发现，从问题出发，引导儿童探究和掌握艺术创作的方法，提升其艺术表现力。

三、创意拓印活动的设计与组织

（一）活动的目标与设计原则

1.活动目标

拓印画即用不同的物品蘸取颜料后在纸上印制出相应形状，构成画面的一种绘画方法。通常，拓印画包括拓和印两类，能够综合呈现图形轮廓、纹理和色彩，适合不同年龄段的儿童进行创作。组织拓印画创作活动的分年龄段目标如下所示：

小班：知道简单的拓印方法，会观察拓印的轮廓和纹理；
能够用物体的横截面进行简单拓印；
能够选择适宜的色彩进行拓印；
喜欢进行拓印创作。

中班：掌握拓印的方法，会用物体的不同截面进行拓印并观察纹理差异；
在拓印时能够适当控制蘸取颜料和拓印的力度，印出好看的图案；
能够在拓印时搭配色彩，创作色彩协调的画面；
乐于专注地参与拓印画创作活动，能够从活动中获得审美愉悦。

大班：熟悉拓印的不同方法，会组合使用不同的物体创作拓印画；
能够观察并发现物体拓印轮廓和纹理的不同，并规划画面布局；
能够用不同的力度创作色彩深浅不一的拓印画；
能够在生活中发现可用于拓印的新事物，进行创意拓印；
喜欢拓印活动，乐于将拓印与其他绘画表现活动结合起来进行创作。

2.设计原则

拓印画与绘画图形的轮廓、纹理、色彩相关，是一种综合的绘画创作手法，因此，在设计拓印画活动时，教师应注重以下原则：

（1）整合性原则

在设计活动时，应充分考虑选用的材料是否能够很好地呈现拓印的综合效果，比如：选用蔬菜的横截面作为拓印的主体材料时，需确保提供的颜料浓度较高，不会因为蔬菜本身的水分含量较高而影响整体的纹理和色彩效果。在组织活动时,也应注意引导儿童观察拓印创作的综合效果。

(2)创造性原则

可用于拓印的素材十分丰富,因此,在设计活动时,教师应充分发挥自身的创造性,为儿童准备各种可能的拓印材料。同时,在儿童有一定拓印经验的基础上,还可以通过与儿童一起讨论、一同选择的方式,开发可用于拓印的新材料,支持儿童发散性思维的发展。

(二)活动的内容选择与组织过程

拓印活动的操作方式较为单一,因此,我们主要通过变换拓印的对象、材料、颜料以及创意添画的方式来丰富活动内容。此外,拓印画还可以和线条画结合起来进行,在拓印后通过加工线条的方式,创作多元的作品。

1.拓画类活动

(1)蜡笔/油画棒拓画

蜡笔/油画棒拓画即将纸张蒙在有凹凸不平纹理的物体上,用蜡笔或油画棒以均匀的力度在纸张表面进行涂抹,让纸张表面留下物体纹理痕迹的创作方法。可用于进行儿童拓画创作的常见素材包括树叶/叶脉、树皮、花草等自然物品,也可以用干净的鞋底等其他有明显花纹的物品作为“拓本”。

在用蜡笔/油画棒进行拓画时,可能遇到的问题是儿童涂抹时用力不均导致事物的纹理不能很好地凸显出来,这也是拓画的重难点所在。对此,可通过挑选适宜的材料来解决,比如:挑选的纸张应柔韧,但不过厚;挑选的蜡笔/油画棒应容易上色、笔触较软。

组织此类教育活动时,教师应关注儿童运用材料的能力,包括他们的控笔能力、涂色能力、挑选及印制拓本的能力等。同时,还应通过游戏化的方式激发儿童的兴趣,引导儿童观察生活中事物的花纹、质地、线条等,在创作中同时发展审美感知能力。

(2)水拓画

水拓画是以水为媒介进行创作的拓画方式。在创作时,需选用平整的、有一定深度的托盘(或方形容器),在托盘中加入适量的水,滴入油墨颜料。由于水油不相融,所以,颜料会在水中慢慢扩散,形成流动的色彩线条和纹理。之后,用吸水性较好、薄且柔韧的纸张(如宣纸)轻轻覆盖在水面上,将水中的纹理印到纸上,就形成了水拓画作品。目前,市面上还有专用的水拓画材料包,利用专门的溶剂来创作水拓画,简单、方便。

水拓画创作，对儿童的精细动作要求较高，因此，适合大班开展。在组织教育活动时，教师应重点引导儿童观察水拓画的花纹，领略其流动和灵活之美。同时，应支持儿童专注地动手操作，引导儿童在往水中滴入颜料后认真观察色彩的流动变化，并自主选择恰当的时机覆盖纸张。在儿童需要帮助时，应给予支持，并鼓励小组合作完成创作。

2. 印画类活动

印画与拓画相反，是用物品本身蘸取颜料后在纸上引出痕迹进行创作的方法。

(1)蔬果印画

蔬果印画即使用蔬果废料(如：白菜帮子、茄子蒂、丝瓜梗等)蘸取颜料在纸张上印画的创作活动。常用的拓印颜料包括专门的儿童手指画颜料、水粉颜料等可以覆盖叠加，且易于清洗的颜料。可用于拓印的媒材包括图画纸、水粉纸、白色布料等。

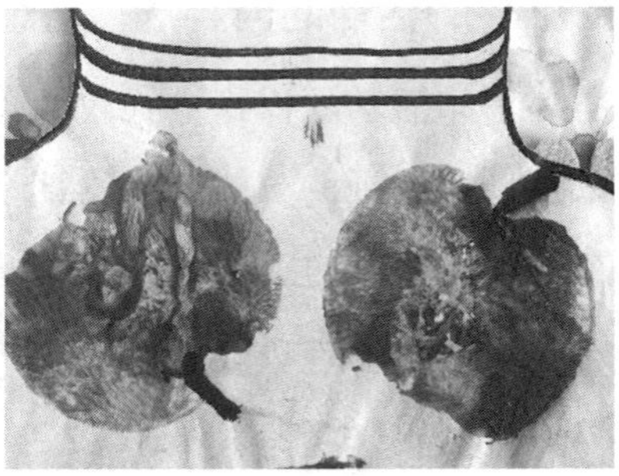

图4-25 苹果印画，小班儿童作品

组织这类活动时，教师应关注儿童使用蔬果的哪个位置进行拓印，支持儿童更换拓印的位置来发现有创意的新图案。同时，应引导儿童探索蘸取的颜料量不同，印出来的纹理会有什么差异，并支持儿童根据自己的创作意图进行拓印。

除了蔬果外，还有一些植物也可以用来进行印画。教师可以在户外活动时，引导儿童发现身边可用于印画的材料，带回班级进行尝试；也可以鼓励儿童进行小组合作，创作有主题内容的印画作品。

(2)棉花团印画

棉花团是另一种常用于印画的材料，由于它具有一定的吸水性，可以体现出颜料从湿到干的不同印画效果，因此，能很好地支持儿童发现拓印力度、次数与色彩痕迹之间的关系。用棉花团进行印画时，教师需要提供大小不一的棉花团、水粉颜料、调色盘、水、画纸，以及用于夹取棉花团进行拓印的木质晾衣夹等。

图4-26 棉花团印画，中班儿童作品

进行棉花团印画活动时，可能出现的问题是儿童蘸取的颜料过多，棉花团吸水量较大，导致在纸上印制出来的图案模糊不清。对此，教师可以采取两种方案来解决：对于年龄较小的儿童，教师可提前调配好颜料，控制水分，直接提供给儿童使用；对于年龄较大的儿童，教师可引导儿童观察水分含量过高的棉花团和水分含量较少的棉花团印画出来的图案之间的差异，并且支持儿童学习调配适宜的颜料，自己进行探索。

组织活动时，教师可以创设游戏情境或主题内容，引导儿童进行想象和创作，比如：用棉花团印画的方式画一棵春天的树；也可以由儿童先行印画，之后，再根据图案造型进行自由想象，将画面加工成一幅完整的作品。

(3)自制物品印画

在生活中，还有许多可以用于印画的物品，比如梳子、勺子、积木等等。此外，还可以对这些物品进行加工组合，自制印画素材。比如：在不同形状的积木上缠绕毛线，蘸取颜料后进行印画等。

自制印画物品时应注意选用轮廓清晰明确的物品，并且加入能够吸收一定颜料的材料(如：布料、棉花、棉线等)，通过组合不同物品，创造新的纹理后进行印画创作。

3.组织过程

选择好相应材料后，组织开展拓印画活动的流程如下：

导入环节：介绍材料以及拓印的基本方法；

基本部分：儿童自由操作，完成拓印画；

赏析环节：儿童展示和分享自己的作品，同伴之间相互赏析；

延伸环节：支持儿童寻找更多可用于拓印的素材。

(三)活动的评价

在创作拓印画时，儿童选择的材料、颜料以及拓印的力度等都会影响最终的效果，所以，在进行评价时，应避免设立标准或范画，而应以儿童的发展为中心。

1.评价教育活动

可以从以下几个方面评价教师组织的教育活动：

教师是否为儿童提供多种不同的拓印材料，包括常见的家用物品、蔬菜等等；

在活动过程中，教师是否关注儿童的操作，及时发现儿童在拓印时的力度问题或其他问题并进行反馈和支持；

教育活动中，儿童是否有充足的时间和材料来实践自己不同的创作想法；

活动结束时，儿童是否有机会与同伴、教师分享交流自己的作品，包括创作过程、作品中蕴含的故事等。

2.评价儿童作品

拓印画能够呈现线条、形状、色彩组合后的美术效果，因此，在评价儿童的作品时应考虑：

画面中，拓印的物品颜色是否有浓淡、深浅之分；

拓印的物品轮廓是否可见；

儿童是否在创作过程中创造性地拓印了物品的不同面；

儿童创作的拓印画是否色彩丰富、搭配和谐；

拓印画中能否体现儿童的想法和情感。

（四）案例分析

案例

大班美术教案：有趣的泡泡

一、设计意图

幼儿对涂涂画画十分感兴趣，但对他们而言，一些基本技能的训练往往太枯燥，如果一味地强求孩子学习“直线怎么画，圆圈怎么画”，孩子会逐渐对绘画活动失去兴趣，其绘画也会失去稚拙的情趣和独特的魅力。因此，针对大班幼儿逻辑思维开始发展的特点，我们挑选了他们熟悉的吹泡泡材料，结合色彩亮丽的水粉颜料开展活动，让幼儿在玩玩画画中体会作画的乐趣，学会运用水彩笔进行添画，感受创作泡泡画的乐趣。

二、活动目标

1.感受泡泡画的乐趣；

2.尝试在纸上吹泡泡，使泡泡在纸上留下圆圈式的痕迹；

3.能够使用水彩笔对泡泡进行装饰、添画。

三、活动准备

1.材料准备：白纸每人一份，调制好的“颜料洗洁精水”，透明塑料杯，吸管，毛巾，水彩笔。

2.经验准备：幼儿已经见过泡泡和玩过吹泡泡的游戏。

四、活动过程

（一）玩吹泡泡游戏，引发幼儿兴趣

1.吹泡泡，引起幼儿兴趣

老师：小朋友们早上好，今天老师带小朋友们玩一个游戏。你们看这是什么啊？泡泡去哪里了呢？那我们有什么办法可以把泡泡保留下来呢？老师想到了一种奇妙的办法可以把泡泡留下来。

2.教师讲解并演示泡泡画

老师：今天老师就教小朋友制作一幅漂亮的泡泡画。现在，你们能告诉我桌面上有什么材料吗？（白纸、塑料杯、吸管、各种颜色的泡泡水）

用吸管蘸着泡泡水，对着白纸轻轻地一吹，神奇的泡泡就出来了，你们看这样白纸上就有了泡泡的痕迹。

温馨提示：不能用吸管戳别人，泡泡水不能溅在别的小朋友身上哦！不能把泡泡吸入嘴中。现在开始做吧！

（二）运用材料制作泡泡画，感受泡泡在纸上呈现的美

1.制作泡泡画

现在请小朋友来吹泡泡作画。

2.欣赏泡泡画

老师：你们都在纸上吹出泡泡了吗？我刚刚看到小朋友在纸上吹出的泡泡都好漂亮呀！我们一起来欣赏一下吧！

（老师展示作品）

请你站起来告诉老师你用什么颜色吹的泡泡呀？你仔细地看一下，自己吹的泡泡像什么呀？小朋友们非常厉害，都能够把泡泡想象成……

（三）根据泡泡痕迹组合形状，构思图案

1.运用水彩笔进行添画

老师：你们想把泡泡变成什么？（互相讨论，说一说）

现在老师给你们水彩笔，请小朋友们把自己吹在纸上的泡泡变成一幅漂亮的画，好吗？请你们开动小脑筋，想一想你的泡泡怎么做会变得更漂亮？

2.作品欣赏

老师：小朋友都把自己的作品做得这么漂亮，我们一起来给自己鼓鼓掌吧！

你在你的泡泡上面添了什么呀？你画的是不是……呢？你是怎么让它变成……的呢？

你们看是不是都好漂亮：这个像天空，这位小朋友就把星星贴上去，非常有意思！好棒！这位小朋友添上了一些小鱼和海草，就像海底世界一样。

五、小结

在生活中我们只要细心地观察，就会发现很多东西都可以做成一幅幅有趣的画。你们还想不想发掘一下呢？我们现在就去别的地方再玩其他有趣的东西吧！

这是一个创意拓印画的教案，教师并不是用物品直接印制，而是用吹出的泡泡来进行印画：在泡泡液中混合颜料，对着纸面吹泡泡，当泡泡接触纸面破碎时，就印下了一个个圆形的印记。在此基础上，引导儿童进行创意添画，拓展创作。在设计意图部分，教师考虑到儿童的心理特点，采取游戏化的方式来引导儿童观察、使用不同的线条和形状。活动过程中，教师展示了用吹泡泡的方式画画的办法，儿童能够直观地感知过程，并进行探索。在实际操作中，儿童会发现让泡泡在接触纸面之前不破碎是比较困难的，因此，教师还可以根据儿童的问题，引导儿童关注泡泡液与颜料的配比，丰富儿童的创作经验。

学习研究

请阅读以下教案，结合本节所学的知识，对教案的目标及环节设计进行评析。

中班美术课《母鸡萝丝去散步》

一、设计意图

通过阅读绘本故事《母鸡萝丝去散步》，我发现幼儿们对母鸡萝丝和狐狸的形象，还有整个绘本故事的情景结构非常感兴趣。为进一步加强幼儿的图案装饰能力，我设计了这个美术活动。

二、活动目标

1. 感受线条带来的视觉美；
2. 探究绘本中装饰图案的排列规律；
3. 尝试运用点与线对场景进行装饰。

三、活动准备

1. 课件《母鸡萝丝去散步》；
2. 狐狸添图画、狐狸简笔画；
3. 课前欣赏绘本，对绘本进行一定的了解。

四、活动重难点

1. 活动重点：尝试运用点与线对场景进行装饰；
2. 活动难点：探究绘本中装饰图案的排列规律。

五、活动过程

（一）回忆绘本，讨论喜欢绘本的哪些地方

小朋友们都看了《母鸡萝丝去散步》的故事，故事很有趣，你们喜欢吗？喜欢哪些地方?

小结:这本书里的图片非常的漂亮,而且老师还在书里发现了一个关于图形和颜色的小秘密,现在我们一起来看看。

(二)寻找有规律排列的图案并创新装饰方法

1.这是一个小动物的图片截图,看看这是什么?它的上面有些什么?是怎么排列的?

小结:小朋友们真聪明,我们一起来看看狐狸身上的花纹:一排点,一排小短线,一排点,一排小短线,是很有规律的点与线的组合装饰法。那我们看看这里的三角形的点可以用别的图案替换吗?小短线呢,它是什么样的?能换成其他的图案吗?

还有小朋友观察到了狐狸的毛毛,这些毛毛让尾巴变得更漂亮了,小朋友们在装饰时可以把它添加上。

2.如果我还想继续装饰下去,应该怎么装饰?(出示没有装饰好的狐狸尾巴)老师这里的狐狸尾巴还没有装饰好,谁愿意来试试 看?(个别幼儿操作)

3.绘本中还有哪些地方也用了这种有规律的装饰法呢?请小朋友仔细观察图画。(幼儿回答)

小结:果树也用了这种有规律的装饰方法,一排树叶一排果子,一排树叶一排果子。当然,大家可以换其他的方法来装饰,但一定要有规律。

4.狐狸用了图案间隔装饰,那萝丝和狐狸一样吗?我们一起来看看。

小结:母鸡萝丝的尾巴也用了间隔装饰法,一块黄色一块橙色,一块黄色一块橙色。当然,我们也可以选用自己喜欢的颜色来装饰。

(三)幼儿用线条来装饰狐狸

1.教师将准备的狐狸简笔画分发给幼儿。

2.幼儿动手设计,教师巡回指导。

(四)欣赏作品

幼儿把自己的作品展示出来,交流自己的设计。

(五)活动延伸

回家和自己的爸爸妈妈一起了解狐狸的习性。

(教案作者:曲靖市沾益区第二幼儿园 付蓉艳)

第五节 手工制作活动

一、“纸”创作活动的设计与组织

在幼儿园的美术教育实践中，纸是常见的手工材料，我们通常开展的剪纸、撕纸拼贴等活动都是儿童喜欢的手工活动。同时，纸的质地和类型不同，充分挖掘纸资源来开展创意手工活动，也能够为儿童提供丰富的艺术创作经验，开发儿童的想象力。

（一）活动的目标与设计原则

1.活动目标

用纸来开展手工活动，一方面可以促进儿童精细动作以及手眼协调能力的发展，另一方面可以支持儿童更好地感受不同质地的纸张创作的手工作品之美。在设计活动目标时，可以分年龄段来考虑。

小班：感受不同类型纸张的质地，知道纸可以用来做手工；

能够用撕、扯、贴等方式加工纸材料；

乐于参加纸手工活动，喜欢按自己的想法来加工纸张。

中班：认识普通A4白纸、彩纸、卡纸、宣纸、水彩纸等常见纸张，了解纸张质地的差异；

能够初步运用折、剪、撕、贴等方式加工纸材料；

能够搭配不同颜色的纸张，形成美的作品；

喜欢参加纸手工活动，能按自己的想法大胆地将纸张组合在一起进行创作。

大班：熟悉常见纸张和一些特殊纸张（如：铜版纸、硫酸纸等），掌握纸张的质地特点及其适用的操作方法；

能够运用折、剪、卷、撕、贴等多种方式加工纸材料；

能够根据自己的创作意图，有目的地选用不同色彩、质地的纸张进行手工制作；

能够初步看懂纸艺制作的部分流程图，创作好看的作品；

喜欢参加纸手工活动，能创造性地运用纸张来表现事物。

2.设计原则

纸手工是需要动手操作的活动，所以，设计活动时，应考虑以下原则：

(1)丰富性原则

根据活动的具体目标，为儿童提供充足、丰富的材料，包括各种各样的纸张，胶水、剪刀，用于装饰的颜料、画笔等，确保每一名儿童都至少有一份材料可以操作。在一些探索性的纸手工活动中，为了支持儿童在第一次尝试之后再次操作，教师还需要为儿童提供第二份操作材料。只有在获得充足的材料的基础上，儿童才能够在操作中掌握创作的方法，并且发挥想象力，创造出富有童趣和美感的纸手工作品。

(2)实践性原则

纸手工创作需要动手操作，因此，在组织教育活动时，我们应重点关注儿童的实际操作情况。

(二)活动的内容选择与组织过程

1.活动内容选择

(1)剪纸

图4-27 剪纸窗花，大班儿童作品

剪纸即通过裁剪纸张来创作图案、画面的手工活动。我国的剪纸文化历史悠久，有丰富的素材可供幼儿园开展手工教育活动。常见的剪纸创作需要经过折、画、剪等步骤。其中，折即按照对称折剪、三角折剪、四角折剪、五角折剪或六角折剪法来折叠纸张。画即根据自己的设计，在折好的纸面上画出图样，需要保证图样具有一定的连续性，并且能够区分保留的部分和剪去的部分。剪即按照画好的图样剪纸，把不需要的部分剪去后，留下的就是剪纸作品本体。最后打开，即成完整作品。

在剪纸活动中，3—6岁儿童的精细动作可以得到锻炼，同时，儿童还能够从图样和剪纸成品中感知对称之美。但剪纸活动对儿童操作材料的能力和审美理解力要求较高，因此，适合在中班下学期、大班开展。

组织剪纸教育活动时，教师应根据儿童的前期经验和实际能力，适当地调整活动难度。比如：对于部分折纸有困难的儿童，教师可以直接提供折好的纸样，供其使用或参考。对于第一次尝试剪纸活动的儿童，教师应提供较大的、较薄的纸张，便于儿童剪裁。另外,在设计和绘画图样时,儿童需要理解图样连续的要求,并充分发挥想象力和创造力,因此,教师可以提供一些简单的图样供儿童参考,支持儿童在此基础上进行创造。

(2)折纸

折纸是通过折叠纸张来创造特定形象的手工活动。折纸通常有固定的步骤可供参考,按照步骤逐一折叠纸张的不同部位,就能够得到形象的作品。在折纸活动中,儿童的空间方位认知能力、具象思维能力、表征能力都能够得到发展。如:儿童需要清楚自己手中的纸张的基本方位,并且能够将此与教师手中纸张的方位或折纸书中的纸张方位联系起来进行思考,才能成功地折叠,创造出具体形象。当然,我们也可以为儿童提供完全自由的折纸、团纸活动,但仅适合在小班开展。

由于折纸的目标比较明确(折出特定形象),因此,在组织教育活动时,教师应采用"小步子接近"的教学方法,将折纸步骤进行拆解,引导儿童仔细观察并进行操作。必要时,教师可以折出每个步骤,单独做成可以翻动的图示板,支持儿童动手操作时观察,并进行模仿学习。

除了剪纸、折纸两种最基本的纸手工制作活动之外,我们还可以组织卷纸(通过卷曲纸张、纸条来创作)、撕纸拼贴等活动,使用的纸张为挺括、有一定厚度的A4纸或卡纸等,也可以使用宣纸、皱纹纸、纸藤等特殊纸张开展手工活动。

(3)纸浆画

纸浆画即使用卫生纸、草纸或报纸来制作绘画作品的手工活动。具体的操作方法为:将卫生纸/草纸/报纸撕碎后,按一定比例与白乳胶、水混合,制成干湿程度适宜的纸泥,用颜料给纸泥上色,形成彩色纸泥,再用彩色纸泥在画好的线稿上进行堆叠上色,制成具有一定厚度的美术作品。

图4-28　纸浆画

纸浆画需要花费一定时间来准备材料,但是,实际创作的方法并不复杂,适合在中班下学期和大班开展。在组织这类活动时,教师应事先准备好需要用到的材料,包括纸张或纸泥、颜料、小镊子(可用塑料的)、牙签等。在活动过程中,教师应关注儿童使用纸泥的方法、纸泥堆叠的位置及色彩的搭配。对于年龄较小、能力较弱的儿童,教师可准备好白色的纸泥,鼓励儿童从给纸泥上色开始进行手工制作；对于年龄较大、能力较强的儿童，教师可以提供材料，支持儿童从撕纸、制作纸泥开始，完整地进行创作。

2.活动组织过程

导入环节：在导入时，教师可以直接呈现与本次纸手工制作活动相关的纸艺作品，引导儿童进行欣赏，支持儿童获得审美体验的同时，激发儿童对制作工艺的兴趣。

基本部分：由于大部分纸手工制作都有一定的方法和步骤，因此，在基本环节，教师可以通过以下方式向儿童呈现相关的方法和步骤，并引导儿童进行制作。其一，在集体教学活动中，可以通过拆解制作步骤，逐一引导儿童尝试的方式来进行，也可以播放制作的特写视频，帮助儿童直观感知制作方法；其二，在区域游戏活动中，将手工制作的每个步骤单独做出来，制成立体的步骤图/板，放置在区域中，供儿童模仿。

分享环节：在儿童完成手工制作后，引导儿童与同伴进行分享和交流，赏析彼此的作品。同时，在适宜的情况下，可以鼓励儿童用制作成的纸艺手工作品玩假装游戏等（如：制作纸盒手偶）。

延伸环节：可以创设游戏情境，支持儿童再次进行创作，巩固纸艺手工制作的经验。

（三）活动的评价

在评价纸艺手工教育活动时，应该关注活动的过程，以及儿童在活动中的实际操作情况。

1.评价教育活动

评价教育活动时，应根据目标达成的情况，考虑：

教师是否提供了充足的活动材料和工具；

手工制作的步骤和方法是否清晰呈现；

儿童是否有机会观察、比较、探究手工制作的步骤和方法，是否有机会试错；

活动过程中，儿童是否有机会向同伴学习或与同伴进行分享和讨论；

活动是否激发了儿童动手制作的意愿。

2.评价儿童表现

活动过程中，儿童的专注程度如何；

儿童是否自由地操作手中材料，并尝试将其制作成某种纸艺作品；

儿童是否关注自己的制作步骤和方法；

儿童是否有机会与教师进行交流，是否经常向教师寻求支持；

儿童是否表达挫败感和“自己不会做”，是否无所事事地等待教师帮助；
活动结束时，儿童是否获得自己满意的作品。

（四）案例分析

案例1

中班美工活动：秋叶片片

一、设计意图

《3—6岁幼儿学习与发展指南》中指出：在艺术活动中应提供丰富的材料，让幼儿自主选择，能运用绘画、手工制作等方式表现自己观察到的或想象的事物。剪纸活动是幼儿美术活动的一部分，是以剪刀、纸为主要工具，通过多种方法锻炼幼儿手眼协调能力的美工活动。根据秋天树叶变黄、飘落的特点，以及刚升入中班的幼儿的一般发展情况，我们设计了剪纸活动——《秋叶片片》。活动中我创设了具体的游戏情景——帮小熊收集、裁剪落叶，引发幼儿剪纸的愿望；通过课件演示、教师示范引导幼儿积极参与剪纸活动；借助多维的预设环境支持幼儿的实践活动，使幼儿正确掌握剪刀的用法、积累剪纸经验、获得美的感受，体验剪纸创作的乐趣。

二、活动内容

剪纸——《秋叶片片》

三、活动目标

1.尝试折剪、沿线剪等剪纸方法，发展双手配合，灵活使用剪刀的能力。

2.体验剪纸活动带来的乐趣。

四、活动准备

课件、各种材料的纸若干、剪刀人手一把、创设“小熊的落叶花园”背景。

五、活动重难点

1.重点：掌握折剪、沿线剪等剪纸方法；

2.难点：能够自由创作表现，体验剪纸活动带来的乐趣。

六、活动过程

1.观看课件，引入主题

（1）以“秋天的树是什么样子？”引发幼儿讨论。

（2）播放课件，引出剪树叶的主题。

（3）以儿歌的形式，帮助幼儿巩固剪刀的用法。

2.尝试剪一剪

(1)部分幼儿尝试以自己的方法剪一剪。

(2)教师和幼儿观看课件,初步了解折剪的方法。幼儿跟随教师进行练习。

(3)教师演示多种剪法,幼儿在此基础上进行尝试和创新,剪出不同形状的树叶,帮小熊装扮落叶花园。

3.观看作品,进行小结

(1)教师带领幼儿集体欣赏并进行简单讲评。

(2)教师对每一个幼儿进行鼓励,带幼儿在“花园”中进行捡树叶游戏。

4.收拾整理,活动结束

(案例作者:云南省机关事务管理局大观幼儿园　陈蕾)

在这个案例中,教师设计了一次简单的剪纸活动。面对动手能力有所发展的中班幼儿,教师采用和幼儿一起观察、分析剪纸方法(折剪、沿线剪)的方式,呈现本次剪纸活动的关键,并提供丰富的材料,支持儿童进行自由的剪纸活动。活动设计较简单,但在活动过程中,每一名儿童都获得了必要的材料,并有充足的时间进行探索和尝试,能够产生个性化的作品。

在活动延伸部分,教师还可以更进一步,带儿童在自然环境中收集真实的树叶,并观察、感知真实树叶的形状特点、对称特点(轴对称)和边缘特点(光滑或锯齿状线条)。在此基础上,再次开展树叶剪纸活动。由此不断巩固儿童的折剪、沿线剪技能,并发展儿童剪出新形状树叶的能力。

案例2

大班撕纸添画活动:我是中国的孩子——彝族

一、设计意图

《幼儿园教育指导纲要》中指出,幼儿园教育者要适当地给幼儿介绍中华民族或者世界其他民族的文化,让幼儿感受到人类文化的多样性和差异性,形成理解、尊重、平等的态度。《我是中国的孩子》是一套民族特色鲜明的人文绘本。书中以儿童的视角述说了我国每一个民族的故事,适合用来开展民族教育教学活动。为了让幼儿体验丰富多彩的民俗活动,我选择依托绘本的故事情节开展美术教学活动。

二、活动目标

1. 感受绘本故事中浓浓的民族风情，提升民族团结意识。

2. 学会运用撕纸添画的方式表现人物的不同动态及火把节庆典的情形。

3. 体验创作的乐趣。

三、活动重难点

1. 重点：感受民族风情，提升民族团结意识。

2. 难点：学会运用撕纸添画的方式表现火把节庆典的情形。

四、活动准备

1. 经验准备：听过或读过《我是中国的孩子》绘本故事。

2. 物质准备：以PPT的形式截取的绘本中的部分故事内容，包括有关彝族服饰、人物及火把节的图片等；彩色纸张、油画棒、水彩笔、胶棒、白色A4卡纸若干。

五、活动过程

（一）导入环节

出示绘本画面，激发幼儿兴趣，鼓励幼儿交流讨论，增强对民族文化的认识。

（二）欣赏分析环节

1. 展示截取的有关彝族服饰、人物及火把节的图片，带领幼儿回忆绘本，引导幼儿感受民族风情。组织幼儿讨论绘本：故事里的彝族人是怎样过火把节的？在幼儿探讨过程中提出三个要素（人物、地点、颜色）并结合相关图片引导幼儿观察，指导他们将经验迁移到画面创作中。

2. 展示彝族服饰图片，提问幼儿，绘本中的人们穿什么衣服参加火把节？彝族的服饰是什么样的？引导幼儿观察彝族服饰和平时小朋友穿的衣服有哪些不同。启发幼儿说出衣领、衣襟、衣袖上都有不同的图案。通过观察、欣赏头帕，引导幼儿发现头帕上的图案的特征；观察彝族裙子，发现它的颜色搭配特点。

教师小结：彝族服饰主要由红、黄、黑三种颜色组成，并利用连续、旋转纹样进行装饰。

3. 借助绘本中的画面，引导幼儿了解节日中的人们是怎样去点火把的，以及火把是什么颜色和形状的。

4. 提出问题：庆典上人们的心情是怎样的？他们在干什么？有什么样的动作？你可以试着模仿一下吗？请幼儿将所观察到的人物动态用语言、肢体动作表现出来，为创作打下基础。通过三个要素提问，引导幼儿从人物、地点、颜色三个方面来构图。

(三)粘贴人物,添一添

1.鼓励幼儿自主思考创作步骤:撕好纸后接下来该做什么?该注意什么?

2.提出作画要求:

(1)选择彩色纸张进行撕贴,作为人物身体。

(2)用胶棒涂抹并快速粘贴。

(3)用水彩笔、油画棒添画人物的头部和动作并设计服饰的图案和颜色。

(4)用画笔勾画出火把的形状。

(四)创作环节

幼儿自主绘画,教师巡回指导。在幼儿的创作过程中教师有目的地进行相关的提示,如:添画人物的头部和肢体动作时注意要和身体连接起来,彝族人们的心情是怎样的?注意添画火把的位置。

(五)活动延伸

欣赏讲评,鼓励幼儿描述自己的作品。

(案例作者:西双版纳州勐腊县勐哈幼儿园 许星泽)

在这个案例中,教师根据绘本的内容,设计了一次撕纸拼贴和添画的综合活动。在活动中,教师首先花了较长的时间进行导入,引导儿童仔细地观察彝族火把节的场景、人们的服饰及其纹样等,并从中发现具有民族特色的艺术元素。在此基础上,再为儿童提供自由创作的时间和材料。儿童需要运用撕、贴、画等方式来进行创造,还需要根据自己对民族特点的理解选用适当的色彩和纹样,从而获得综合的艺术表现力的发展。

案例3

美工区纸艺活动1:可爱的小老鼠

【材料】

《老鼠嫁女》绘本。(本意是让孩子们欣赏剪纸艺术,但孩子们被封面上的老鼠吸引,于是尝试做老鼠)

【玩法与建议】

鼓励幼儿根据老鼠的特点运用折纸折出老鼠的形状;再用彩笔画出老鼠的眼睛、嘴巴。

鼓励幼儿运用各色花纹装饰小老鼠。将做好的小老鼠放在大主题墙上，感受创作的快乐。

美工区纸艺活动2:纸袋玩偶

【材料】

大小、造型不同的纸袋子，各色水粉颜料，发光糖纸，各种形状的卡纸，以及纽扣、毛线、皱纹纸、胶水、棉签等材料。

【玩法与建议】

观察纸袋的形状，引导幼儿根据纸袋形状运用各种形状的卡纸、发光糖纸等设计“纸袋玩偶的五官等。

引导幼儿运用纽扣、毛线、皱纹纸等进行装饰，注意眼睛的对称性，体验纸袋变成玩偶的乐趣。3.将幼儿做的创意纸袋娃娃进行展示，引导幼儿相互交流，大胆介绍自己的作品。

美工区纸艺活动3:五彩城堡

【材料】

大小不一的纸箱子、纸盒，报纸，各种颜色的广告纸，各种皱纹纸以及各色卡纸、胶水、剪刀、水粉、城堡图片等。

【玩法与建议】

结合城堡的图片，根据纸盒的大小组装、设计城堡，并在老师的帮助下为城堡剪出门窗。

引导幼儿选择各种纸装饰城堡，例如:将报纸卷成长卷装饰城堡的屋顶，将各色卡纸撕成各种形状装饰城堡的墙壁等。

鼓励幼儿用水粉涂色、添画的方式对城堡进行装饰。

这个案例介绍的是一位老师在大班组织的系列区域活动，活动结合正在开展的主题教育活动——“奇妙的纸世界”展开。在主题教育活动中，儿童有机会探索纸的各种特性，包括材质、纹理、功用等。基于此，教师将主题活动拓展到区域活动中，并在美工区投放了各种各样的纸，在观察儿童如何操作这些纸之后，结合儿童在主题活动中的兴趣(如:对绘本《老鼠嫁女》中老鼠形象的兴趣)，引导儿童进行了自由的创造。为进一步支持儿童积累与纸有关的创作经验，教师还可以在美工区继续增加纸张类型，并将各种运用纸张进行创作的方法呈现在区域内，支持儿童探索。

二、"泥"塑活动的设计与组织

在幼儿园教育情境下，泥塑是一种常见的手工创作活动，可使用的泥包括普通的黄泥土，专门的超轻黏土、石塑黏土、树脂黏土、软陶土等。在此以超轻黏土制作为例进行介绍，以下将称泥塑材料为"黏土"。泥塑属于综合的立体造型艺术，在黏土未干之前，儿童都可以进行修改、重塑，因此，适合在幼儿园开展。

（一）活动的目标与设计原则

1.活动目标

开展泥塑活动时，教师应重点关注儿童对泥塑造型的审美感知，以及其运用塑、粘等方式进行泥塑表现的过程。针对不同的年龄段，可考虑的活动目标如下。

小班：感知泥塑造型的特点和美感，知道用手捏的方式可改变黏土形状；
能够用捏、揉、按压、拉扯的动作改变黏土形状；
能够将不同的黏土粘合在一起，创造新的造型；
喜欢泥工制作，能从捏黏土的过程中获得快乐。

中班：了解泥塑的基本手法，知道彩色黏土混色的方法；
能够用捏、揉、按压、搓等较精细的动作加工黏土；
能够初步尝试分解组合不同形状的黏土，创造新造型；
能够运用混色的方式创造出自己需要的彩色黏土；
喜欢参加泥塑活动，乐于探索和尝试制作新的黏土造型。

大班：知道简单几何形状的塑形方法，了解黏土组合、混色的基本方法；
能够用更加精细的动作加工黏土，能够灵活运用黏土塑形工具；
能够有意识地分解物体的各个部分，用组合的方式创造新造型；
在制作过程中，能够有意识地搭配色彩，创作美的作品；
能够从黏土制作活动中获得快乐，喜欢欣赏美的泥塑作品。

2.设计原则

泥塑活动所用的材料易于塑形，且易于改造，因此，在设计活动时，应考虑以下原则：

（1）开放性原则

在组织活动时，应为儿童提供开放、自由的环境，鼓励儿童用不同的动作来操作黏土，观察黏土形状的变化。比如：用团的动作来加工黏土，观察在不同的力度下，黏土会变成正圆形还是椭圆形等。教师应以宽容的心态接受儿童创造的各种奇形怪状的作品，并从儿童的视角理解作品的特点和内涵。

(2)过程性原则

泥塑活动具有较强的过程性，在活动过程中，儿童可能会不断地揉捏黏土，使之不断改变造型，最终混成一团看不出形状的新黏土。面对这样的情况，教师仍然应该保持宽容的态度，关注儿童在活动过程中创造的造型以及造型的变化，同时引导儿童对比观察自己的作品与同伴的作品之间的差异，为儿童提供新的塑形方法和基本动作，支持儿童在下一次活动中巩固已有经验，习得新经验。

(二)活动的内容选择和组织过程

1.活动的内容选择

泥塑活动的内容相对简单和单一，通常就是引导儿童使用不同类型的黏土进行塑形，但根据泥塑的难度、主题，仍可以分类进行内容选择。

(1)基础形状塑形活动

基础形状塑形活动即引导幼儿通过揉、搓、按压等方式，将黏土塑成基本的立体几何形状(如：球体、饼状、方形、细长条等)的活动。这类活动是泥塑的基础，适合在小班和中班开展。然而，如果只是要求儿童反复练习塑基础形状，会显得单调乏味，因此，在幼儿园教育情境下，教师可以将此类活动与有趣的主题结合起来。比如：用大大小小的圆形塑一碗“汤圆”，用长长短短的细长条塑一碗“面条”等。

图4-29　黏土门环，中班儿童作品

在组织活动时，教师应清晰地呈现泥塑的手法，此外，还需引导儿童发现：手法不同、力度不同，黏土的形状也会有所差异。教师需关注儿童在活动中的情绪体验，避免用过于标准化的“样品”来要求儿童模仿，应鼓励儿童自由尝试，引导儿童从活动中获得成就感和满足感。

(2)再现日常事物的泥塑活动

再现日常事物的泥塑活动即用黏土制作日常事物的活动，比如用黏土做一个小小的雪人等。通常，儿童会自发地用黏土制作食物以及与之相关的器具，比如汤圆、面条、菜、苹果、碗、碟等，这些事物与他们的生活经验密切相关。此外，动物、植物、家庭中常见的物品都是儿童喜爱的泥塑对象。

组织这类活动时，教师应先引导儿童仔细观察日常事物的基本特点，包括事物的组成部分、色彩、造型等。在充分观察和感知的基础上，再引导儿童进行创造。此外，儿童还需感知立体事物的造型特点和构成方式，之后进行缩小、再现，教师应引导儿童从不同的方位进行观察，掌握造型特点。

(3)再现平面画作中形象的泥塑活动

再现平面画作中形象的泥塑活动即通过泥土塑造的方式，创造出立体的形象来表征平面画作中的事物。这类活动难度较高，适合大班下学期开展，并且，选择的平面形象应比较简单。进行创作时，儿童需要将平面的形象想象为三维立体的形象，并且拆解为不同的组成部分，之后进行拼接。这有利于儿童表征能力、想象力、分析和综合能力的发展。

为降低活动难度，增加儿童的兴趣，我们可以从半立体的塑形开始，先引导儿童尝试将平面的形象做成半立体的，比如用黏土在相框里贴出有一定厚度的画作等。之后，再鼓励儿童发挥想象力，用黏土捏出立体的几何形状，并拼接出相应的造型。

组织这类活动时，教师同样需要引导儿童仔细观察平面画作中的形象，并且为儿童提供大量的塑形活动经验，由此支持儿童的创造。

2.活动的组织过程

泥塑活动是需要儿童实际动手操作和创作的活动，因此，活动的重点仍然在于儿童的自由创作和表现。

导入环节：教师呈现以黏土制作的可爱形象，并为这一形象增设故事背景，引发儿童的参与兴趣。

基本部分：引导儿童观察要表现、再现的形象的基本组成部分、形状特点、颜色特点等，为儿童提供制作时可能会用到的方法，之后，提供充足的时间和空间，由儿童进行自由创作，教师在这个过程中进行一对一的支持和指导。

交流与赏析环节：鼓励儿童彼此分享和交流自己在制作过程中遇到的问题，展示自己的作品，互相欣赏作品，运用作品进行自由游戏。

延伸环节：鼓励儿童根据班级的主题教学活动、课程故事创作黏土形象，并将其放置到故事场景中，或设置专门的陈列台进行展示。

(三)活动的评价

在评价泥塑活动的开展情况时，应关注教育活动过程，以及儿童经验发展两个方面的要素。

1.评价教育活动

泥塑教育活动评价与学前儿童艺术教育活动的评价重点基本一致，应考虑：

教育活动中，儿童是否有机会感知泥塑艺术之美；

教师是否提供了充足的活动材料和素材；

通过活动，儿童是否掌握了基本的泥塑方法；

教师是否为儿童提供了自由的空间和时间来探索黏土的不同形状；

是否设置了陈列和展示儿童作品的区域；

教师是否经常与儿童互动，通过建议、暗示、提供资源等方式支持儿童创作，而非替代儿童制作。

2.评价儿童作品

由于部分泥塑对象为日常生活中的事物，所以，在评价儿童作品时，人们很容易错误地用“像不像”作为评价的标准。这在幼儿园教育活动中应竭力避免。相反，评价儿童作品时应考虑：

作品是否真实地呈现了儿童的经验（需倾听儿童讲述）；

作品是否带有个人特点，是否体现出原创性和新颖性；

儿童创作时是否主动运用了某种泥塑方法，或主动运用了工具；

作品的比例、造型、配色等是否符合美的规律；

最终的成品是否能够支持儿童的游戏，或支持儿童进一步的探索。

（四）案例分析

案例

大班泥塑活动：创意汽车

一、设计意图

大班幼儿经过小班和中班的学习与体验，已经积累了一些生活经验；手部动作灵活，能够手眼协调完成一些手工作品；观察能力有了一定提升，在形象思维发展的同时有了初步的判断力与理解力；想象力丰富，有一定的创造能力，能够进行基本物体的制作与创造。

汽车是常见的交通工具，与幼儿的日常生活关系密切，而且汽车有不同的种类、多种多样的外形以及丰富的色彩，这些都足以引发幼儿的好奇心。因此，在本次泥塑活动中，在对普通轿车的外形和功能已经了解的基础上，我提供关于汽车的泥塑的简单分步骤图示，引导幼儿通过观察、讨论与分享，总结出汽车车身的制作方法，再引导幼儿学会边看图示边创作。通过引导幼儿观察和欣赏创意汽车的成品图片，从造型、色彩搭配、汽车基本部件制作、创意部件制作等方面丰富幼儿装饰汽车的经验；强调叠加等技法，为幼儿创作做好充分的准备。

二、活动目标

1. 在观察与学习“步骤图”的基础上，用叠加的方法完成创意汽车的基本外形制作。

2. 通过大胆想象，积极创作，对创意汽车进行个性化加工与装饰。

三、活动准备

1. 经验准备：活动之前已经对汽车的外形与功能有所认识与了解。

2. 物质准备：PPT、泥工汽车图片、操作图纸、彩泥、泥工刀、泥工板。

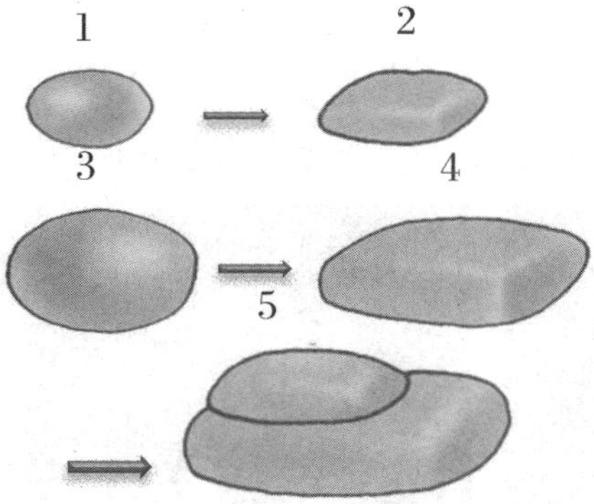

图4-30 创意汽车步骤图（泥工）

四、活动步骤

（一）活动过程

主题导入，展示汽车图纸。

1. 师幼共同观察图纸，讨论车身的制作步骤。

提问：(1)车身由几个步骤做成？

(2)每一步都是怎么做的？

(3)车身上下部分叠加的两块一样大吗？

2. 教师小结：车身由5个步骤做成。第一步，把泥团圆后前后轻搓；第二步，轻轻压扁放好；第三步，再取一块更大的泥，团圆后前后轻搓；第四步，轻轻压扁放好；第五步，把上下两层叠加粘合。

（二）幼儿根据图纸制作车身的基本部分，教师巡回指导

（三）欣赏创意汽车作品图片，教师与幼儿讨论、总结装饰的技法

1.幼儿欣赏创意汽车作品图片。

2.引导幼儿讨论汽车装饰的技法：

（1）1号车的车身上增加了哪些部件？

（2）2号车的车窗有什么不同？车头像什么？

（3）图片中的车有什么特别的部件？想一想它们会有什么功能？

3.教师小结：这些创意汽车上增加了车轮、车窗、车灯等基本部件，还增加了翅膀、天线、吸排气管道等创意部件。

（四）请小朋友和旁边的同伴讨论一下自己设计制作的是一辆什么造型和功能的车

（五）幼儿创作、装饰，教师巡回指导

（六）展示幼儿作品，分享交流

1.请小朋友介绍一下自己的创意汽车是怎么制作出来的，有什么特别的功能。

2.教师从造型、色彩搭配、创意等方面给予点评。

图4-31　黏土小汽车，大班儿童作品

三、综合材料创作活动的设计与组织

（一）活动的目标与设计原则

1.活动目标

综合材料创作活动即运用多种不同的材料进行手工创作的活动，常用的材料包括各种不同的纸、黏土、绳、绒球等，以及花草竹木等自然中的材料。这类活动开展起来有一定的难度，设计时需要明确目标。

小班：知道可以用不同的材料来组合创作手工作品；

能够初步尝试将不同材质的物品用胶粘的方式组合在一起；

喜欢摆弄、探索不同的手工材料。

中班：了解将不同材料组合在一起进行手工制作的简单方法；

能够按照自己的意愿选用不同的材料进行创作；

乐于尝试使用不同材料进行综合创作，喜欢创意制作。

大班：掌握综合多种材料进行手工制作的基本方法，包括剪、贴、卷、折等；

能有创意地综合运用不同材料进行手工制作；

能够根据自己的意愿，主动寻找、收集、拼装不同材料；

喜欢创造性地整合不同的材料，创作有个性特点的手工作品。

2. 设计原则

在设计综合材料手工制作活动时，最重要的原则就是创造性原则。具体而言，在准备活动材料时，教师需要充分发挥自己的创造性，寻找常规材料和突破常规的材料，为儿童可能的创意提供支持；在活动过程中，教师需避免用单一的创意和范例来限制儿童的想象，同时，还应通过有效的师幼互动，为儿童的创造提供安全的心理氛围。这样，才能支持儿童基于现有材料进行发散性的想象，从而根据想象，创造性地将材料联系在一起，形成新颖的手工作品。

（二）活动的内容选择与组织过程

1. 内容选择

综合材料手工活动的内容丰富多样，这也导致我们在选择时会遇到困难。以下提供可参考的思路。

（1）运用综合材料完成绘画/手工活动

用综合材料进行美术创作，相当于用一些非常规的、有创意的材料来代替画纸、颜料、画笔进行平面或立体的创作。比如：用不同颜色、大小的豆子来拼贴一幅画，就相当于把豆子本身当作颜料、线条，用材料自己的特点来替代原本的点、线、面进行创作。所以，用综合材料进行创作时，我们仍然需要遵循绘画、手工的基本思路。

在幼儿园教育情境中，常见的综合材料手工制作内容包括：

各类立体拼贴画，比如：豆类、坚果壳、铅笔屑、贝壳、碎蛋壳等拼贴画；

自然材料绘画/手工，比如：树叶画、干花装饰、沙画等；

立体材料的综合制作，比如：将大小不同的纸盒子组装在一起，用颜料涂色，用布料、棉绳等材料进行装饰；

可用于环创或区域游戏的综合材料手工制作，比如：可以在环创中呈现出来的吊饰、小屏风等；可以穿在小朋友身上的“塑料衣服”“纸衣服”等；可以用在洋娃娃家的各种小物件等。

除此之外,我们还可以结合主题教育活动,发掘更多的综合材料手工制作资源。比如:在一次关于“种子”主题的教育活动中,小朋友从家里带来了各种各样的种子(颗粒),一位小朋友却带来了完整的玉米棒子,外面还覆盖着苞叶。于是,老师除了引导小朋友们感知和探究不同颜色的成熟种子之外,还增加了用玉米苞叶做立体花来装饰教室的活动。小朋友们的积极性很高,也掌握了立体花的制作方法。

(2)旧物改造类

在幼儿园教育情境下,综合材料还被用在旧物改造类的创作活动中。比如:运用废旧的纸盒子制作动物手偶、小汽车、坦克等;将废旧的纸杯子组装在一起,制作小房子、城堡等;用废旧的衣服、布料制作表演的道具等;用损坏的废旧玩具制作假装游戏的道具和场景等。

组织开展这类活动时,教师应充分发挥自己的创造力,根据具体的需求(比如:环境创设的需求)选择适宜的材料进行组合创作。同时,应鼓励儿童和家长发掘类似的教育资源,通过家校合作的方式开展旧物改造活动。活动过程中,应重点关注儿童的各种创意,支持儿童进行发散性思考;同时,应注意充分发挥综合材料的作用,尽量确保旧物改造后可以发挥新的功能和价值。

2.组织过程

由于综合材料手工制作活动的自由度较高,可创作的内容很多,方法灵活多样,因此,在组织活动时,我们很难要求儿童统一完成。这类活动更适合以小组教学活动或区域游戏活动的形式开展。这类活动没有完全固定的、标准的流程,可以考虑从以下几个方面入手。

(1)从问题情境和实际需要入手

教师可向儿童呈现需要使用综合材料制作手工作品的情境,比如装饰教室等。支持儿童由问题出发,发散性地联想可用的材料和创作的方法。在充分讨论之后,征集儿童的想法,引导儿童建立共同兴趣小组,以小组的形式按创意进行综合材料手工制作。

(2)从综合材料本身入手

教师可向儿童呈现某种或几种新出现的综合材料(比如:开心果的果壳),组织谈话活动,引导儿童进行充分的讨论,发现使用新的材料进行手工创作的创意,并以小组合作的形式开展活动。

(3)从儿童的游戏需要入手

在观察儿童自由游戏、与儿童谈论游戏的基础上,教师记录并总结本班儿童近期的游戏需求,探究儿童的需求与现实材料间的匹配关系;之后,引导儿童讨论继续拓展游戏或把游戏变得更好玩所需要的材料,向儿童呈现可用的各类材料,鼓励儿童进行发散性思考,生成使用不同材料来游戏的新想法;再以小组合作的形式进行材料加工、手工制作。

(4)从儿童的审美需要入手

以审美欣赏活动导入,向儿童呈现精心挑选的综合材料手工制作艺术品,引导儿童全方位地感知,支持儿童获得审美体验;在此基础上,提供相应的综合材料,鼓励儿童用相似的方法(或用新的方法)进行创作。

综合材料手工制作活动具有较强的生成性,开展这类活动的目的不是教会儿童某种具体方法,而是在生活、游戏、学习的情境下,结合问题和实际需要进行综合材料手工制作,最终解决问题。同时,综合材料手工制作活动也具有很强的创造性,教师应为儿童提供充足的经验,在此基础上,再引导儿童进行创作。

(三)活动的评价

根据综合材料手工制作活动的特点,我们在评价此类教育活动时,应采用过程性评价和多元主体评价(鼓励儿童参与评价)的方式。

1.评价教育活动

面对生成性较强的综合材料手工制作活动,评价时应考虑:

活动前的材料准备和经验准备是否充分;

活动是否基于特定的问题或现实需求而开展;

教师是否充分地观察儿童的表现,倾听儿童的想法,尊重儿童的创意;

活动过程中,儿童是否有机会自由讨论,产生新的创意;

教师是否为儿童提供材料、方法等方面的支持。

2.评价儿童的表现及作品

综合材料手工制作活动可由个体或小组来完成,因此,评价儿童的表现及作品时,应考虑:

儿童是否掌握不同材料的基本特性;

儿童是否能够基于问题或现实需要,使用综合材料进行创作;

儿童是否能够与他人合作,用新的方法加工材料;

在制作过程中,儿童是否能够主动地向教师寻求支持和帮助;

儿童的创意是否能够体现在最终的作品上;

儿童的作品是否能够体现审美性、创造性。

(四)课程故事案例分析

案例1

大班游戏案例:阳阳的婚礼

一、游戏缘起

情景一:

今天一上幼儿园,阳阳就高兴地跑过来告诉我:"老师,我昨天去当小花童了,我姨妈结婚,她穿着美美的婚纱,画了妆,可漂亮了。"

情景二:

户外活动中,阳阳拉着辰辰说:"我们来玩结婚的游戏,可以吗?"

辰辰:"可以,那怎样结婚呢?"

阳阳:"你当新郎,我当新娘,你拉着我的手走,我们一起喝交杯酒、交换戒指。"

辰辰:"可新娘要穿婚纱,你没有婚纱就不是新娘。"

阳阳想了想,失落地走开了。她走到我面前,说:"老师,你有婚纱吗?"

我:"有的。"

阳阳:"你可以把你的婚纱借我穿吗? 不然辰辰就不跟我结婚了。"

我:"可我的婚纱太大了,怎么办?"

阳阳想了想,说:"我可以自己做一条婚纱。"说完,她开心地跑了。

二、设计婚纱

回到教室,阳阳拿出笔和纸开始设计婚纱:蓬蓬的裙摆、飘逸的头纱,婚纱上点缀着蝴蝶结和小花。

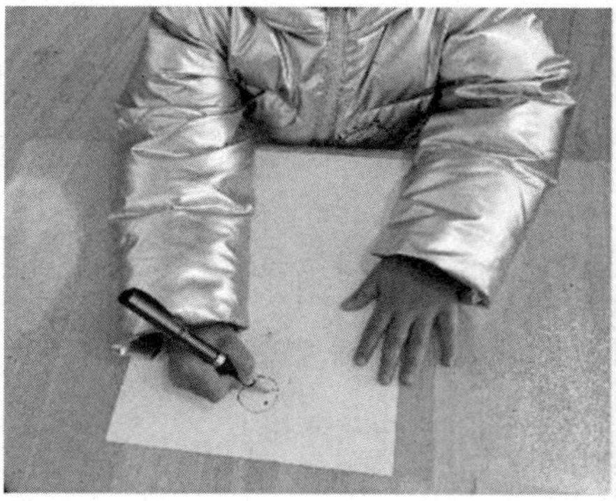

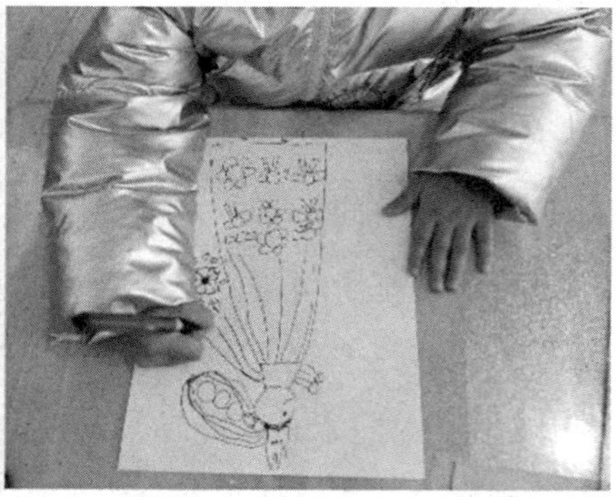

图4-32 阳阳设计婚纱

三、制作婚纱

(一)第一次制作婚纱

婚纱设计好以后,怎样制作婚纱,用什么材料制作婚纱又成为阳阳面临的难题。她在教室里没有找到合适的材料,又来到美工教室,寻找到一张最大的纸(卡纸)、一把剪刀、一支笔和一支双面胶。

图4-33 用卡纸制作婚纱

她先在纸上画了一条长长的大大的婚纱,然后沿着轮廓将婚纱剪下来。她想将剪好的婚纱穿在身上,可平面的婚纱根本穿不上身。阳阳难过地走过来,说:"我的婚纱穿不上身,而且又短又小,怎么办?"

我安慰她说:"没关系,我们再重新做一件,好吗?那你的婚纱为什么穿不上身呢?"

阳阳:"我的婚纱就是一张纸,不像衣服,要有个洞洞才可以穿在身上。"

图4-34 试穿卡纸婚纱

我:"是的,你的婚纱是平面的,所以穿不上。而且,婚纱的尺寸也不合适。在制作婚纱前要先测量。"

听了我的话,阳阳恍然大悟:"老师,我明白了,但是要怎样测量呢?"

教师的反思:

当孩子在游戏中出现问题、测量经验不足时,作为教师的我应当如何支持幼儿持续游戏呢?在此,我也有了困惑,我是应当直接告诉孩子测量的方法,与孩子一同完成测量,还是应当放手让孩子继续尝试、探索?在孩子的持续探索中我应当做什么,又可以做什么呢?

针对困惑,我与班上的C老师、B老师开展了小组教研。

B老师:"我认为应当直接告诉孩子测量的方法,因为测量这一知识点对于孩子的现有认知水平来说是较难的。"

C老师:"我认为如果直接把测量方法教给孩子,游戏就变成了教师主导的游戏,看不到幼儿的'真游戏'。"

我:"那如何推进幼儿的真游戏、持续性游戏呢?"

B老师:“可以直接把游戏材料投放给孩子,让孩子不断地尝试,在试错中自己摸索测量的方法,直到成功做成一件婚纱。”

我:“除了提供材料,我们什么也不做吗?”

B老师:“我们还要观察孩子游戏的情况。”

C老师:“是的,我认为可以让孩子先尝试测量,在游戏实在无法持续的情况下,我们再组织全班小朋友进行讨论,帮助阳阳解决问题。”

(二)第二次制作婚纱

在我的鼓励下,阳阳开始自主测量婚纱。她捏着卡纸的两端,身体站在卡纸的正中间,再将卡纸裹在自己身上,又将卡纸放在地上,拿起剪刀开始剪:“有多高呢? 我忘记了。老师,应该这么宽、这么高,对吗?”

阳阳按照大概的尺寸进行裁剪,可制作出的婚纱还是又窄又短。她拿着“婚纱”走到我面前,伤心地说:“老师,我真的不会,我不想再做婚纱了。”

我将阳阳的游戏过程用图片和视频的方式记录下来,并让阳阳将自己遇到的困难告诉全班的小朋友,随后我组织了一次有关“婚纱测量”的谈话活动。

辰辰:“可以用尺子先测量阳阳的身高、体宽,再将测量结果画在纸上。”

小路:“尺子测量太麻烦了,再说了,尺子上的数字我们也不认识。”

小李:“我认为视频中阳阳的办法还是很好的,她将纸直接裹到身上测量。”

阳阳:“但是我用这种方法测量后,制作的婚纱还是不合适。”

小李:“那是因为你测量后没有做记号,画得太短,剪得太窄太短。”

阳阳:“可我一个人做不了记号,我的手要拿纸,没办法做记号。”

田田:“你可以请别人帮忙呀,下次我帮你做记号。”

辰辰:“我觉得应从纸的一端开始测量,不应该从纸的中间测量,我妈妈做旗袍的时候,裁缝阿姨都是一端对齐后开始测量的。”

讨论结束后,阳阳重新制作婚纱。

(三)第三次制作婚纱

这一次,她请了好朋友田田来帮忙。

阳阳:“田田,我把卡纸裹在身上,你在我测量的地方用笔画一条线,好吗?”

说完,阳阳将卡纸裹在身上,测量了从胳肢窝到肚子的长度和胸围,并做了记号。她们按照测量的尺寸进行裁剪、粘贴,制作了婚纱的上半部分,也按照同样的测量方法,测量了婚纱的裙摆并进行粘贴。婚纱终于做好了,阳阳穿上婚纱走到其他小朋友们面前,小朋友们都十分好奇,开始东摸摸西瞧瞧。

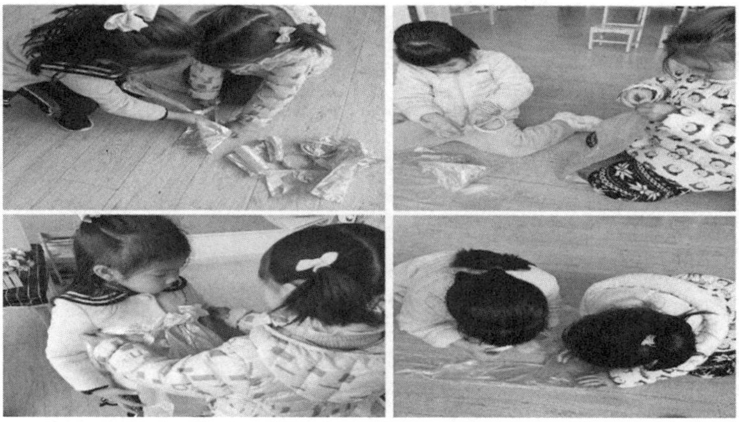

图4-35　试穿卡纸婚纱

小晨说："我觉得你的婚纱太硬了，摸着不舒服。"

田田说："我觉得你的婚纱还不够漂亮，我见过的婚纱就像公主裙一样，仙气飘飘的。"

这时，言言大声叫起来："阳阳，你的婚纱被谁撕坏了！"

阳阳大哭起来。

大家都开始安慰阳阳，给阳阳出主意。

小晨："我觉得用卡纸做的婚纱太硬了，不能飘起来，可以换一种纸制作。皱纹纸就很柔软，可以飘起来。"

言言："皱纹纸虽然柔软，但它太薄了，非常容易撕坏，我觉得不行。"

田田："要不用塑料袋，我见过大班的姐姐用塑料袋做衣服，特别漂亮，又不容易撕坏。"

（四）第四次制作婚纱

通过讨论，大家一致决定用塑料袋制作婚纱。

"那哪里有那么多塑料袋呢？"阳阳问。

第二天，我带来了很多塑料袋，孩子们非常高兴。她们开始讨论怎样用塑料袋设计制作婚纱。

阳阳："我们可以将塑料袋剪开，再一块一块地拼贴起来。"

言言："我见过大班的姐姐穿的裙子是将塑料袋一条一条系在绳子上，非常漂亮。"

田田："你们两个的想法都很好，要不婚纱的上半部分用打结的方法做，裙摆用塑料袋拼贴的方法来做，可以吗？"

阳阳说："我觉得可以，那我和田田来制作婚纱的上半部分，言言和澍晨制作婚纱的裙摆。"

四个小朋友开始分工合作制作婚纱，田田用粉色的塑料袋，阳阳用黄色的塑料袋有规律地打结，她们一边打结一边将做的婚纱放在阳阳身上测量。言言和澍晨则将粉色塑料袋依次粘贴在“黄色的腰带”上。经过大家的努力，阳阳的婚纱终于做好了。阳阳走到辰辰面前，说：“我的婚纱做好了，我们可以结婚了。”

…………

教师的反思：

1. 游戏中，教师要认真观察幼儿游戏，捕捉幼儿的游戏兴趣与游戏需求。

当发现孩子对制作婚纱感兴趣时，教师应当提供游戏的时间和空间，支持幼儿的持续游戏；当发现游戏材料不足时，教师要及时提供游戏材料；当发现幼儿在游戏中遇到困难、无法解决时，教师应当进行引导或组织集体讨论。在游戏中，教师也要充分尊重幼儿的主体地位，让他们自由选择游戏内容、游戏材料和游戏伙伴。

2. 多次尝试，感知材料的特性。

游戏中，幼儿通过直观体验，发现卡纸制作的婚纱太硬，讨论并探索更换其他材料制作婚纱。

3. 幼儿在游戏中不断发现问题、解决问题，利于养成良好的学习品质。

游戏中，幼儿专注于制作婚纱。从平面婚纱到“立体婚纱”，从又窄又小的婚纱到合身的婚纱，从卡纸做的硬婚纱到塑料袋子做的软婚纱，幼儿不断地尝试、调整、再尝试……体现出明显的目的性、计划性和持续性。在解决问题的过程中，幼儿积极主动、认真专注、不怕困难，敢于探究与尝试的良好学习品质悄然养成。

（案例作者：昆明市第三幼儿园 蒋春霞）

这是一个儿童个别化学习的案例，案例中的阳阳对于“结婚”和“婚纱”的兴趣来源于生活中获得的审美经验（“婚纱美美的”）。教师通过提供材料、引发讨论等方式，完整地支持了儿童的探索。在活动中，儿童先面临着“婚纱大小不够”的问题，接着又遇到了“材质太硬”的问题，最后成功地用塑料袋制作出了自己觉得美美的婚纱。在后续的活动中，孩子们还自发地组织了一场“婚礼”。

在这个过程中，教师处于支持者的位置，持续地关注儿童可能的需要，并提供适宜的帮助。儿童则获得了艺术创造力和艺术表现力的发展。而且，儿童也亲身体验了用不同类型、质地的材料来完成艺术创作的过程，获得了整体的经验积累。

案例2

《孔雀鼓》课程故事

一、课程缘起

在音乐室玩乐器时，有个孩子发现了一种独特的乐器，将它拿出来，问道："这个乐器好漂亮，它是什么？"形态独特的花纹乐器吸引了孩子们的视线，他们纷纷讨论起来：

小戴：这个乐器好漂亮呀，你们知道它是什么乐器吗？

涵涵：这是大鼓吗？

赵赳：不对，大鼓特别大，这个乐器小小的，好像是小鼓？

欣欣：不是不是，好像是非洲鼓，但是它是不是呢？

小恩：好像不是，我见过它，但是不知道叫什么。

小朋友们越说越兴奋，纷纷猜测它是什么乐器，兴趣慢慢被点燃。

二、课程开展

(一)它是什么？

我们将乐器图片发放到家长群里，让幼儿去查找资料，确定它是什么。第二天，孩子们来到学校，开启了新一轮的讨论：它到底是什么呢？

赵赳：我昨天晚上和爸爸妈妈一起查资料，它是孔雀鼓。

航航：是的，我爸爸也说它是孔雀鼓。

西西：不对呀，我妈妈他们说是非洲鼓。

一一：是的，我爸爸查了之后，也说是非洲鼓。

果果：我妈妈告诉我它是孔雀鼓，只有云南才有，才不是非洲鼓呢。

孩子们的讨论越来越激烈，纷纷询问："老师，老师，它到底是什么呢？"

老师：它叫孔雀鼓，是云南独有的乐器。

辰辰：老师，你为什么确定它是孔雀鼓呢，它和非洲鼓很像呀。

老师：因为孔雀鼓与非洲鼓的形状和花纹不一样呀。

(二)初步了解孔雀鼓

新问题的出现，让孩子们瞬间讨论起来，纷纷和同伴说自己的想法：

赵赳：孔雀鼓细细的、长长的，可以敲出声音。

小马：孔雀鼓下半部分比上半部分细，上半部分粗粗的，下半部分细细的。

欣欣：我观察到孔雀鼓可以敲击的部分是一层白色的，并且孔雀鼓身上还有五颜六色的花纹。

其余小朋友们也纷纷说着自己的答案。小朋友们观察得是否仔细、准确呢？为了更直观地观察孔雀鼓、了解孔雀鼓，我们和孩子们一起进入到音乐室，通过观察实物，初步了解孔雀鼓。

进入到音乐室，孩子们纷纷拿起孔雀鼓，仔细观察它的形态、颜色、花纹等，观察完后，我们与孩子一起进行了讨论：

老师：孔雀鼓是由什么形状组成的？

涵涵：孔雀鼓整体感觉像两个梯形组合在一起，但是下半部分的梯形比较细长。

小易：孔雀鼓上部分粗粗的，像个倒着的梯形。

老师：孔雀鼓由哪些颜色组成？

小马：孔雀鼓的鼓面是白色的，在白色最边上还有一圈小绳子。

赳赳：我观察到孔雀鼓的颜色比较深，每个孔雀鼓的花纹都不一样，有的有彩色的花纹，有的没有，有的还有小动物图案。

西西：我看到孔雀鼓上半部分有许多黑色的小绳子。

老师：孔雀鼓的花纹一样吗？

小马：每个孔雀鼓的花纹都不一样，有的有小动物，有的由不同的颜色组成。

小艺：孔雀鼓上有许多的小点点，还有许多的线条，有直线、曲线、波浪线。

孔雀鼓的独特形态、复杂且色彩浓重的图案吸引了孩子们的注意，孩子们沉醉其中，有的孩子表示，他想要一个属于他自己的孔雀鼓。

（三）初步尝试制作彩泥孔雀鼓

老师：想要属于自己的孔雀鼓，我们可以怎么获得呢？

洋洋：可以拿幼儿园的去玩。

陶陶：幼儿园的不是我们的，我们可以让爸爸妈妈去买。

赳赳：对的，我们可以拿钱去买孔雀鼓，那它就是我们的了。

小马：我才不要去买呢，我要自己制作一个。

老师：自己制作一个，这是一个好主意，但是怎么制作孔雀鼓呢？我们要用什么材料进行制作呢？

小马：我们可以用彩泥制作孔雀鼓呀，还可以自己设计不同的花纹图案，那是独一无二的孔雀鼓。

小雅：我们还可以用纸杯制作孔雀鼓，纸杯形状像梯形。

航航：还可以用奶粉罐制作孔雀鼓。

自己制作孔雀鼓的话题吸引了幼儿的兴趣。他们决定自己设计、自己制作独属于自己的孔雀鼓。幼儿们列举了各种各样的材料，经过讨论，最后决定运用彩泥、纸杯制作孔雀鼓。

孔雀鼓的制作开始了，我们首先为孩子们提供了丰富的彩泥，让幼儿进行初步尝试。

老师：初步尝试制作，你们成功了吗？

航航：我的没有成功，我的放下去就倒了。

小雅：我的也是，放到桌子上就倒了。

老师：为什么会倒呢？

辰辰：因为他们制作的孔雀鼓底部不平整。

老师：那我们应该怎么做呢？

陶陶：把孔雀鼓底部捏平就可以了，就不会倒了。

小雅：对的，我制作的孔雀鼓底部很平整，不会倒塌。

老师：其余的小朋友成功制作出孔雀鼓了吗？

赵赵：我没有完成，我不知道怎么制作出孔雀鼓的花纹。

欣欣：我也是，只是制作好了孔雀鼓的形态，花纹还没有制作。

赵赵：老师，孔雀鼓花纹要怎么制作出来呀，我们可以怎么设计呢？

毋庸置疑，孔雀鼓的花纹非常漂亮，但是它是怎么分布的呢？可以运用什么色彩呢？一般以什么花纹为主呢？孩子们对此产生了疑惑。为了解决孩子们的困惑，我们开启了欣赏、探索孔雀鼓花纹之旅。

（四）欣赏孔雀鼓

老师：不同的孔雀鼓的花纹相同吗？

赵赵：有的只有颜色，有的只有图案。

陶陶：每一层都用线隔开，有不同的图案。

涵涵：我们可以设计不同的图案制作我们的孔雀鼓呀。

图4-36　孔雀鼓

（五）再次制作彩泥孔雀鼓

为了让幼儿制作出独一无二的孔雀鼓，我们决定尊重他们的想法，让幼儿自己设计不同的花纹样式。就这样，新一轮的孔雀鼓制作开始了。

孔雀鼓第二次制作完成了，孩子们一起进行了分享：

老师：你们制作的是什么类型的孔雀鼓呢？有什么含义？

赵赵：我制作的是点点孔雀鼓，孔雀鼓上有许多的小圆点。

陶陶：我的是笑脸类型的孔雀鼓，像我们一样天天开心。

小马：我制作的是点、线都有的孔雀鼓，我喜欢这样的孔雀鼓。

图4-37 彩泥孔雀鼓

（六）初步尝试制作纸杯孔雀鼓

彩泥孔雀鼓的完成让孩子们十分激动，他们打算继续尝试运用纸杯制作能够敲响的孔雀鼓，新一轮探索活动开始了。

老师：制作纸杯孔雀鼓，我们需要什么材料呢？

陶陶：需要纸杯和胶带。

小马：需要水彩笔。

赳赳：需要铅笔。

老师：制作纸杯孔雀鼓我们需要注意什么？

小易：要注意安全，剪刀不可以对着人。

小雅：不要将纸杯粘反了，要不然就不是孔雀鼓了。

小马：在制作纸杯孔雀鼓时，我们要设计好图案。

与孩子们的讨论结束后，我们为他们准备了所需要的材料，初次尝试制作纸杯孔雀鼓的活动开始了。

老师：你们的纸杯孔雀鼓做好了吗？

凯凯：我将杯子粘反了，它不像孔雀鼓，没有成功。

小马：我的孔雀鼓制作出来了，但是，敲击时总是发不出声音。

陶陶：我的粘好了，但是没有鼓面，不能敲。

老师：当没有鼓面时，我们可以怎么制作出鼓面呢？

小雅：粘上一块鼓面就可以了。

涵涵：我们可以拿一片纸杯大小的纸，粘在鼓上。

老师：鼓面的问题解决了，为什么在敲孔雀鼓时发出的声音是闷闷的？

警警：因为被堵住了。

老师：被堵住了，被什么堵住呢？

（教师与幼儿再次观察孔雀鼓，并对照自己制作的孔雀鼓，发现了原因）

老师：原来孔雀鼓的中心是空的，而我们制作出的孔雀鼓，中心被纸杯底部堵住了，那有什么好的办法呢？

赳赳：把底下堵住的部分取出来。

（七）再次制作纸杯孔雀鼓

问题的解决让幼儿信心倍增，他们决定再次尝试制作纸杯孔雀鼓。幼儿相互合作，共同完成了纸杯孔雀鼓的制作。

一个个漂亮的纸杯孔雀鼓映入眼帘。

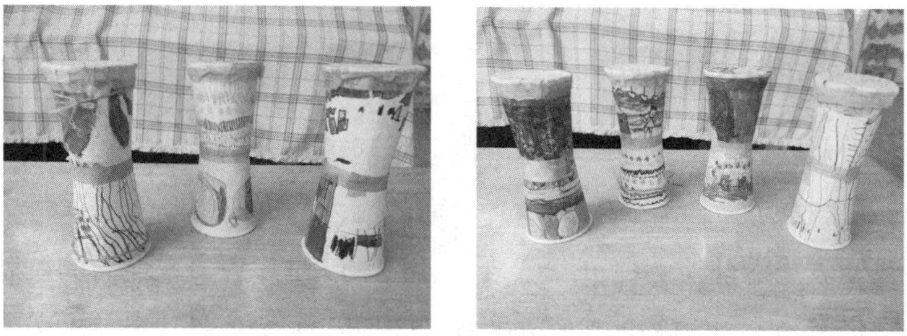

图4-38 **纸杯孔雀鼓**

三、课程延伸

孔雀鼓在幼儿园中更多的是作为一种打击乐器进行呈现，因此在设计、制作孔雀鼓的基础上，我们更应该帮助幼儿了解、学习如何使用孔雀鼓，如何将孔雀鼓运用到表演中，敲击出一首首悦耳的音乐。

…………

（案例作者：昆明市第三幼儿园 于晓楠）

这个课程故事案例缘起于儿童对于音乐室中一种特殊乐器的兴趣，在了解了乐器是孔雀鼓后，孩子们对它进行了探索。为了满足“想要一个属于自己的孔雀鼓”的愿望，儿童先后尝试用彩泥和纸杯制作孔雀鼓。在制作时，他们都小心翼翼地保留了孔雀鼓本身的美术特征，色彩、线条都参照之前感知、欣赏的实物来搭配。最后，儿童用纸杯、胶带、彩笔、细麻绳、彩泥等材料，分别制作了属于自己的孔雀鼓。

在活动中，教师不断地观察和记录儿童的操作与发现，并提供充足的材料，启发儿童解决问题。游戏化的探究活动中，儿童积累了运用综合材料进行创作的方法，并对于如何使用材料有了自己的创意。最后的纸杯孔雀鼓成品，既体现了儿童对孔雀鼓外在特点的认知，也体现了儿童的创意。

第六节 戏剧表演活动

一、戏剧表演活动概述

如前所述，戏剧表演活动是一种综合的艺术活动，涉及美术、音乐、文学、舞蹈等多种艺术形式。在戏剧表演活动中，儿童各方面的能力都可以得到发展。

首先，戏剧表演活动能够促进儿童语言、声音、肢体等的表现能力的发展。在戏剧表演中，儿童需要有目的地控制自己的行为表现，以具有感染力的方式来表现故事情节，因此，其艺术表现力能够在表演中得到锻炼。

其次，儿童的想象力和移情能力可以得到发展。在表演过程中，儿童需要将自己想象为所表演的角色，用符合角色性格、情感特征的方式来说话和行动。

再次，儿童的合作能力可以得到发展。戏剧表演需要多名儿童共同参加，所以，在表演的过程中，儿童有机会学习如何以剧中角色的身份与同伴互动。

在幼儿园教育情境下，戏剧表演活动可被分为以下几类：

其一，儿童自发、自由进行的表演活动。这类表演活动通常发生在区域游戏活动、户外自由游戏活动中，由儿童发起并自主完成。表演的内容涉及儿童的想象、儿童听过的故事片段等。

其二，集体教育活动中，儿童根据特定的故事、剧本进行表演的活动。通常由教师和儿童共同发起，儿童作为表演者，运用一定的道具进行表演；表演的内容涉及故事或剧本以及儿童在听完故事后创编的内容。

其三，专门的舞台戏剧表演活动。表演者可以是教师、家长或儿童；往往有特定的剧本，也有部分故事根据儿童的日常生活改编而成。

下面对常见的幼儿园戏剧表演活动的设计与组织环节进行介绍。

二、自由的戏剧表演活动的设计与组织

在幼儿园一日生活中，自由的戏剧表演活动十分常见，比如儿童玩的“过家家”游戏、医生与病人的游戏、买东西游戏等。自由的戏剧表演活动与正式的戏剧表演活动有较大差异，它不是为了表演给观众看，而是为了让儿童自己高兴；不追求舞台效果，

但追求趣味性和戏剧性;它可以随时中断,不需要一气呵成;它更像一场表演的游戏。它虽然可以重复,但每次重复的内容都会有所不同。对于这类戏剧表演活动,教师很难预先设计情节,而只能追随儿童的兴趣,通过观察和倾听,适时地为儿童提供支持,推动活动的持续进行。

(一)活动的目标与原则

1.活动目标

根据此类戏剧表演活动的特点,我们在设计教育目标时,应注重生成性和灵活性。一方面,明确不同年龄儿童在假装游戏、戏剧表演方面的能力发展;另一方面,追随儿童的兴趣,在活动过程中不断生成目标。不同年龄段的活动目标分别为:

小班:能够在自由游戏或区域游戏活动中,主动玩戏剧表演的游戏;
玩表演游戏时,说话和行为的方式符合自己扮演的角色;
喜欢玩假装游戏。

中班:经常和同伴自主开展自由的戏剧表演活动,能自己设想简单情节;
能够按照自己扮演的角色来改变说话的语气、动作方式等;
能够尝试制作一些小道具;
喜欢玩有一定情节的戏剧表演游戏。

大班:能够自发地与同伴玩情节复杂的戏剧表演游戏,游戏能持续一段时间;
能够为不同角色创设故事情节与相应的情感,并表现出来;
能够尝试创编剧情,并和同伴协商,调整完善剧情;
能够用已有的物品或创造新的物品来作为游戏中的道具,增加游戏的趣味性;
喜欢玩情节不同的戏剧表演游戏,愿意创造新的故事。

2.活动原则

由于自由的戏剧表演活动很难预先设计,因此,在这里我们主要讨论教育与支持的原则。

(1)游戏性原则

本质上看,自由的戏剧表演活动属于儿童的一种自发性游戏,因此,我们应以游戏化的方式给予儿童必要的支持,并结合游戏进行教育拓展,从而支持儿童在游戏的基础上获得经验的增长(而不只是简单地重复同一水平的游戏)。具体而言,在儿童进行自由的戏剧表演活动时,教师应用非参与式观察的方法,认真地观察、倾听、记录;在需要给予支持时，教师应以游戏参与者的身份介入，与儿童共享游戏材料和创意。参与到游戏中，意味着教师也应扮演某个角色，以相应的言语和行为与儿童互动，保持游戏的延续性。

此外，为确保游戏性，教师还应充分尊重儿童的想象、创意，避免“告诉”儿童应该怎么玩，避免规定活动的方向；相反，应该通过增加角色和道具、扩大场地等方式，增加游戏的趣味性。这样，自由的戏剧表演才会成为儿童感兴趣的活动，才能够有效地促进儿童戏剧表演能力的发展。

(2)生成性原则

在自由地玩戏剧表演游戏时，儿童的创意和想法是流动的，他们用道具所表征的内容也是不断变化的，比如：在几名女孩的戏剧表演游戏中，一个体育活动中用的飞盘先是被当作自助餐厅的托盘，接着被当作烤饼、小挎包、飞碟、魔法王冠。当情节发生变化时，飞盘表征的物品也不同。因此，在支持儿童的自由戏剧表演活动时，教师应当坚持生成性原则。

一方面，儿童进行自由的戏剧表演活动时会产生多种多样的创意，教师应理解并尊重儿童的想法；另一方面，教师应主动提供能够激发儿童不断产生新创意的材料和游戏经验。为此，在需要的时候，教师仍然应该以活动参与者的身份出现，支持儿童充满创造力的即兴扮演活动。

(二)活动的内容支持与开展方式

1. 内容支持

自由的戏剧表演活动以儿童为中心，教师难以提前预设活动，因此，这里的“内容支持”实际上是指资源支持。教师可以从以下几方面入手，为儿童提供支持。

(1)拓展可扮演的角色

从小班开始，儿童在自由的戏剧表演活动中最常假扮的角色就是爸爸妈妈，此后，他们的角色库慢慢拓展到各种小动物、不同职业的从业者等等。在此基础上，教师可以通过讲述故事、创造可见的形象等方式，拓展儿童可扮演的角色，比如：故事中的狐狸、儿童画中的小怪兽、一阵大风等，并为儿童提供角色所用的头饰、服饰等。通过创设角色的方式，支持儿童开展情节丰富的戏剧表演活动。

(2)提供不同类型的故事

积累丰富的故事经验，有助于儿童不断拓展自由戏剧表演活动的范畴、内容，并持续开展游戏活动。因此，教师应该在日常活动中为儿童提供不同类型的故事，包括经典的童话故事、神话传说等,在有条件的情况下,教师还可以尝试把儿童的游戏编成故事进行讲述,激发儿童的创意。

(3)提供适宜的活动场地

为支持儿童在玩自由的戏剧表演游戏时产生更多的创意,教师应提供适宜的环境。首先,应提供充足的空间。尽管儿童在较小的空间里也能够自发地玩戏剧表演游戏,但较大的空间可以更好地激发儿童的想象,比如:儿童可以就此自由地分隔不同的空间,想象大海、火山、雪地等。其次,场地中应有充足的自然材料和可供使用的道具,如草木砂石等。第三,场地中应有激发儿童新创意的形象或物品,比如:一些故事的插图、角色的头饰、服饰等。

2. 开展方式

自由的戏剧表演游戏可由儿童自己发起,也可由教师提供一定的材料或故事线索,但很少由教师按照预先设定好的程序组织儿童进行。这是一种自然、自发的活动,因此,在这里主要介绍教师激发、维持活动的方式,而非组织安排的程序。

(1)激发创意环节

在这个环节,教师可以提供新的材料、故事、场地、角色等内容,激发儿童的想象和创意,并鼓励儿童尝试自由开展戏剧表演游戏。教师可以提示或建议,但不能要求和安排。

(2)儿童游戏/扮演环节

在这个环节,教师应给予儿童充足的时间、空间和必要的材料支持,由儿童自由游戏、自发表演。教师在旁进行细致的观察和记录,非必要情况不用干预儿童的活动。教师在这个环节的观察和记录将成为下一环节展开的基础。

(3)活动再现环节

在这个环节,教师向全班儿童分享自己的观察和记录,讲述他们表演的故事,引发儿童之间的分享和讨论,从而为新的戏剧表演活动提供创意。在此,教师可以借助多媒体技术来重现自己观察到的场景。

(4)新的游戏环节

这个环节可以在自由游戏时间开展,儿童如果在教师的暗示和鼓励下产生了新的戏剧表演创意,那么,他们会自然地在游戏中进行故事表演,新一轮的戏剧表演活动由此展开。

(三)活动的评价

在尊重儿童自由表现的基础上,我们可以从以下几个方面整体地评价以儿童为中心的、自由的戏剧表演活动的开展情况。

儿童是否沉浸在戏剧表演活动中，表现出积极的游戏状态；

教师是否为儿童提供了种类丰富的戏剧表演材料；

儿童是否能够按照自己的想法来表现剧中人物的情感、言语、动作；

儿童是否互相商议戏剧的情节发展，并能够达成共识；

在活动中，儿童是否即兴地加入角色、情节，改变故事的发展方向；

儿童是否创造性地运用不同的材料来表征戏剧表演的内容；

儿童是否从表演活动中获得乐趣。

由于自由的戏剧表演活动是自发生成的，所以，在此不做教案设计分享或案例分享。建议读者在真实的幼儿园场景下，通过完成“学习研究”中的任务来生成属于自己的案例。

学习研究

请采用参与式观察法，观察记录1—2个儿童在自由游戏时进行戏剧表演活动的案例，观察记录的内容包括：观察的基本信息（观察者、观察的时间、场合、对象等）、活动的起因/经过/结果、儿童的话语及行为表现、戏剧的故事梗概、戏剧表演活动持续的时间等。在此基础上思考并归纳：儿童还需要哪些材料、如何为儿童提供更有场景感的活动场地。

三、有剧本的戏剧表演活动的设计与组织

有剧本的戏剧表演活动，即儿童在教师的支持下，根据特定的故事进行戏剧表演的活动。在幼儿园教育情境下，这类活动可能发生在教学延伸环节，比如：语言领域的故事讲述活动之后，教师引导儿童表演故事；也可能作为专门的戏剧排演活动而开展。这类戏剧表演活动的特点是：有特定的故事，儿童的想象和创造需围绕故事开展；有特定的角色，儿童需根据故事情节走向扮演角色；有特定的服饰、道具和舞美设计；有特定的观众，如：一同听故事的本班小朋友们，或是特地前来欣赏表演的其他班级的小朋友（有时还有其他班级的教师、家长）；有特定的表演程序和要求，儿童需要进行演练，不能过于随意。

在参与有剧本的戏剧表演活动过程中，儿童能够获得语言表达能力、动作表现力、情感理解能力、合作能力等多方面的发展。

(一)活动的目标与设计原则

1.活动目标

由于此类表演活动对儿童的理解能力、记忆能力、想象力、动作和情感表现力都有一定的要求,因此,在设计活动目标时,应充分考虑儿童的发展水平。

小班:知道在表演时,要演得像故事里的角色;

能适当控制自己的动作和表情,通过语言和动作来表现角色;

喜欢参与故事表演活动。

中班:了解有剧本的戏剧表演活动需要根据剧本进行;

能够初步记住简单、短小的故事,并进行概述;

能够用符合故事中角色特点的语言、动作、表情进行表演;

能够表演故事的一个片段;

喜欢参与故事表演活动,能够根据自己的喜好进行表演。

大班:知道有剧本的戏剧表演活动需要按照剧本进行,还需要借助道具、服装、场景美术设计等;

能够记住故事的情节发展,并复述故事中最吸引人的内容;

能够尝试按照故事中角色的语言、动作、表情进行复现;

能够与同伴合作表演简单的小故事;

喜欢参加故事表演活动,能够自发地创编动作、语言、剧情,初步尝试进行即兴表演。

在实际组织活动时,如果儿童的学习能力较强,教师还可以在上述目标的基础上进行延伸和拓展。

2.设计原则

(1)兴趣原则

遵循兴趣原则是成功开展有剧本的戏剧表演活动的前提。儿童只有在感兴趣的情况下,才会主动参与表演;否则,表演活动就会变成教师的"一言堂",儿童则会变成"提线木偶"。

所以,在设计活动时,应充分考虑儿童的兴趣,一方面,挑选符合儿童喜好的、有趣的故事作为剧本,并提供相应的图画作为参考,支持儿童将自己对故事场景的想象转化为现实;另一方面,应在活动过程中维持儿童的兴趣,即提供服装、道具等,鼓励儿童根据自己的理解加工材料,让表演活动变得更加有趣。

(2)儿童中心原则

在设计与组织活动时,应始终坚持以儿童为中心。具体而言,即从儿童的喜好出发选择表演的故事(或由儿童自主创编故事);根据儿童表演时的需求,提供相关材料;支持儿童在理解的基础上进行言语、动作表现,避免"告诉"儿童要说什么、做什么;关注儿童在活动过程中是否获得了审美的愉悦等。

(二)活动的内容选择与组织过程

1. 内容选择

根据戏剧艺术的不同类型,教师可以为儿童介绍不同的戏剧表演活动内容。

(1)按表演类型进行划分的表演素材/内容选择

如前所述,戏剧表演可以分为真人表演、借用人偶(或其他偶道具)表演两类,相应地,我们也可以据此为儿童提供表演的素材和内容。

真人表演的内容丰富多样,可以是各类儿童喜欢的经典故事,也可以是儿童在自由游戏中生成的故事。为了支持故事表演,教师应考虑为儿童提供:以图画表述的剧本,能够表明角色身份的服装、道具,与故事情境相符的场地等。

人偶(偶道具)表演的戏剧需要教师提供的素材和内容支持较多,包括:各类偶道具,如皮影戏所需要的角色剪影、手偶或指偶、木偶等;用于表演的小舞台,通常可以用纸盒搭建,也可由建构区积木搭建;配合表演的音乐旋律,可播放儿童与教师一同选好的音乐,也可由教师弹奏钢琴配合,还可以由儿童演奏小乐器配合;其他道具,包括营造场景氛围的布料、轻纱等,以及用于表演的物品道具等,这些道具可以由儿童自主制作。

(2)按剧本来源划分的表演素材/内容选择

在幼儿园教育情境下,可用于戏剧表演的故事类型及其来源较多,包括:

①绘本/图画书。可以根据儿童的年龄挑选不同类型的绘本作为戏剧表演活动的剧本。年龄较小、戏剧欣赏和表演经验较少的儿童,教师可为其提供故事情节简单,有一定重复性、篇幅较短的绘本作为表演剧本,如:低幼段的绘本《蹦》《青蛙小弟和青蛙小妹》系列;有一定绘本阅读经验、年龄稍长的儿童,教师可为其提供情节略丰富、具有重复性、人物角色简单的绘本作为表演剧本,如:《是谁嗯嗯在我的头上》《鳄鱼怕怕 牙医怕怕》《母鸡萝丝去散步》等;年龄较大、记忆力和表现力较好的儿童,教师可为其提供情节略复杂、角色较多的绘本,如:《溜达鸡》《鸭子骑车记》等。在为儿童选择要表演的绘本时,教师还应注意挑选角色有一定台词和动作表现,易于理解和记忆的作品。

②经典童话、神话故事。经典的童话、神话故事深受儿童喜爱,许多故事还被拍成动画片,因此,适合用来作为儿童戏剧表演活动的剧本。提供此类表演内容时,教师应

引导儿童在认真倾听、理解故事的基础上，主动为故事中的角色创编动作、台词、表情，并创设故事中的场景。比如：《小蝌蚪找妈妈》就是一个适用于戏剧表演活动的经典故事。这个故事中角色较多，每个角色都有相应的性格特点，故事情节有一定的重复性。而且，这个故事有相应的经典水墨动画片，其中的画面可以用作表演的背景，并为道具制作提供创意来源。

2.组织过程

有剧本的戏剧表演活动最终需要呈现表演的效果，因此，在组织过程中，教师应明确活动目标，引导儿童循序渐进地进行表演。

(1)熟悉故事/剧本环节

在表演之前，教师应通过多种方式引导儿童熟悉故事，如组织开展故事讲述活动、观看相关动画等。很多时候，戏剧表演活动是作为学前儿童语言领域故事欣赏活动的延伸部分出现的。

(2)选择角色/演员环节

在这个环节，儿童需要熟悉故事中有哪些角色，以及每一个角色在故事中的语言、行为、情绪和性格特点。之后，在尊重儿童意愿的基础上教师进行角色分配。有时，儿童会集中选择演某个角色，不愿演另一个角色，教师需要引导儿童遵守班级表演约定，用轮流表演的方式等解决矛盾。教师也可以根据故事来创造、新增一些有趣的、但不影响故事线索的角色(如，一阵大风等)。

除了剧中的演员，我们还可以创设不同的身份，让儿童参与进来，比如：音乐表演者、舞台美术设计和制作者、服装道具制作者、提词员以及观众。

(3)扮演游戏环节

在这个环节，儿童和教师共同进行初次的故事表演游戏，感知和体验表演的过程。教师可以通过扮演剧中角色的方式参与游戏，也可以作为旁白出现，使儿童熟悉故事线索。此时，教师应充分提供道具和服饰，引起并保持儿童的表演兴趣。

(4)讨论环节

在这个环节，儿童和教师对表演游戏的过程进行讨论，儿童提出表演时遇到的困难和问题，再通过互相协商和交流的方式提出解决办法，在下一轮表演活动中进行实践。

(5)完善扮演游戏环节

儿童再次进行故事表演，熟悉故事情节。此时，教师可鼓励小演员在熟悉角色特点的基础上适当创编言语、动作。

(6)筹备表演环节

在这个环节,演员组的儿童继续进行表演练习;舞台美术设计组的儿童在教师指导下设计并制作出相应的背景(如:剪出小草丛并上色等);服装道具组的儿童在教师的指导下制作头饰、简易服装、标识牌等;观众组的儿童讨论并形成本班的戏剧欣赏守则/礼仪,商量布置观众席等。各组儿童分别完成准备工作。

(7)呈现表演环节

最终,分组任务完成,全班儿童共同开展戏剧表演活动,呈现表演、舞美、道具、观影礼仪等各方面的学习探究成果。

(三)活动的评价

戏剧表演是一种综合性的艺术活动,因此,在评价此类活动时,应重视活动中体现的审美价值和创造性。

1.评价教育活动

按照上述组织过程开展的戏剧表演活动可能会持续半个学期到一个学期,整体可被视为一次主题教育活动或一门生成课程,因此,在评价相应的教育活动时,应考虑:

活动是否能够吸引儿童的兴趣;

活动过程中,儿童是否有充足的机会熟悉故事、选择角色;

活动的过程是否清晰,是否有可供参考的、或用于记录的思维导图;

教师在活动中的角色是否适宜,是否从旁支持儿童参与活动而非完全主导整个活动;

活动的成果是否体现了儿童的发展水平,是否具有审美性和创造性。

2.评价儿童表现

儿童是戏剧表演活动的中心,因此,评价儿童的表现也能够反映教育的效果。评价时应考虑:

是否每一名儿童都有机会以不同的身份(演员、舞美人员、道具组、音乐组、观众等)参与活动;

儿童在参与活动的过程中是否专注、投入;

在活动中,儿童能否与同伴合作;

儿童能否根据剧本进行表演,并表现出与角色特点一致的动作、言语、表情等;

儿童创设的表演背景、道具等是否符合表演要求;

最终呈现结果时,儿童是否能够自主表演。

(四)活动设计案例分析

案例1

中班故事表演游戏设计:《母鸡萝丝去散步》

一、前期观察

小朋友们已经听过很多遍《母鸡萝丝去散步》的故事了,在我请他们说一说母鸡萝丝去散步的路上发生了什么时,小桂和小冷一听到母鸡萝丝、狐狸两个动物,立即表现出极大的兴趣:一个在前面慢慢走着,一个在后面张牙舞爪比画着。其他小朋友被他们的表演吸引住了。于是,我在户外游戏的时候,让大家一起来演一演。在表演的时候,很多孩子因为第一次表演故事情节,有点不好意思。

我先让小桂带头示范母鸡萝丝的动作、表情是怎样的,在他的带领下,孩子们很快就进入角色,显得很兴奋。在语言活动中,我让孩子们听绘本故事,感知不同角色的语气和语调并进行模仿,引导幼儿讨论每个角色的特征,应该用什么语言、动作来表现。

图4-39　游戏:母鸡萝丝去散步

二、第一次游戏

(一)活动目标

1.熟悉故事情节并掌握角色台词,发展口语表达能力。

2.尝试用各种表情、动作表现不同角色的性格特征。

(二)活动准备

1.知识准备:故事《母鸡萝丝去散步》。

2.材料准备:模拟场景的小道具、动物头饰。

(三)指导要点

1.谈话引入,激发幼儿兴趣。

师:母鸡萝丝都去过哪些地方?会发生什么事呢?

2.支持儿童熟悉故事中角色间的对话及动作、表情。

师:母鸡萝丝又去散步了,它看到了什么?发生了什么事?它是怎么来到这些地方的?你看到了哪些动作?

3.提供头饰,介绍场景,引导幼儿参与游戏。将幼儿分成四组开展表演游戏。

4. 评价游戏。

(1)母鸡萝丝说话的时候有哪些动作?

(2)小动物们分别有什么动作?

(四)游戏反思

经过教师的指导,孩子们能初步进行游戏,也能初步表现出动物们的相应动作,能用故事中的语言进行对话,但表演的语气语调不够生动。我们计划在语言区中投放录音带,让孩子听录音,感知不同角色的不同语气和语调,进行模仿。在下一次游戏前,引导孩子们讨论每个角色的特征,以及应该用什么语言、动作来表现。

三、第二次游戏

(一)活动目标

1. 在理解故事情节的基础上,掌握角色间的对话。

2. 大胆用动作表现小动物们的形态。

(二)活动准备

1. 知识准备:故事《母鸡萝丝去散步》。

2. 材料准备:狐狸、母鸡等动物头饰及磨房、蜂房、干草堆、池塘、农家院模型。

(三)指导要点

1. 谈话引入,激发幼儿兴趣。

小朋友们,你们看谁来了? 还记得上次我们表演了什么游戏吗? 今天还想玩《母鸡萝丝去散步》的游戏吗? 母鸡萝丝去散步时发生了什么事?

2. 师幼共同讨论用不同的动作表现角色的特征。

母鸡萝丝走出家门来散步了,一只饿得发慌的狐狸正悄悄地跟在它的后面。萝丝走过院子。你在这幅画面上看到了什么?(狐狸跟在后面、还有钉耙)

母鸡萝丝会被吃掉吗? 可能会是什么样的结果呢?

…………

3. 提供小动物头饰,介绍场景,将幼儿分成四组开展表演游戏。

4. 评价游戏。

大家觉得母鸡和狐狸的表演好在哪里?

(四)游戏反思

在游戏开展前,让孩子讨论并模拟各种角色的动作,为游戏做了一个很好的铺垫。孩子用各种不同的动作表现角色特征的时候,鼓励孩子进行创造性的表演。在游戏中,孩子在动作上有了一定的改善,在语气上也有了很大的进步,懂得根据角色变换语气。个别孩子过于胆小，一直在观看别人表演，自己却不敢表演，经几次引导后初步把动作表演出来，但是还不够大方。我们平时应该多鼓励这些胆小的孩子，多给他们上台的机会，让他们锻炼胆量，增加自信。

四、第三次游戏

（一）活动目标

1.能运用自己制作的草地、花、树等布置花园场景；

2.能与同伴协商交换角色，合作开展游戏。

（二）活动准备

1.知识准备：在区域活动中投放故事。

2.环境创设：幼儿利用多芬玩具制作的花，KT板纸做的草地，鞋盒、卡纸、皱纹纸做的花束布置花园场景。

3.物质准备：表演道具四套，包括动物头饰及磨房、蜂房、干草堆、池塘、农家院模型。

（三）指导要点

1.谈话引入，激发幼儿兴趣。

瞧！这是哪里啊？这里会发生什么故事呢？

2.师幼共同讨论用不同的动作表现角色特征。

（1）萝丝散步的时候，狐狸始终跟在后面，萝丝知道吗？

（2）狐狸只要一扑就可以捉到萝丝，为什么它一直没有捉到？

（3）你喜欢这个故事吗？

（4）这是一只怎样的母鸡？怎样的狐狸？

3.提供头饰，介绍场景，引导幼儿跟同伴一起布置场景，协商选择角色扮演，将幼儿分成四组开展表演游戏。

4.评价游戏。

一起观看拍摄的精彩环节，说说这样演好在哪里？

（四）游戏反思

这是孩子们第三次参与这个故事的表演游戏。他们对故事已经很熟悉了，对各个角色的对话、动作等也能较好地把握。在场景布置环节，孩子们都能积极参与。每组选出一位组长，孩子们能根据组长的分配完成自己的任务，速度快的会帮助一些速度慢的布置场景。上一个活动中一些比较被动的孩子，这一次有了很大进步，能够主动参与到活动中来。在收拾玩具的环节，孩子们又快又好地收拾了玩具，换角色的过程中，也较好地体现了谦让、友爱等品质。

（案例作者：曲靖市沾益区第二幼儿园　缪艳芳）

这个案例来源于老师讲述绘本故事时观察到的儿童自发的表演。两名男孩调皮地假装成母鸡萝丝和狐狸，表现绘本中的场景，吸引了其他小朋友的兴趣。于是，老师组织儿童依据绘本故事开展了三次表演游戏，第一次游戏时，鼓励儿童简单地表演出角色的动作；第二次游戏时，教师根据孩子们的表演需求，提供了辅助的材料，支持儿童表演出角色的动作、神情等；第三次游戏时，引导儿童布置场景，进行更有趣的表演。

整个活动以游戏的形式开展，但教师仍然确定了一些目标，并在游戏后进行评价，活动的目标导向性较为明确。在后续的完善和改进中，还可以将绘本画面放大作为场景，或鼓励儿童在美工区进行相应的场景创设和道具制作，引导儿童更深入地参与绘本剧表演活动。同时，可以丰富儿童参与活动的方式，比如，让儿童以演员、道具制作者、旁白、观众、场景布置者等不同身份参与活动。

本章小结

本章主要介绍了学前儿童艺术表现与创造活动的设计与组织。第一节分析学前儿童艺术表现与创造能力的发展特点和年龄规律。第二节和第三节分别介绍与音乐艺术有关的表现与创造活动，包括歌唱活动、韵律活动和音乐游戏活动；第四节和第五节介绍与美术有关的表现与创造活动，包括创意绘画、手工制作活动；第六节介绍戏剧表演有关的创作活动。每一节分别介绍活动的目标、内容、组织过程、评价原则，以及相关活动的课程案例、教案案例等。

思考与实训

1.请根据儿童的年龄特点，分别设计音乐、美术、戏剧表现与创作活动方案。

2.观察并记录儿童的艺术表现活动，对儿童的表现和作品进行分析。

3.积累适宜于儿童的艺术创作资源，形成活动资源库。

专题探讨

在艺术表现与创作活动中，儿童会发挥无限的创意。我们的教育活动可能会支持儿童创造力的发展，也可能会阻碍其创造力的发展，其中的关键在于是否为儿童提供了自由的时间和空间进行创造，同时，教师能否恰当地发挥支持、启发的作用。在艺术表现与创造活动中，教师应当如何与儿童互动、用什么样的方式提问，才能保护儿童的创造性？请以美术表现与创造活动为例，尝试设计一份详细的活动方案(包括师幼互动的过程)。

第五章

学前儿童艺术综合教育活动案例

学习目标

1. 知识目标

● 了解学前儿童艺术综合教育活动的基本理论和课程建构方法；

● 了解在主题教育活动、生成性课程中融入艺术教育活动的方式。

2. 能力目标

● 能够尝试将艺术教育活动融入主题教育活动中，或将艺术元素渗透在课程建设中；

● 能够根据儿童的兴趣，不断延伸教育活动，拓展儿童的审美经验和艺术表现经验。

3. 情感目标

● 乐于对儿童的行为表现进行细致观察，并记录儿童的日常对话。

学习重难点

1. 学习重点：了解艺术综合教育活动、艺术的生成性课程的建设过程；能够尝试从观察和记录儿童的行为表现开始，不断深入地支持儿童进行与艺术有关的课程学习。

2. 学习难点：设计、分析、评价与艺术有关的课程活动及相应的课程故事。

案例破冰

从教多年来，M老师一直按照五大领域分类组织教学活动，并按照目标导向的课程设计思路来开展活动。但此后，M老师所在的幼儿园开始推广区域游戏活动，接着又推行园本课程研究，M老师渐渐觉得力不从心。

后来，M老师设计了一次绘本教学活动，给孩子们讲述了一个很有趣的、关于小鱼的绘本故事。故事讲述完了，孩子们也大多能够用特定的表达方式来重述故事中的某一部分内容了，教学时间还有富余。于是，M老师让孩子们自由选择再听一遍故事或者去区域中活动。在区域中，孩子们用纸笔画故事场景（不完整）、用彩泥捏小鱼、用雪花片插海草，还有孩子学着故事里凶巴巴的大鱼说话。

M老师发现，似乎不用怎么教，也不用怎么提问，听完喜欢的故事，孩子们自然就产生了许许多多的想法。她想，也许从这样的兴趣出发，可以来做一点儿跟课程有关的改变了。

…………

案例中，M老师的课程观开始发生变化，变化的起点，就是儿童用艺术的语言来自由地表达自己的想法和经验。这说明，在幼儿园的教育教学活动中，儿童是以整体的方式来源源不断地吸收各种经验，并用属于自己的独特语言来表达经验的，这里的独特语言，在很多时候都属于艺术的语言，包括绘画、手工、音乐律动、哼唱、摆弄乐器、戏剧表演等等。因此，我们可以在新的幼儿园课程观下，尝试将艺术整合到课程生成的过程中，开展综合的艺术教育。

第一节 学前儿童艺术综合教育

一、学前儿童艺术综合教育活动概述

学前儿童艺术综合教育活动即指将不同类型、形式、内容的艺术教育活动整合在一起，以综合的方式组织开展的艺术教育活动；也可以理解为在各领域的教学活动中，综合渗透艺术教育元素的活动。艺术综合教育活动一方面关注儿童在活动中审美经验和艺术表现能力的发展；另一方面，也强调将艺术作为一种表达的语言，支持儿童用创造性的方式来表现自己在游戏、学习等活动中积累的经验。

设计和组织这类活动时，我们需要建立以儿童为中心的课程观，从观察记录儿童的游戏、生活和学习活动入手，发现艺术教育的切入点，并依据一定的艺术综合教育理论，提供相应的课程内容支持。可以参考的理论包括第一章第二节介绍过的艺术综合教育理论以及生态式艺术教育理论。

（一）艺术综合教育理论

如前所述，艺术综合教育即基于儿童整体感知的审美心理发展规律，将不同形式的艺术活动按照其异质同构的特点整合起来开展教育活动。在教育活动的分层目标中，可以体现不同类别、形式的艺术活动的综合，教育的内容也可以是多种艺术活动的整合。

实践中，艺术综合教育即把表现同一主题、同种情感的艺术素材整合在一起，为儿童提供多元的审美和艺术表现经验。比如：围绕“星星”主题，依据儿童关于星星的经验、问题等组织教育活动，将表现星星某种特质（如闪烁）的音乐、歌曲、绘画、手工作品等整合在一起，引导儿童进行感知、欣赏、表现和创造。这类活动以儿童的艺术经验发展为重点，通常聚焦于艺术领域。

（二）生态式艺术教育理论

生态式艺术教育理论更强调关注儿童发展的全面性、均衡性，将儿童视为一个各方面能力彼此依存、相互影响的生态系统，主张开展整合式的教育。这一理论认为，艺术教育活动是支持儿童能力发展、经验积累的途径。在审美和艺术表现活动中，儿童能够获得的不仅有艺术方面的发展，还有言语能力、判断力和思维能力的发展。

开展生态式艺术教育活动，要求教师根据儿童的经验和教育目标创设主题单元，围绕主题内容，融入有利于儿童经验发展的艺术活动。比如：围绕“爱”的主题，为儿童提供不同类型的作品欣赏、创作活动，支持儿童用整体表达的方式来呈现自己对“爱”的理解等。

二、学前儿童艺术综合教育活动设计思路

基于上述两种理论，我们可以采取以下思路来设计综合的学前儿童艺术教育活动。

1. 以艺术活动的审美性为核心，运用综合的素材开展活动

按照这种思路，我们的艺术综合教育活动关注儿童丰富多样的艺术经验的发展，因此，在活动中，教师需要将具有审美共性或异质同构特征的艺术作品整合起来，为儿童提供综合的感知与创作素材，从而支持儿童进行创造性的体验和表达。

2. 以儿童的活动为核心，将艺术活动整合在课程中

这种思路主张以儿童为中心建构课程。艺术活动是丰富儿童经验的渠道之一，也是儿童进行经验表达的重要途径。教师应从观察儿童的兴趣和问题入手，根据儿童的需要提供不同类型的艺术活动作为支持。

3. 以一种艺术活动为核心，将其他领域的经验整合起来

按照这种设计思路，我们可以以某种艺术活动为核心和切入点，在活动过程中关注儿童进行审美感知、艺术表现时可能产生的新问题和新经验，并据此拓展儿童其他领域的相关经验。

在下面三个小节的内容中，我们将介绍有关艺术综合教育活动的幼儿园课程实践案例，以及切实促进儿童审美与艺术表现经验发展的幼儿园课程故事，以供参考。

第二节　自然美育活动案例

如前所述，大自然是学前儿童艺术教育的重要资源库，充分发掘自然中的美，为儿童提供丰富的活动机会，有利于儿童审美感知力和艺术表现力的发展。通常，我们主要将自然资源作为艺术创作的素材，引导儿童进行创造。而在接下来的四个案例中，教师不仅挖掘了自然资源的审美价值，还将自然教育与审美教育相结合，引导儿童在进行审美感知和艺术创作时，尝试理解艺术的表现方式及其与自然和生命的关系。

一、活动案例一：大地的艺术

一年四季，孩子们都喜欢自由地徜徉在大自然中。鹅掌楸、银杏叶、三角梅、杜鹃花、李子花、山茶花陪伴着孩子们度过了一段又一段快乐的绘画时光。孩子们有时会在立体画板上大胆想象、自由表现，有时会在鹅卵石上尽情涂画，有时也会安静地坐在鱼池边专注地写生……我曾以为这就是孩子们的绘画世界，直到有一天，孩子们发现，原来一片树叶也可以用来和大地讲“悄悄话”，他们的绘画世界变得更宽、更广了。

孩子们是如何与树叶结缘，又是如何用树叶和大地讲“悄悄话”的呢？那还得从幼儿园的自然环境说起。

图5-1　自然界的资源（幼儿园实拍）

我们幼儿园有着丰富的自然资源。每年春夏两季，满院的银杏、松柏、鹅掌楸、梧桐、芭蕉树用它们绿色的臂膀迎接孩子们，尤其是四五月份盛开的红千层和满树的豆荚更是吸引着孩子们。秋日里，满院的金黄，一阵风吹过，孩子们都兴奋地叫喊着：“看，下叶子雨了！”一片片银杏叶随风飘落，在阳光的照耀下金光闪闪。

1. 你认识它们吗？

每一次户外探索中，孩子们总会有新奇的发现：比脸还大的树叶、长在树干上的小蘑菇、像驯鹿角一样的树叶……这一切都深深地吸引着孩子们，他们每天都在不厌其烦地摆弄、观察、讲述着这些“神奇”的植物。

图5-2　孩子们在户外探索中的发现

孩子们长时间浸润在听一听、看一看、闻一闻、摸一摸的环境中，自由探索、主动发展。孩子们在摆弄中认识、熟悉了各种树叶、花儿的大小、形状、颜色，进行有规律的排列，变换出不同的图案造型……在探索、交流的过程中，孩子们的奇思妙想不断迸发出来。

2. 除了玩树叶，我们还能做什么？

随着认知经验的不断丰富，孩子们开始不再满足于简单的操作摆弄了，他们提出了这样的问题：“树叶还可以用来做什么？”

咩咩：敲碎树叶染布，以前我们做过的。

安安：做树叶拓印画吧。

刘刘：还可以做树叶粘贴画。

石头：能不能做一个我们以前没有做过的东西呢？

3. 树叶开始与大地讲“悄悄话”了

班上新增了一本有趣的书：《大地艺术》。书中许多构思巧妙的自然物创意画让孩子们眼前一亮。在餐后区域活动中，孩子们被这个“新朋友”深深吸引，他们三五成群坐在一起翻看着《大地艺术》，阅读区中不时发出一阵阵感叹声：“哇、哇、哇，太美了！”此时我赶紧凑近了孩子们。

师：看到了什么，这么惊讶？

刘刘：树叶、树枝、花、石头拼出了爱心。

思思：还有彩虹。

师：想不想试一试？

孩子们（异口同声）：太想了。

师：接下来，你们准备怎么做？

孩子们有做此类活动的经验，于是他们轻松地开始了作画之旅。

4. 遇见树叶，开始作画

14个孩子一起合作，其他孩子负责寻找树枝、树叶、花，思思和苹果负责“作画”。她们按照自己的原有经验在“绘画”，女孩子心中最爱的“爱心”呈现了出来。可是孩子们找到的许多柏树果、树皮、石头还没用上呢，该放到哪里才合适呢？而此时孩子们还在陆陆续续地寻找着材料。面对一堆又一堆的材料，他们发愁了，大家各抒己见、互不相让。最终，材料堆成了山，作品却连一个基本的雏形都还没有，孩子们满心遗憾地回到了教室。

图5-3　材料堆成一堆

5. 意见不统一怎么办？

此时，我们关注到了孩子们的情绪变化，我故意说道：“大家好像有点不开心，怎么了？”

伏伏：费了半天劲，啥都没弄出来！

师：接下来，准备怎么办呢？

思思：重新分工，人太多了，意见不统一。

苹果：我同意。

咩咩：怎么分？

安安：自由组队。

淇淇：分成男生队和女生队。

师：就是把原来的大组分成几个小组，对吗？分组之后做什么呢？

咩咩：当然是画设计图了。

米米：我们也可以再看看《大地艺术》的书再做计划。

晚饭后孩子们自由分好组，并自发地在班级群里讨论画设计图、带新材料的事情。有了这样的准备之后，孩子们会有什么样的精彩呈现呢？

不出所料,第二天,孩子们两两组合开始用树叶画画了。有的孩子从家里带来了彩色石块和小石子,有的孩子找到了更多造型各异的小树枝……孩子们终于画出了自己的世界!他们第一次在地上画画而且不用笔和任何颜料,还可以自由选择自己喜欢的各种材料进行创作。他们体验到了前所未有的愉悦感,刘刘激动地说道:"幸福得像飞起来了一样!"

6.佳作传雅音

孩子们不但成功了,还用一个个生动有趣的故事讲述着自己的作品。

师:哇,好漂亮!谁来介绍一下自己的作品?

孩子们开始争先恐后地给自己的作品起名字。

师:除了起名字,还有什么办法能够让我们更多地了解你们的作品要表达的意思?

刘刘:把话说长点儿。

石头:不要说短句,要说长句。

米米:可以编故事。

安安:对,可以讲故事。

于是孩子们即兴发挥,开始讲述故事了!

(1)转转飞

一天,转转飞在快乐地转着,小女孩看见了转转飞,对他说:"我想坐一下。"转转飞说:"上来吧。"转转飞一直转呀转,小女孩笑个不停。

图5-4　转转飞

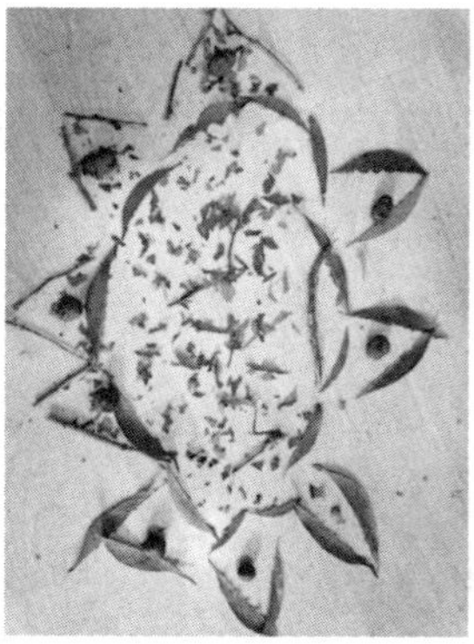

图5-5　花朵王国

(2)花朵王国

在一个夏天,一朵美丽的玫瑰花开放了,它开放在一座豪华的城堡里。城堡的主人叫格丽思公主,每天,公主都要来给这朵玫瑰花浇水。最后这朵美丽的玫瑰花长成了一朵玫瑰花妈妈,它又有了许多的后代——一些小玫瑰花。

(3)亮晶晶的星星

一天夜里,静悄悄的,天上的星星亮晶晶,发出黄色的光芒。有一只小兔子看到了星星,它说:“哇,今天的星星好亮呀！要是能摘到星星该多好呀！放到我的蚊帐里,亮晶晶的多好呀!”

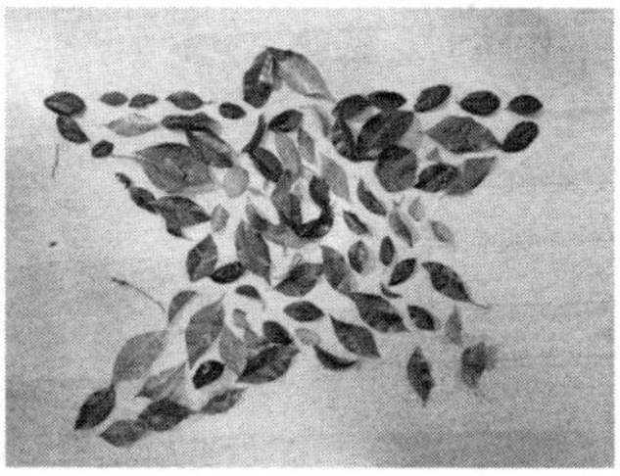

图5-6 亮晶晶的星星

(4)象鼻虫

有一只象鼻虫在森林里爬着。它看见了一只小兔子,就对小兔子说:“小兔子,你能和我一起玩吗?”可是小兔子太高了,根本没有听见象鼻虫在说话,象鼻虫只好走开了。它又遇到了一只小瓢虫,它对小瓢虫说:“小瓢虫、小瓢虫,你能和我一起玩吗?”小瓢虫说:“我们一起在天上飞吧!”

图5-7 象鼻虫

图5-8 乔乔捕鱼

(5)乔乔捕鱼

一天早上,一艘渔船起航了,乔乔驾着船到大海里去捕鱼,他捕到了很多鱼,很多人都吃上了美味的鱼。

听着孩子们生动的讲述,我们不禁折服,他们发自内心的情感流露一次又一次震撼着我！他们善于观察、敢于展示,活脱脱一个“演说家”！他们根据作品的轮廓想象出了公主照顾玫瑰花的故事、小兔想摘星星放到蚊帐里的故事、乔乔捕鱼的故事。我们本以为“转转飞”只是一个玩具而已,哪曾想,孩子们放开了思绪大胆想象,将“转转飞”拟人化了。他们还充分调动了已有经验,将近期开展的“各种各样的昆虫”主题活动中认识的象鼻虫编到了故事里。孩子们不但创造出富有想象力的作品,而且给每一个作品都编了一个精彩的故事。

在之后的日子里,孩子们似乎对“大地艺术”产生了浓厚的兴趣。每次户外探索时,他们都喜欢到处寻找、捡拾各种树叶、花瓣、小树枝、小石子,或搬来各种木桩进行创作、拍照、录音，把自己的故事记录下来。虽然孩子们的作品还很稚嫩，但是他们心中的创作之火已经被点燃！

（案例作者：云南省机关事务管理局圆通幼儿园 周奇艺、万秋盈、徐心格）

案例分析：

儿童经常会使用自然界中的材料进行游戏，比如：用沙子、石块、小花小草玩过家家的游戏等等。但在这个案例中，教师通过观察，支持儿童用自然材料玩了一次创意拼贴画的游戏。他们用树枝、树叶等拼出了各式各样的图形，并为这些图形创编了故事。活动中，儿童经历了“产生艺术创作欲望”“面对材料无从下手”“分组进行创意”“讲述创意故事”的过程，他们对于“如何用自然材料代替画笔，创作美丽的图画”这一问题的认识和经验不断增长。而且，在这个过程中，儿童也经历了分组、做设计图、分享和讲述的学习过程，他们的自主性、创造性、合作能力都得到了发展。

在这个案例中，自然材料本身的特点，比如银杏叶扇形的特点、小果子圆溜溜的特点、树叶渐变的特点等都在儿童的创作中充分地体现出来了。在图5-4和图5-6中，儿童还用叶片（点）构成了图形的线条，很好地将点与线的艺术关系体现了出来。

这样的活动中，教师没有范画、没有手把手地教授儿童技能，而是不断地向儿童提出新的问题，引导儿童发现新的材料，体现了以儿童的探究为中心的理念。后续的活动中，儿童对于自然材料的色彩、轮廓、形状等的认知会继续深化，其创造能力也会不断提升。这为他们将来利用任意的综合材料进行艺术创造奠定了基础。

二、活动案例二：叶子池里的故事

1.课程缘起

秋天，教室窗外的银杏树叶从绿色到变黄、飘落，围墙边的梧桐树叶渐渐从金黄到枯萎，整个幼儿园树叶满天飞舞。有一天吃完饭下楼去散步，一阵风吹来，树上又飘落了很多的叶子。孩子们忍不住发出“哇！”的赞叹，都跑去捡叶子。“快看快看，我捡到了像一只手的叶子”“我捡到的是圆圆的像扇子一样的叶子”“我的全是黄色的银杏叶子”，孩子们被这些常见的树叶吸引，不想去睡午觉，于是我们让孩子们将捡到的树叶全部带进教室保存起来。孩子们捡树叶的兴趣持续高涨，教室里的树叶也越堆越多。为了让孩子能从叶子中积累直接经验和感性认识，我们创设了一个“叶子池”供孩子们自由玩耍。由此，孩子们的叶子池探索之旅开始了。

2.课程故事

孩子们在饭后或是区域活动时间都可以将鞋子脱了到叶子池里自由玩耍。幼儿园的树叶已经满足不了孩子们的收集欲望，于是孩子们在放学路上收集了更多叶子带到幼儿园，这样叶子池里就有了很多种不同的叶子啦！孩子们都争先恐后地去叶子池里面玩。在自由玩耍的过程中，孩子们提出了很多疑问并习得了很多直接经验。

图5-9　叶子池

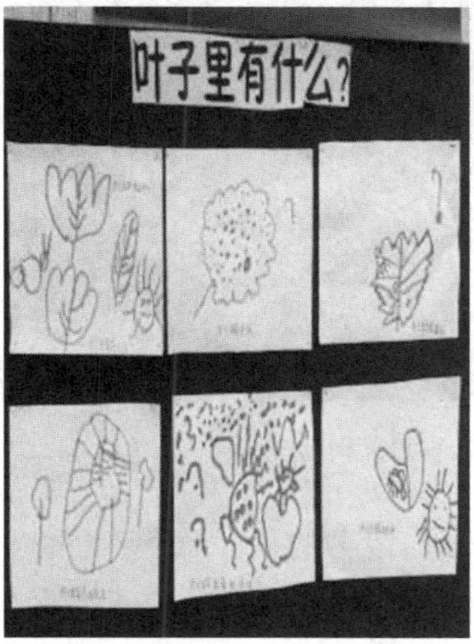

图5-10　叶子里有什么？

(1)印染：漂亮的小花手绢儿

缘起："你们快看，我的袜子染上颜色了！"小尹喊道。正在叶子池里玩耍的孩子们被小尹的话吸引住了，纷纷跑来看小尹的袜子。随后，所有在叶子池里玩耍的孩子都在观察自己的袜子，发现它们也被染上了色。

孩子们开始了谈论：为什么我的袜子被染色了？

A：可能是你踩在叶子上，所以被染色了。

B：你们把叶子踩死了，颜色跑到了你们袜子上。

C：我的被染了一点绿色。

D：我的被染了绿色，还有黄的呢。

E：你们看，他的袜子被染上了爱心的形状！

抓住孩子们的这一兴趣点，我们开始谈论叶子里到底有什么，探索出了原来叶子里含有色素。知道叶子里有色素后，我们开展了用树叶染布的活动。我们将新鲜的叶子放在白手绢上，用一块积木对着叶子敲。然后把碎叶肉拿走，手绢放在盐水里浸泡之后晾晒，一块漂亮的小花手绢就做好啦！

问题推进：我们发现不同的叶子里面有不同颜色的色素，那不同的色素我们还可以怎么玩呢？

A：我想用黄色叶子里的色素来染衣服。

B：我想找浅绿色叶子里的色素学妈妈染头发。

C：我想用黄色叶子里面的色素画画。

D：我想用绿色的色素染纸，然后折成蝴蝶。

E:可不可以用叶绿素和叶黄素混色?

F:今天我们吃的馒头就是绿色的,是不是用叶绿素染的?

总结与反思:从发现叶子染色现象到探索叶子里到底有什么,孩子们都积极参与其中,自己发现问题并学会解决问题,将学到的知识和经验运用到艺术活动中,亲自动手操作,感受叶子里的不同色素之美。叶子染布活动中,孩子们体验到了叶子印染的乐趣,也感受到了叶子的神奇之处。后续的问题推进中,孩子们提出了叶子色素的多种玩法,我们将其延续到区域活动中,提供条件和机会,支持孩子自发地表现和创造,从而满足其好奇心和探究欲望。

(2)手工:叶脉书签

缘起:孩子们在叶子池里开始撕叶子、揉叶子,将枯萎的叶子全揉碎了。细心的小妍在一旁将一片黄色叶子的叶肉一点一点地扯下来后,大声地呼唤:“老师老师,你过来看,叶子变成了树枝!”树叶怎么会有枝呢?孩子们也来围观,并纷纷效仿小妍的做法,将树叶撕成了“树枝”。我们根据孩子们的这一兴趣,让孩子们认识叶子的结构。孩子们恍然大悟,原来将叶肉撕掉后,留下的是叶脉,交叉的叶脉看起来像小树枝。

图5-11　叶脉书签

为了进一步认识树叶的结构,我们开展了一次“制作叶脉书签”的手工活动。孩子们通过观看视频,学习叶脉书签的制作方法,并自己动手尝试制作叶脉书签,体验动手操作的快乐。将经过一定处理的叶子放在垫板上,用牙刷沾水轻轻刷掉叶肉,将提取出来的叶脉放入叶子的汁液中染色,晒干,放进书签纸中固定,叶脉书签就制作好啦!

总结与反思:孩子们在叶子池里撕叶子,发现叶子的不同组成部分,我们带领孩子们了解了叶子的结构后,开展了“制作叶脉书签”的活动。孩子们对提取叶脉非常感兴趣。在制作叶脉书签过程中,因为力度问题,极易把叶子刷坏,多次尝试后,孩子们解决了这一问题,感受到了成功的喜悦。在制作过程中,叶子是要经过浸泡才能刷出叶脉的,由于时间关系,我们省略了这一步,没有让孩子经历制作叶脉书签的全过程。

(3)美工:手掌树

缘起:孩子们制作出了五颜六色的叶脉书签,在互相比较谁的书签颜色好看时,一个孩子跑过来说:“老师,叶脉可以上色,我想试一试,看有叶肉的叶子可不可以上色。”

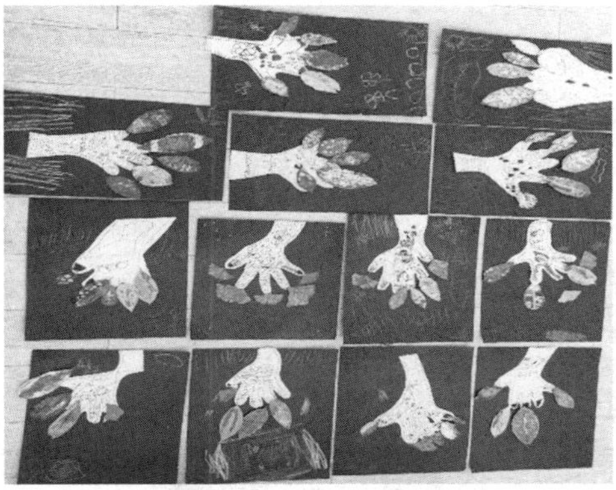

图5-12　手掌树

于是孩子们尝试将整片树叶丢进树叶的汁液里面，发现染色不够明显，我们开始讨论：怎样变出其他颜色的叶子？

A：我们可以用水彩笔将叶子涂成其他颜色。

B：用蜡笔行不行？

C：绿色的叶子用太阳晒它，把它晒黄。

D：还可以用水粉颜料啊。

一番讨论后，我们为孩子们提供了他们自己想要的上色材料，并一起来到了美工室，进行一场叶子变色的美工活动。一番尝试下来，孩子们发现用丙烯颜料上色的话叶子最好看，而且最容易让叶子染上色。孩子们最终选用丙烯颜料染树叶。

孩子们刷出了很多不同颜色的叶子，有的孩子提出："我们可不可以用自己刷出来的叶子做一棵树啊？""要是我能种出叶子是七彩的树就好了"。于是我们决定照着自己的手画一个树桩，将这些七彩的叶子贴上去。

为了丰富手掌树，我们在粘贴好的手掌树边还可以画上其他东西，比如小房子、太阳、小草……

总结与反思：孩子们根据自己的想法尝试给叶子涂色，从而选择出上色最容易且最漂亮的丙烯颜料。上色过程中孩子们也在不断发现，例如叶子的反面比正面好上色。通过亲自调配颜料刷一刷，孩子们对颜色产生了更大的兴趣，但是部分孩子对颜料调配的浓稠度把握不够好，叶子的颜色不够突出，颜色的搭配方面也还需加强。

（4）拓印：树叶印画

缘起：在制作手掌树的时候，孩子们将上好颜料的叶子放在报纸上晾晒，发现报纸上出现了很多叶子的印迹，孩子们的好奇心和创作欲望再一次被激起，于是我们决定开展一次树叶印画活动。孩子们开始尝试将涂好颜料的叶子放在A4纸上进行印画。这时出现了一些情况，孩子们提出"为什么我的叶子印出来只有一半？""为什么我的叶子印出来的形状不够完整呢？""我的叶脉不清晰"等疑问，于是我们开始讨论：为什么会出现这样的情况？

A：是不是因为叶子上色不均匀？

B：可能没有按压叶子，让整片叶子都印在纸上。

C：可能叶子不够平整，有的地方凸起来了。

D:叶子有一面是光滑的,印出来没有叶脉。

E:叶子的形状不好看,印不出好看的叶子。

图5-13　树叶印画

通过讨论,我们决定选择不同形状的叶子进行尝试,而且注意用叶子的背面进行印画,因为背面的叶脉更加清晰。孩子们从一开始随性印画到有规律地印画,将树叶印出高低、大小不同的层次,并加上了树干。

总结与反思:一次不经意的发现,开启了拓印活动,在拓印过程中孩子们又不断发现问题、解决问题,从随意地拓印到有规律地拓印,真正体现了"玩中学、学中玩"。从中也可看出孩子们的艺术表现力和创造力得到进一步的提升。

(5)添画:树叶添画

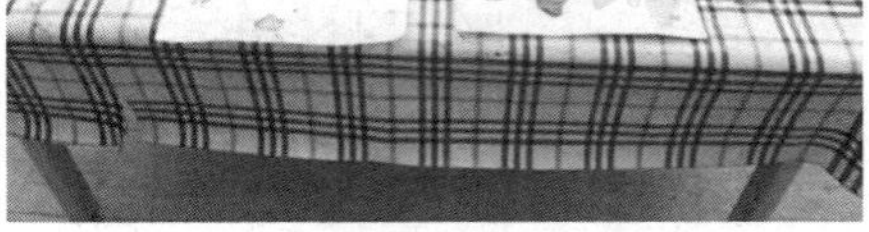

图5-14　树叶添画

缘起:叶子池的树叶已经快要被用完了,无法满足孩子们的继续探索,于是我们决定去植物园寻找、收集更多的叶子。植物园里有不同大小、不同形状的叶子,孩子们在此进行叶子写生活动,将自己收集的叶子画下来。在画的过程中,孩子们发现有的叶子像乌龟,有的像水滴,有的像手掌。将这些叶子带到幼儿园后,孩子们有了新的想法,开始通过装饰将不同形状的叶子变换出新的图案来。

总结与反思:根据树叶的形状,孩子们可以天马行空地进行添画,有的小朋友将树叶变成一幅场景画,体现了其想象力和创造力;有的小朋友通过撕、剪的方法将树叶变形,美工技能得到进一步提升。

为了开阔幼儿眼界，提升幼儿的想象力和创造力，我们还提供了幼儿不常见的树叶艺术品进行欣赏，希望幼儿在欣赏的同时产生相应的联想和创意。

图5-15 环创：树叶欣赏

3.课程收获与思考

《3—6岁儿童学习与发展指南》指出：教师应善于发现幼儿感兴趣的问题和事物，包括偶发事件中所隐含的教育价值，把握时机积极引导。本次课程即源于幼儿对树叶的兴趣，以幼儿在叶子池里玩时发现的问题为线索不断探索下去，以幼儿为中心，将科学探究与艺术相结合。《指南》指出：艺术领域从感受与欣赏、表现与创造两个方面强调让幼儿学会发现和感受自然界与生活中美的事物，让幼儿欣赏多种艺术形式和作品并萌发对美的感受和体验，制造机会和条件，支持幼儿自发的艺术发现和创造。在叶子课程实施过程中，幼儿的艺术欣赏能力得到了一定的提升。幼儿在观察不同的叶子时，发现了叶子的色彩、形状特征，描述了叶子美的方面，并能运用不同的美工形式表达自己的想象。

（案例作者：云南省昆明市第三幼儿园 张艺）

案例分析：

这是一个有关儿童探究以树叶进行多种形式的艺术创作的课程故事。在活动中，儿童从“袜子被树叶染色了”的现象中发现了树叶的汁液可以印染，于是开始利用树叶的汁液做印染画。之后，围绕着“撕碎的树叶”开展叶脉书签制作活动，围绕“叶子上色”开展拓印画活动，以及添画等美工活动。这些活动都由儿童提出的问题引发，再由老师引导到艺术表现手法的探究上，体现了对自然资源的充分发掘。

在活动中，儿童尝试了印染、拓印、折剪、添画等多种创作方式，发现了叶子本身以及相关元素能够呈现的美。儿童对于“树叶还可以用来做什么画”的问题始终保持兴趣，他们就像小科学家一样，试验了多种不同的创作手法。在这个过程中，教师同样以观察、记录、提供资源为主，支持儿童的自主学习和探究。同时，教师也对“如何用树叶开展美术教育”的问题进行了思考，并构思出可能的活动方案，引导儿童进行探究。

通过活动，儿童直观地体验到树叶的色彩、纹理、形状之美，关于树叶的审美经验也得到了提升。在后续的活动中，还可以拓展树叶的种类，引导儿童发现世界上更多的、更美的树叶，创造出更有创意的作品。

三、活动案例三：花霓裳

我们幼儿园位于四季飞花的昆明。走进这座闻名遐迩的春城，直奔眼底的是满山遍野的翠绿和绽放的鲜花。利用丰富的鲜花资源，我们在区域活动中专门设置了插花的活动。插花一直是深受幼儿喜爱的活动，他们会自发地去欣赏一些插花作品的图片，并在插花之前认识鲜花品种，再根据花的颜色、形状、大小，按自己的喜好画出设计图，最后插出自己满意的作品，用于装饰活动室。

1.缘起

(1)一束枯萎的花

姣姣和惟微一周前插了一束红色玫瑰花和满天星放在桌子上做装饰，直到花枯萎了，她们依然舍不得用鲜花替换掉自己的作品。

姣姣：玫瑰花虽然枯萎了，但是花瓣没有掉，把花瓶里的水倒了，继续插着吧。

惟微：就像我家的干花一样，可以一直插着，也很漂亮呀。

桐桐：我喜欢这束花。

蒙蒙：这就像鲜花一样。

苇婕：我们看看能保留多久。

熙熙：我也想留着这束花，很特别，和别的花不一样。

图5-16　枯萎的玫瑰花和满天星

姣姣和惟微征集了同桌其他几位幼儿的意见，大家一致表示愿意留着这束花，于是，这束玫瑰花和满天星就以枯萎的姿态留在了桌子上。

图5-17 掉落的花瓣变成了“花裙子”

(2)一片掉落的花瓣

这束枯萎的花对于幼儿来说很特别,他们的好奇心被引发出来了,一有时间就会来看看,甚至轻轻摸一摸。

姣姣正在聚精会神地画画,当她准备换一支彩色笔时,不小心碰到了桌上的那束花,一片玫瑰花瓣翩然掉落,刚好落在姣姣画的女孩子的身上。姣姣先是呆看了一会儿,继而激动地大叫起来:“花裙子! 花裙子!”同桌的小朋友都围了上去,姣姣开心地转头向老师喊道:“老师老师,你快来看,花瓣裙子!”

老师走近一看,原来掉落的花瓣刚好成了女孩的裙摆,与用水彩笔画的裙子相比,玫瑰花裙摆多了真实感和立体感,加之是碰巧掉落下来的,也让幼儿更加惊喜。

(3)一条花瓣裙子

看着孩子们兴奋的笑脸,老师想抓住这一兴趣点,激发他们的创作欲望,于是说道:“想想看,还可以用花瓣摆出不一样的裙子吗?”孩子们更加兴奋了,在得知可以把花瓣摘下来后,他们小心翼翼地摘下自己所需要的花瓣开始进行创作。

惟微:我的是红色丝绒裙。

姣姣:我的是新娘裙,上面有小星星。

苇婕:我的是蛋糕裙。

熙熙:我的是女王裙,有白色的小花腰带。

蒙蒙:我的是小短裙。

(4)想象、讨论与创作

孩子们很快就发现,这束花只有枯萎的玫瑰花和干掉的满天星,搭配出来的裙子颜色和样式很单一,他们不满足于如此单一的设计,开始讨论能否用不同品种的花,而且想用鲜花来尝试。

苇婕:我们的裙子颜色都是红色的,我更喜欢黄色。

蒙蒙:我最喜欢艾莎公主,我想做一条和她的裙子一样的花裙子。

姣姣:可是我们只有玫瑰花和小白花,怎么办?

熙熙:大花瓶里还有其他颜色的花呀。

惟微:问问老师,可不可以用没插过的花来做裙子。

在得到教师的首肯后，孩子们开始了新一轮的讨论，如如何摆放、如何固定，怎样能够最大程度地利用花瓣，设计出来的裙子要怎样保存，等等。

姣姣：我画面上的裙子不能动，一动花瓣就跑了。

蒙蒙：我的也是，要不用胶水粘在纸上吧。

惟微：如果有两片花瓣重叠在一起，胶水也粘不住呀。

熙熙：我们的花瓣裙子会不会枯萎后就坏了？

苇婕：可以请老师把我们做的裙子拍成照片，或者把我们的画用个袋子套起来，这样就不容易碰坏了。

姣姣：我们可以先想想自己要做什么样的裙子，然后再去摘花瓣，不然摘多了就浪费了。

(5)花香飘拂霓裳呈

孩子们在经过一番讨论和交流后，开始了自己的设计和创作，有的孩子还提前画出了设计草稿，标记出颜色、形状等。这一次的设计较之前的无论是在色彩还是样式上都显得更为丰富，一片片花瓣组成了美丽的“花霓裳”，孩子们非常开心，一面兴奋地请老师帮他们拍照，一面商量着向全班小朋友展示。

图5-18 “花霓裳”展览

蒙蒙：鲜花裙子真漂亮，我真想把它穿在我自己身上。

姣姣：快请老师来帮我们拍照！

苇婕：我们请老师帮忙，把我们的花花裙子给全班小朋友都看看呗。

惟微：对对，我们邀请全班小朋友来欣赏。

在教师的引导和帮助下，孩子们利用胶带、胶水对花瓣裙进行了固定，相互商量着分工布置展示区，邀请其他小朋友来参观自己的作品。

(6)各抒己见，集思广益

参观的同时，小朋友们除了赞叹，也在发表着自己的看法，几位小“设计师”则在认真地倾听大家的意见。

方洋：这些裙子都好漂亮呀，但是裙摆长长的只能穿着去参加宴会，要是在平时也能穿就好了。

松松：都是女生的裙子，怎么没有我们男生的衣服呀。

甜甜:我也想用花瓣做一条裙子。

阿熠:为什么不能直接用一朵花来做衣服呢?

俊潮:除了做裙子,可不可以用花来做其他漂亮的东西呢?

(7)博采众议,积累经验

看到孩子们对这个活动如此热衷,我们建议他们先不要着急,可以找找有关鲜花衣服及其他设计的图片进行欣赏,思考下怎么利用美丽的花朵来呈现自己想要的东西。

姣姣:我回去请妈妈带我用电脑在网上找图片,看看别人是怎么做的。

济帆:对的,我也想参加,我也请爸爸妈妈帮忙。

方洋:我可喜欢穿裙子啦,可惜有时候穿裙子不好运动,我想看看有没有可以在运动时穿的裙子。

俊潮:我想看看别人用花做的其他东西,我不想做衣服,我喜欢车,我想用鲜花来做一辆车。

松松:我也不想做裙子,我最喜欢恐龙了,我想用鲜花拼一只大恐龙。

(8)"设计师"们的奇思妙想

在欣赏了设计师的作品后,孩子们大受启发,通过相互交流,进一步明确了自己的设计思路,并在原来作品的基础上进行了改进。这一活动也吸引了更多的孩子加入进来。除了衣裙外,他们设计出了更多有意思的鲜花艺术作品。大家都踊跃地展示自己的作品,七嘴八舌地介绍着。见此情景,我们便组织了一个作品展示会,邀请这些"设计师"们分别展示自己的作品,同时介绍自己的设计想法。

图5-19　花瓣生日裙

姣姣:我最喜欢晚礼服了,我用小花瓣做了一条裙子,留着我过生日的时候穿,它的裙摆长长的,可以拖在地上,它还会发出香气。我在头上戴个花瓣小皇冠,就像小公主一样。

方洋:我这条裙子在运动的时候也可以穿哦。它不长,不会影响我们跑步。我用了最喜欢的粉色花瓣,跑起来花瓣会飘动,可以穿一条打底裤,很方便哦。

惟微:我用花瓣做了小兔子的头,我最喜欢粉色了,可惜没有粉色的兔子,我看见粉色花瓣就想看看能不能把它变成粉色兔子,我拼呀拼呀就拼出这个兔子头啦,我还用深色的小花花做兔子的眼睛和嘴巴,这就是我最喜欢的粉色小兔子。

图5-20　花瓣兔子

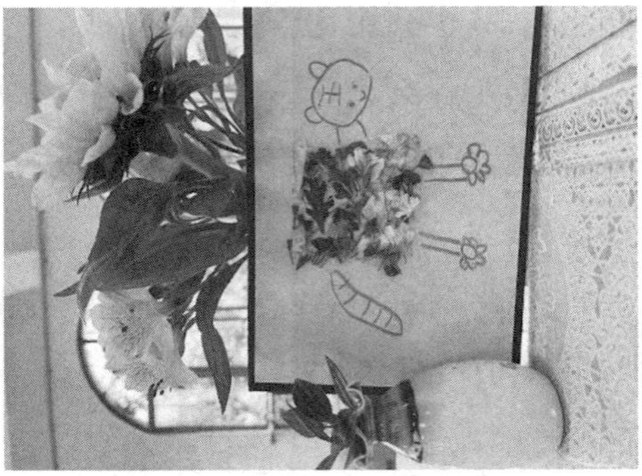
图5-21　花瓣老虎

苇婕：喇叭花一头尖尖的，很像一顶魔法帽子，再配上喇叭花斗篷，我还画了魔法扫帚，就变成了骑着扫帚的小女巫，哈哈！

熙熙：我上周和爸爸妈妈去了动物园，看到了大老虎，大老虎看着好凶呀，闻着有点臭臭的，所以我想用花瓣做一只大老虎，这样它就会变得香香的。

松松：我最喜欢恐龙，我用花拼出一只霸王龙，花茎刚好变成了它的尾巴，你们看我这只霸王龙厉不厉害！

济帆：我拼出了一只有花瓣翅膀的大蜻蜓，给它画上了两只大眼睛，我觉得可像了。

蒙蒙：蝴蝶的翅膀最像花瓣了，翅膀一打开就像一朵美丽的花，所以我找了最漂亮的花瓣来做蝴蝶的翅膀。这只蝴蝶好漂亮，我最喜欢了。

…………

图5-22　花瓣蝴蝶

图5-23　花瓣蜻蜓

参与活动的孩子们佳作频出，给了我们很多惊喜，使人不由得赞叹他们从“花霓裳”到“花花世界”的想象力和创造力。活动结束后，我们给每位孩子的作品都拍了照，并做成了活动简报，与家长们分享。家长们也被孩子们天马行空的想象力折服，并向教师表达了自己喜悦的心情。

2. 感悟与反思

作为一个教育者，在日常生活中敏锐地抓住孩子们一闪而逝的兴趣点是非常重要的，正如这次活动之前，假如教师认为掉落的花瓣没有任何意义，那也就不可能延伸出后续的一系列探索与创作。正因为教师理解并尊重幼儿不同于成人的视角和表现方式，秉承"儿童在前，教师在后"的教育理念，才有了枯萎的花瓣裙→花霓裳→花花世界的创作。《指南》中指出：幼儿艺术领域学习的关键在于充分创造条件和机会，在大自然和社会文化生活中萌发幼儿对美的感受和体验，丰富其想象力和创造力，引导幼儿学会用心灵去感受和发现美，用自己的方式去表现和创造美。因此，当孩子们对于花的呈现具有不同的意见时，我们没有急于给出答案，而是给予他们足够的时间去感受与欣赏，让他们通过观察、思考与讨论进一步激发创作欲望。在活动中，孩子们的兴趣始终是推动创作的主要力量，教师有意识的倾听、引导，也为孩子们的创作提供了一定的帮助。与那些需要处心积虑地设计问题情境、设定学习目标的活动不同，我们所做的只是看见孩子们的兴趣和问题，发现其中蕴含的教育价值，并为他们提供活动的机会，使他们在活动中获取有益的经验，拥有难以忘记的创作经历，这才是最重要的。

（云南省机关事务管理局圆通幼儿园 马雯娟、李娟）

案例分析：

花开花落终有时。自古以来，我国的诗人们吟诵了许多感慨花落纷纷、繁盛不再的诗作，但在这个案例中，枯萎的玫瑰花，带给儿童"不舍丢弃"的情感体验；枯萎花瓣的自然落下，则引发了儿童创作"花裙子"的欲望。

在教师的支持下，儿童先对自己的"花裙子"进行创意设计，想法都是美好的，但到了实际制作时，他们发现了许多问题，比如花瓣会跑等。做出了晚礼服、小花裙之后，儿童拓展了创意，不再拘泥于做裙子，而是将花瓣用于做恐龙、做汽车等。

通过实际的探究，儿童对于花瓣的质地、形状、色彩都有了更深入的了解，并且在活动中积累了如何排列花瓣、用花瓣组合成较大的图形的经验，以及呈现对称的花瓣造型的经验，同时也产生了许多有趣的、可爱的作品。

在这个过程中，教师的观察和鼓励也成为儿童不断产生创意，深入探索的支撑。在后续的活动中，如果儿童仍然表现出对"花霓裳"的兴趣，那么，教师还可以为儿童提供更多的服装设计方案，引导儿童发现，支持儿童使用自然材料，更好地表现自己的设计构思。

四、活动案例四：小蝌蚪的葬礼

幼儿期是性格和品质养成的关键期。在艺术活动中形成基本的行为标准、社会责任感和道德责任感，对于一个人良好性格和品质的养成十分有益。

（一）活动背景

在春天这个万物蓬勃生长的时节里，班里迎来了新成员——小蝌蚪。这些圆圆的、黑黑的、小小的家伙，灵活地在水中摆动着身体，带给孩子们无穷的乐趣。他们乐此不疲地给蝌蚪喂食、按照计划准时换水、旁若无人地和蝌蚪聊天……短短一周的时间，小蝌蚪已经成为孩子们的“团宠”。可就在孩子们满心欢喜照顾小蝌蚪的时候，意外发生了——有几条蝌蚪一动不动了！

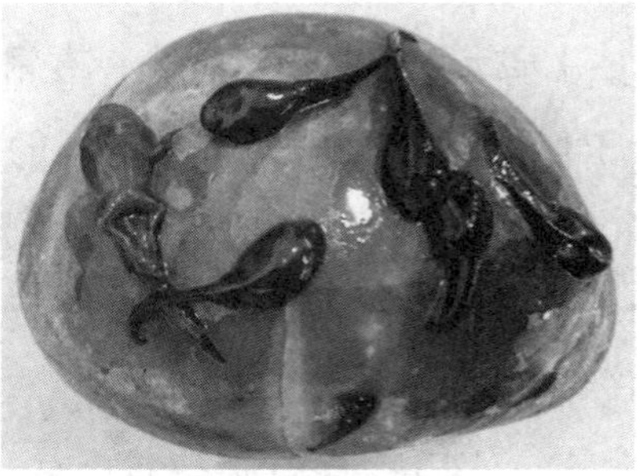

图5-24　去世的小蝌蚪

“这是怎么了？小蝌蚪死了？这不可能！”

面对这一幕，孩子们始终不愿意相信。他们捞出小蝌蚪，将它们放置在一块石头上。有的轻轻触摸，有的不停呼唤，有的试图喂食……就这样，孩子们一直关注着死去的小蝌蚪，直至它们的身子变干。

涵涵：“小蝌蚪真的死了，我们找一个最漂亮的地方当它的新家吧！”

申申：“应该是把它埋到土里吧？”

乐乐：“还要给它装在一个暖和的东西里再埋。”

…………

饲养小蝌蚪这件事，让孩子们充满了对生命的喜悦，但小蝌蚪死亡这件事，又让孩子们无比悲伤。在这种复杂的情绪之下，孩子们最终做出了一个决定，那就是给小蝌蚪举办一场葬礼！

（二）教师的思考

可爱与美好的事物永远值得守护和纪念！从孩子的不舍中，我们感受到他们简单与纯净的内心。在孩子纯真的世界里，蝌蚪不仅是宠物，也是他们的朋友。小蝌蚪的死亡是一件天大的事！为蝌蚪办一场葬礼这个提议，正凸显出孩子对世间万事万物的友善，以及对生命的尊重。

（三）活动实录

1. 小蝌蚪应该葬在哪里好呢？

（1）关于选址的讨论

什么样的环境能够成为小蝌蚪的“新家”？经过反复讨论，孩子们一致认为：有清澈流水，有其他小动物陪伴，有许多树木，可以听到鸟叫声，可以闻到花香，能看到蓝天白云的地方才能成为小蝌蚪的埋葬之地。

（2）对实地环境的考察

在充分思考之后，教师和孩子们一起，用他们对美的事物独有的眼光探寻着幼儿园每一个角落。最终，幼儿园中心花园里，养着许多红色金鱼的小池塘周围的环境达到了孩子们心中的标准。选址的过程，正是一个审美的旅程。在对自然界中这些美好事物一一鉴赏的过程中，孩子们最初凝重的心情逐渐放松了，大自然的美好治愈了孩子们！

2. 直接把小蝌蚪埋在土里吗？

（1）墓穴内部的设计与制作

在有孩子提出“直接把小蝌蚪埋在土里吗？”之后，很多孩子表示反对，理由是“泥土弄脏了蝌蚪的身体”“蝌蚪会被压扁（压痛）”。墓穴应该挖深一些，这个大家一致同意，而“用什么装死去的蝌蚪”则成为孩子们争论最激烈的话题。从孩子们的讨论中，老师发现他们始终没有离开“安全、暖和、漂亮”这三个关键词。

图5-25　毛根做的彩色小床

于是，教师帮助孩子们整理了思路：“是不是需要做一个封闭的、暖和的、漂亮的东西来装小蝌蚪？”在教师提供的丰富材料的支持下，孩子们尝试了不同的制作。经过几次尝试和探索，大家发现材料的选择很重要，除考虑颜色鲜艳外，还应考虑不掉色、不易损坏。最终，孩子们调用已有的手工制作经验，用不同颜色的毛根做出一张张既软和又美丽的小床。

(2)墓穴外部的设计与搭建

对于墓穴外部建成什么形状,起初,大家仍然是各持己见的。由于幼儿思维的直觉性、具象符号性和情感性的特点,最终持“圆圆的墓穴代表蝌蚪圆圆的脑袋”这一看法的孩子,说服了大家。

而为了使搭建的圆形墓穴符合“标准”,孩子们还到户外做了调查,再经投票选择了圆形鹅卵石作为材料。同时,他们还计划用各种鲜花作为墓穴外围的装饰。

3.举行葬礼时我们要做些什么呢?

(1)葬礼中自己想说的话

小蝌蚪离去,孩子们有千言万语想说。此时,老师提出:“怎样做才能让小蝌蚪一听或者一看就明白?”有的孩子想到念一首好听的小诗,有的孩子想到画一幅关于小蝌蚪的画,有的孩子想到为小蝌蚪说一句祝福的话……

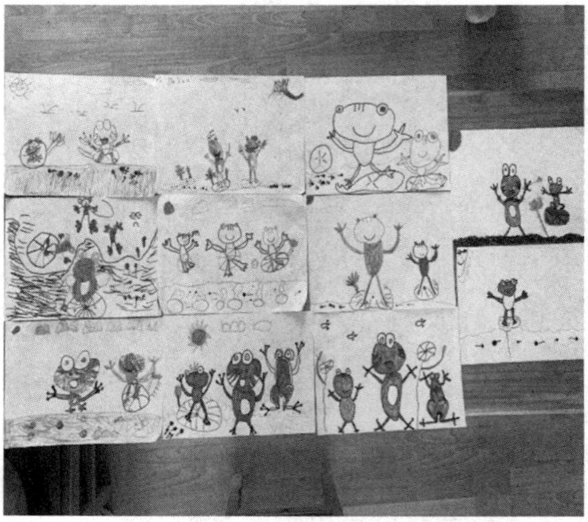

图5-26　送给小蝌蚪的画

为了让幼儿体味到音乐的魅力,老师继续提出:“平时我们在欣赏散文诗的时候,老师做了件什么事,让小诗听上去更美?”因有欣赏配乐散文诗的经验,孩子们很快想到应该为小诗配上一段好听的音乐。

于是,孩子们按照自己的想法分头行动。想念小诗的孩子,在爸爸妈妈的帮助下寻找适合的儿童诗歌并配上自己喜欢的音乐;想送上画作的孩子,精心绘制了关于自己和小蝌蚪的故事的画作……当然,无论是在配乐诗的选择上,还是在画作的呈现上,教师始终给予孩子尊重与认可。

(2)悼念小蝌蚪时的音乐

在为小诗配乐的过程中,果果提出:“我参加爷爷的葬礼时,还听到了音乐。”这个经验引发了大家的讨论——“那小蝌蚪的葬礼上,应该选择什么样的音乐呢?”

①讨论并确定音乐的类型

说到音乐,大家首先想到的是听上去悲伤的,理由很简单,让小蝌蚪知道大家对它的离去多么的悲痛和不舍。由此可以看出,幼儿对音乐有一定的认知,但不全面。

②提供不同乐曲供幼儿选择

跟随幼儿的感受与发现，教师选择几组音乐让幼儿进行欣赏与对比，最后做出选择。

首先，为帮助幼儿感受不同速度的音乐所呈现的不同效果，教师选择了圣-桑的《天鹅》和柴可夫斯基的《四小天鹅》进行欣赏与对比。两首同是以天鹅为主题的音乐，所呈现的音乐形象与音乐体验截然不同。孩子们很快发现，“缓慢”应该成为哀悼乐的首个要素。

其次，在幼儿确定选择速度缓慢的音乐后，教师又提供速度相同、力度不同的巴赫的《圣母颂》和圣-桑的《狮王进行曲》进行欣赏与对比。孩子们无疑都非常认可力度柔和的音乐。因为，这样的音乐让大家想到了安放蝌蚪时应该是轻而缓的。同时，它也引发了孩子们想多看几眼小蝌蚪的那种依依不舍之情。

再次，在幼儿确定选择较缓慢且轻柔的音乐之后，教师提供速度、力度相同，音域不同的舒曼的《梦幻曲》和柴可夫斯基的《洋娃娃的葬礼》。孩子们很快感受到低沉的乐音所带来的悲伤的情绪。

在进行音乐欣赏时，教师不会将乐曲名称告知孩子们，而是以具体的音乐作品为对象，引导孩子通过听觉等感官通道，领悟音乐的真谛。最终，孩子们确定了悼念时的音乐为柴可夫斯基的《洋娃娃的葬礼》。

4.举行庄严而隆重的葬礼

(1)安葬小蝌蚪

来到绿草如茵、树叶繁密、花朵盛开的小池塘边，孩子们进行了分工。一组小朋友陪在小蝌蚪身边，一组在地上挖坑，一组将带来的鲜花进行分类和搭配，一组找来了形状、大小相似的鹅卵石和树叶。

坑挖好之后，孩子们首先在坑里放上提前做好的小床，随后轻轻将小蝌蚪安放在小床之上，再架起一层小床盖上。用土掩埋了小床后，孩子们用鹅卵石在土坑周围围了整整一圈。有意思的是，他们在圆圈的一端，还搭出了眼睛的造型，看上去像极了蝌蚪的圆脑袋。

蝌蚪墓做得漂亮是必须的。于是，孩子们在圆圈的中心放上绿色的树叶点缀，用不同长短、颜色互搭的鲜花装饰这个小小的墓。让人感动的是，为了提醒从这经过的其他幼儿园伙伴，孩子们用彩笔在一块石头上写下“亲爱的小蝌蚪”。

图5-27 小蝌蚪的墓

(2)送别小蝌蚪

安葬好小蝌蚪,在庄严、沉重的《洋娃娃的葬礼》的音乐声中,孩子们开始用自己的方式和小蝌蚪道别。有的轻声念诵着自己的小诗,有的默默跟随着音乐哼唱,有的拿出自己关于小蝌蚪的画作讲述着和小蝌蚪的过往,有的不停地祝福着小蝌蚪,有的悄悄抹着眼泪……

一切都那么的自然,一切都那么的真实!目睹着蝌蚪被安葬,老师们的心也随着孩子们的一言一行跌宕起伏着,庆幸可以享受这世间的美好!

5.小蝌蚪安葬在这里满意吗?

(1)喜欢我们搭建的墓吗?

为了不让小蝌蚪感到孤独,孩子们没有忘记每天一次的探望。这期间,他们关注最多的是蝌蚪的墓还和原来一样美吗?于是,他们每天都会有不同的想法:墓的造型可以更换成青蛙、荷叶、房子、汽车……色彩上可以更丰富,比如给石头涂上漂亮的颜色、粘贴上彩色的装饰材料……凋谢的鲜花应该随时更换、可以做花环或者花篮……

(2)喜欢听我们带来的音乐吗?

①纯音乐变身深情的歌曲

每次探望时,孩子们都会播放乐曲《洋娃娃的葬礼》为蝌蚪哀悼。一天,涵涵问:“只是音乐,小蝌蚪能听懂吗?”其中一个孩子也说道:“是呀,还不如把我们想说的话说给蝌蚪听。”

音乐到底要还是不要？这让孩子们左右为难。这时，教师问："可以把我们想说的话唱出来吗？"老师提出的问题，顿时让孩子们想到可以把想说的话编到《洋娃娃的葬礼》当中。

于是，教师带领幼儿对《洋娃娃的葬礼》进行了结构和节奏上的深入欣赏、感知和分析，并将音乐用图谱的方式进行了记录。

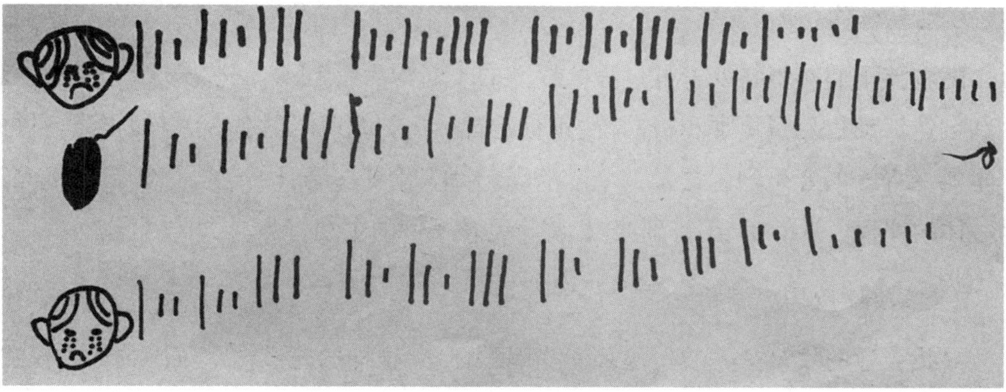

图5-28 图谱

结构上，乐曲分为ABA三段。A段孩子们感知后认为比较悲伤，表现的是大家对小蝌蚪离开的心痛和不舍；B段相对A段情绪愉悦一些，孩子们认为表现的是怀念小蝌蚪活着时的生活场景。节奏上，孩子们发现比较工整，只要三个字、三个字编词就可以了。

在结构和节奏明显的图谱的帮助下，孩子们将对蝌蚪的喜爱、怀念、愧疚以歌词的形式写下来，经过反复思考、调整，终于创编出属于自己的哀悼歌曲。同时，为了探望蝌蚪时能顺利地演唱，孩子们还煞有介事地一遍遍练习着：

小蝌蚪，小蝌蚪，我想你！小蝌蚪，小蝌蚪，我爱你！小蝌蚪，小蝌蚪，别伤心！小蝌蚪，小蝌蚪，你快安息吧！

我喜欢，看你开，碰碰车！我喜欢，看你跳，扭扭舞！我喜欢，看着你，一天天，一天天，变变，变变，变成了，一只，无敌青蛙！

小蝌蚪，小蝌蚪，对不起！小蝌蚪，小蝌蚪，原谅我！小蝌蚪，小蝌蚪，再见了！小蝌蚪，小蝌蚪，你快安息吧！

此刻，创编歌曲、练习歌曲成为孩子的一种需要，他们的探索和学习打破了传统集体音乐教学中被动接受的局面，真正成为学习的主人。

②悲伤的歌不用天天唱

死亡明明是一件悲伤的事，为什么要"唱歌"？ 对孩子而言，死亡并非不令人悲伤，他们为小蝌蚪的死感到难过。这个纪念的仪式帮助孩子们减轻了死亡带来的恐惧和悲伤。歌曲的演唱，抚慰着孩子们的心灵。

逐渐地，孩子们探望死去的小蝌蚪时，开始不由自主哼唱起刚开始饲养蝌蚪时学过的一首欢快的歌曲《小蝌蚪》。有时是因为回想起与小蝌蚪快乐的过往；有时是因为成功解决一个个饲养问题后看到现有小蝌蚪一天天的变化；也有的时候，是因为孩子们已经忘却了失去小蝌蚪的那段日子。

6.活动延伸

随着孩子们对蝌蚪变青蛙过程的探究的不断深入，接下去的艺术欣赏和感受、表现和创造活动也变得更加积极向善、正身益智。比如，和孩子们一起自编自演一场关于蝌蚪变青蛙的音乐剧。这是一个融歌唱、舞蹈、乐器演奏、语言艺术、舞台美术等等为一体的课程。从筹备、编排到演出，都将是孩子们的主动行为。

（四）教师反思

寻找合适的坟墓——装扮坟墓——唱歌怀念，这样的充满艺术氛围的纪念仪式，不仅回应了孩子对死亡的好奇和恐惧，更让幼儿学会了尊重生命。这份爱心会一直伴随孩子长大成人，使其成为一个富有同情心的人。

（案例作者：云南省机关事务管理局圆通幼儿园 杨卓璐）

案例分析：

艺术，是人表达情感的重要形式。艺术家们在自己的绘画、雕塑、音乐、舞蹈、戏剧作品中融入了深刻的、难以忘怀的情感体验。在这个案例中，儿童也是小小的艺术家，他们用艺术的形式，悼念了自己喜爱的小蝌蚪，表达了悲伤、不舍、怀念的情感。在活动过程中，孩子们用葬礼来寄托哀思，并且认真地为小蝌蚪设计了墓穴，根据音乐的情绪选择了葬礼上使用的音乐。他们真实地复演了成人世界举行葬礼的过程，将自己的心情用不同的艺术形式表达了出来。

教师作为更有经验的成年人，极大地尊重了儿童的意愿和想法，并站在儿童的立场，体会他们的心情，认认真真地支持儿童完成了这样的一场仪式，引导儿童在面对生死时学会告别，而且还鼓励儿童创编了怀念小蝌蚪的歌曲，尝试启发儿童思考“悲伤时为什么要唱歌”的问题，激发儿童进行深度学习。可以说，正是有教师的支持，儿童才能真正地完成这样一场充满艺术气息的活动。

这次的活动虽然告一段落，但儿童从中获得的艺术创作经验是绵延不绝的，后续的生活中，还会有触发儿童强烈情感体验的事件发生，届时，他们会唤醒此时的经验，再次回归用艺术来恰当表达情感的状态，产生更多的创意。

第三节 综合艺术的课程故事案例

随着幼儿园课程改革的推进，深度学习逐渐成为教育教学的中心，以主题单元活动、项目方案活动等形式开展的生成课程活动越来越常见。在这类活动中，儿童能够获得各领域渗透的、全面的、综合的经验发展。也是在这类活动中，教师会选择将艺术活动作为儿童表达的重要途径，支持儿童以绘画、歌唱、手工等方式进行探索。下面的三个案例分别介绍了儿童探索染料的活动、阅读和体验《西游记》故事的活动、纪念毕业的活动。

一、活动案例一：染料探索之旅

（一）活动来源与背景

图5-29 火龙果染色的衣服

孩子们正在幼儿园吃火龙果，突然一个孩子举手说道："老师！我的白色衣服弄脏了，染上了颜色。"于是，大家纷纷过来围观。一个孩子说："我上次在家里吃桑椹的时候也染在了身上，爸爸告诉我这种染料是天然的，洗一洗就会消失。"另一个孩子说道："这种染料是没有毒的，你不用担心。"还有的孩子说："我们可以用这种染料来染其他东西。"小朋友们纷纷议论起来。听着孩子们的议论，我陷入了沉思……

孩子们在日常生活中经常会碰到这样的现象：当他们在草地上打滚时，会发现衣服染上了小草的绿色；吃某些水果时，小手也会染上水果的颜色。孩子们对这种现象充满好奇和探究的欲望。在大自然中，植物的根、茎、叶、花、果等部位含有大量的色素，可用于染色。植物染料资源丰富，染色技术历史悠久，与化学合成染料相比，安全无毒又环保。为了满足孩子们的好奇心和探索兴趣，让幼儿对植物染料有初步的感知和认识，我决定引导幼儿利用身边常见的植物制作染料，创作漂亮的染色作品，这样既可以锻炼幼儿的动手能力和创造力，也可激发幼儿对传统染色工艺的探究欲望。

（二）活动过程实录

实录一：收集植物染料原材料

在收集植物染料之前，我们展开了一场激烈的讨论：哪些植物可以用作染料呢？孩子们激动地分享着自己的经验和发现：菠菜里面藏着绿色的染料，桑椹里面藏着紫色的染料，西红柿里藏着红色的染料，红心火龙果里藏着紫红色的染料……"除了这些东西，还有哪些东西可以做染料呢？让我们和爸爸妈妈一起查阅资料，收集更多可做染料的果蔬带到幼儿园吧。"第二天，孩子们带来了各种各样的蔬菜、水果，如紫甘蓝、小米菜、菠菜、葡萄、橙子、桑椹、西瓜、红心火龙果等。还有几个孩子，在父母的帮助下带来了一些晒干的密蒙花、苏木、蓝蝶花、紫米、枸杞等。

图5-30　可以染色的蔬果

支持与回应：

孩子们对蔬果染料有一定认识，但是认识面很窄，多数幼儿只能说出几种含有艳丽色素的蔬果。为了扩宽幼儿的认知，我们组织幼儿与家长查阅资料，收集更多含有色素的植物，丰富幼儿的认知经验。孩子们积极主动收集了各种各样的原材料带到教室与同伴分享，可见孩子们对植物染料非常感兴趣，愿意主动探索、发现和分享。我们也努力为幼儿创造条件，家园配合，支持幼儿的兴趣发展。

实录二：提取植物染料

孩子们收集的染料原材料越来越多了，有的孩子已经迫不及待想要开始制作染料了。一个孩子跑来告诉我："老师，我妈妈会用火龙果汁做粉色的小馒头。"我说："你妈妈真厉害！你能给我们分享一下你妈妈是怎么做的吗？"

孩子说道："我妈妈用榨汁机把火龙果榨成汁，用漏勺过滤一下，再把面粉倒入火龙果汁里搅拌，面粉就被染红了。"

怎样才能从这些植物中提取染料呢？我想让孩子们亲自来试一试，体验一下提取染料的过程。这个孩子的分享已经给了我们一些很直接的经验，于是我又问孩子们："怎样从大家带来的这些植物中提取染料呢？"孩子们纷纷发表自己的见解：用榨汁机榨成果汁；用手把它们捏成泥；用石头把它们敲碎，挤出汁液；用石臼把这些东西捣碎，然后挤出汁液，再用纱布过滤一下；用压榨器压出汁液。

根据孩子们的讨论，我们又收集了一些提取染料的工具：榨汁机、漏斗、漏勺、纱布、石头、石臼、瓶子等。终于做好了所有的准备工作，孩子们可以亲自体验一下如何提取染料了。这一天，教室里热闹极了，小朋友们手上拿着自己准备的各种工具，忙忙碌碌地在提取各种颜色的植物染料。有的小朋友用榨汁机把菠菜叶子榨成了汁，过滤以后装入瓶子里，做成绿色染料。有的小朋友把红心火龙果切成一块块的，放进石臼里面捣碎，石臼里很快出现了紫红色的染料。还有的小朋友在老师的帮助下，用滚烫的开水把蓝蝶花、密蒙花、苏木、紫米浸泡了一番，蓝色、红色、黄色、紫色的染料很快就出来了。我们的教室变成了染料房，小朋友们乐此不疲，各自专注地做着自己的事情，一瓶瓶红色、黄色、绿色、紫色的植物染料终于生产出来了……

图5-31　儿童榨的蔬果染料

支持与回应：

提取植物染料对孩子们而言有一定的难度，个别幼儿在家中看到父母压榨果汁，因此有一定的经验。不同的植物有不同的提取方法，只有让幼儿自己去探索，寻找合适的工具，体验提取植物染料的快乐，活动才有意义。教师只能跟随在幼儿身后，支持他们的活动，为他们创设条件。孩子们在发现天然植物染料的过程中，有了自己的思考和想法；在提取染料的过程中，通过自己的实际操作，加深了对植物染料的感知。

实录三：创作染色作品

看着提取的天然植物染料，孩子们的自豪感油然而生，大家互相介绍着自己提取的染料。有的孩子说想用自己提取的染料来画画，有的孩子想用提取的染料来染纸，有的孩子想用提取的染料来染衣服。为了满足孩子们的愿望，我们共同收集了一些绘画的工具和材料，在活动区布置了染工坊。孩子们各自带着自己的想法和愿望，在区域活动中开启了创作活动。楠楠、佳佳和琪琪选择了染纸区，他们把一包包小方巾纸拿出来，折成了各种各样的形状，再把纸放进不同颜色的染料中浸染，打开纸巾的一瞬间，大家欢呼起来，纸巾变成彩虹了，真漂亮！待纸巾晒干后，她们把这些多彩的纸巾变成了蝴蝶、裙子、小花。

有的小朋友在染手绢，他们把手绢裹起来，用滴管吸取染料，再把染料一滴滴渗入手绢里；有的小朋友则是用橡皮筋把手绢捆扎起来，直接丢进染料里浸泡一分钟，再把手绢取出来，一块块漂亮的手绢完成了。还有的小朋友选择了染T恤，他们随意地摆弄衣服，不管染出来是什么样子。有的掌握了扎染的技能，就用皮筋把T恤捆扎成各种样子，然后放入染料中浸泡几分钟，捞出来晾晒，一件件扎染的衣服就出现在我们眼前。

支持与回应：

孩子们的创作想法各有不同，根据《指南》和大班幼儿年龄特点、生理特点及发展水平，我们为孩子们布置了专门的区域，准备了材料和工具，让孩子们自由大胆地进行染制品的创作。

图5-32　植物染料染色的作品

实录四：展示染色作品

孩子们用自己提取的天然植物染料创作了很多作品，大家开心地介绍、分享自己的作品。那么，怎样才能让更多人看到他们的作品呢？在与孩子们商量后，佳佳说："我们可以邀请爸爸妈妈和其他班的小朋友来参观我们的作品。"嘟嘟提出了一个非常棒的想法："我们穿着染好的衣服表演时装秀吧！"小朋友们都同意了这个提议。于是我们开始为时装秀做准备：染衣服、染手绢、做头饰、看时装秀表演、排练等等。经过精心的准备，我们的时装秀表演开始了：小女生们一个个自信满满地走上舞台，她们头上戴着用纸巾染色做成的蝴蝶结，身上穿着自己扎染的T恤，手上拿着染好的手绢，脸上挂满自信的微笑，走到舞台前方摆一个可爱的动作，展示一下手中的手绢。小男生们穿着扎染的T恤，裤子边缘系着一个染纸做的小蝴蝶，他们摆着酷酷的动作，引来阵阵掌声。时装秀表演在孩子们的欢声笑语中结束了，大家创作的染色作品也深深印刻在每个观众的心里。

支持与回应：

一个时装秀就可以让孩子们尽情地展示自己创作的作品，体验提取染料、用染料自由创作的过程。我们只能为孩子们创设一个舞台，带大家观看走秀的视频，吸取表演的经验，为服装秀做好物质准备和心理准备。

《纲要》指出：要重视以幼儿为主体的探索性学习，充分挖掘幼儿的潜能，以幼儿为本，促进幼儿的发展。本次活动中，我们追随幼儿的兴趣，满足幼儿的需求，跟随幼儿的步伐，支持幼儿的发展，并围绕"发现植物染料——收集植物原材料——提取植物染料——创作染色作品——展示染色作品"开展了丰富有趣的体验活动。幼儿在观察、探索、创作的过程中，明白了从植物中可以提取各种颜色的染料，并能利用工具提取染料，用染料进行艺术创作，体验探究和创作的乐趣。在这样的一个活动中，我们根据幼儿好奇、好问、好探究的特点，让幼儿成为学习活动的主人。在活动中孩子们释放天性，细致观察，自由交谈，大胆阐述自己的发现，发挥了自主性，体验到了自主学习的乐趣。在活动中，教师承担着支持者、合作者和引导者的角色。

（案例作者：昆明市第三幼儿园 曹艳蓉）

案例分析：

艺术源于生活，而这个案例则源于儿童在生活中的发现：植物可以染色。他们发现并主动探究起了自然中的色彩，感知植物色彩的印染之美。在活动的过程中，教师根据儿童的兴趣，先支持其探究了"植物染料"从何而来、如何提炼的问题。在实际的操作中，儿童经历了染料逐渐被萃取、提炼出来的过程，并尝试了各种提取染料的方法。之后，儿童用自己萃取的染料染了手绢、衣服等，将日常生活中常见的工艺美术技巧运用了起来。他们也发现了可以用一些特殊的染色方法，制作出花纹、图案不同的作品。

这是一个以"视觉艺术创作"为主的案例，但其中又包括了儿童对植物的认知、对染料提取方法的探究，涉及儿童猜想、尝试和验证的过程。最后，儿童还进行了服装表演，又与舞台艺术表现相关联。可以说，这是一个自然追随儿童经验的综合艺术活动案例。在活动中，儿童不是简单地使用教师准备好的染料进行创作，而是从自身的兴趣出发，从"颜料如何产生"开始，完整地进行了艺术探究和体验。

教师在活动中以支持者、引导者的身份出现，并有效地促成了家园合作，支持儿童经验的连续、全面发展。在后续的拓展活动中，教师还可以从审美教育的角度继续深入，引导儿童发现色彩混合后的染色效果，并关注不同的色彩花纹、图样、印记是如何产生的，在印染的过程中，完成自由的艺术创作。

二、活动案例二：畅想西游之旅

《西游记》作为我国经典的文学作品，深受男女老少喜爱。其情节跌宕起伏，人物个性鲜明，不仅极大地吸引了孩子，给孩子无限的启发，同时，还能激发孩子对中国传统文化的热爱之情，埋下阅读经典、传承文化的种子。

（一）缘起

国庆后上学的第一天，同同带了一本《揭秘西游记》到班里，和小伙伴们讲起了《西游记》里的故事，孩子们听得津津有味，还不时进行补充。看来，部分孩子对《西游记》确实感兴趣。那么，一部分孩子的兴趣是否可以成为一群孩子的兴趣呢？第二天、第三天……班级里的图书角又陆续多了《漫画西游》《龙宫取经》《西游记绘本》……孩子们痴迷于其中鲜明的人物形象、生动的故事情节，沉浸在想象的世界里，经常在游戏中模仿孙悟空、唐僧、猪八戒、沙僧以及各类妖怪。基于此，我们决定走进《西游记》的世界，开启一段西游之旅。

（二）漫谈西游

孩子们如此喜欢《西游记》，那他们到底知道些什么？为什么喜欢？不妨来听听孩子们的讨论吧。

问题一：你为什么喜欢《西游记》？

科瑾：因为孙悟空本领大，唐僧善良，猪八戒拿着钉耙，沙和尚挑着担，他们一路打遍坏人，到西天取经。

果果：《西游记》里面有很多的妖怪，最后都现出原形，原来是各种动物变的，有牛、老虎、蜘蛛……好有趣。

…………

问题二：你最喜欢《西游记》中的谁？

程程：孙悟空可厉害了，一个筋斗能翻十万八千里。他还有火眼金睛，会七十二变，可以打败妖怪，保护师父。

习之：我喜欢唐僧，他很善良，连一只小蚂蚁都不去踩。

熙熙：你们说的这些我都不喜欢，我喜欢蜘蛛精，因为她们长得漂亮，衣服也很美丽。

…………

问题三：你最喜欢《西游记》中的哪个故事？

开心:我喜欢《女儿国》的故事,猪八戒他们喝了子母河里的水,肚子疼得要生宝宝了,太好笑了。

天添:《三借芭蕉扇》也挺好看的,孙悟空想出很多办法向铁扇主公借芭蕉扇,最后终于“借”到了,把火焰山的大火扑灭了。

…………

问题四:关于《西游记》,你还想知道些什么?

团团:为什么如来佛要把孙悟空压在五行山下?

又又:火焰山在哪里?花果山现在还有猴子吗?

小朵:人参果是什么味道的?

…………

孩子们对《西游记》的了解远远超出老师之前的预想,有的孩子甚至可以完整讲述某个故事。接下来我们不再泛泛而谈,而是让孩子们根据他们的兴趣点,通过绘画、歌舞、表演等方式,进行《西游记》的再创作。

(三)大画西游

1.画西游——人物图鉴

“我特别喜欢孙悟空,可以把他画下来吗?”“当然可以。”聪明忠诚的孙悟空、心慈面善的唐僧、耳似蒲扇的猪八戒、淳朴憨厚的沙和尚……都是孩子们喜欢的故事人物。绘画西游人物,可以让孩子们进一步深入了解人物的外貌特征。

图5-33　画西游人物

2. 画西游——兵器法宝

图5-34　画西游兵器

你知道《西游记》里有哪些兵器法宝？金箍棒、九齿钉耙、火尖枪、紫金红葫芦、羊脂玉净瓶……孩子们根据自己的了解，加上想象，画出了各种各样的兵器法宝。

3. 画西游——故事小书

爸爸妈妈记忆中的《西游记》是什么样的？在他们心中留下了哪些美好而珍贵的回忆？爸爸妈妈孩子一起，亲子共绘，完成自己喜欢的西游故事。

（四）歌舞西游

“大画西游”后，孩子们对《西游记》的兴趣未减，常常三五成群地哼唱西游记插曲小调。为此，我们根据孩子的兴趣，开展了《通天大道宽又阔》《猪八戒背媳妇》的打击乐活动和《天竺少女》的音乐律动游戏。

孩子们在感受与欣赏中熟悉乐曲的旋律和结构，我们鼓励他们自主选择乐器，通过铃鼓、碰铃、沙锤、圆舞板等打击乐乐器，探索歌曲的演奏方式，发现、感悟音乐的韵律美、节奏美，并从中体验与同伴合作的乐趣。

《天竺少女》是《西游记》中最为人熟知的歌曲之一，充满异域风情的音乐加上曼妙的舞姿，深受孩子们的喜爱。

（五）剧场表演

经过一段时间的观察，我们发现孩子们对表演区的小剧场非常感兴趣，争先恐后地扮演孙悟空，于是我们和孩子们讨论开展“《西游记》小剧场”活动。

首先，要表演什么故事内容呢？最公平直接的办法就是投票。再次熟悉故事内容后，孩子们分别进行了三次讨论与投票，《三打白骨精》这个故事排名遥遥领先。

其次，角色怎么安排呢？孩子们各有所好，有的说喜欢孙悟空，因为他会七十二变；有的说喜欢观世音菩萨，因为她长得漂亮；也有的说喜欢白骨精，因为她可以变成三个不同的人……

于是我们一起策划表演环节，商讨表演规则，开展角色讨论会。

经过讨论，确定好剧本后，还要准备服装和道具。我们需要哪些服装和道具呢？涵涵说："孙悟空的金箍棒、猪八戒的九齿钉耙。"土豆说："还要有孙悟空戴的紧箍儿，唐僧的锦斓袈裟，沙和尚戴的大珠子。"商讨之后，大家一起来帮忙制作道具和服装。

图5-35　制作的表演道具

在接下来的时间里，经过孩子们的自主讨论和大胆创编，西游记小剧场之《西游记之三打白骨精》上演啦！从剧本确定、角色竞演、舞台道具及服饰制作、台词准备，再到彩排，孩子们都能自主参与、积极表现。

这场剧，吸引了许多的小朋友前来观看，演出结束后，小观众们不约而同地为演员鼓掌。

随着游戏的深入，孩子们提议到户外进行表演。他们去教室外进行了实地考察、讨论。

图5-36　勘探户外表演场地

“我觉得前庭花园很漂亮，可以当成蟠桃园”“也可以去土坡，它就像取经路上的火焰山”“交通城里的树屋也不错，可以当成花果山，小猴子们一定会在这儿玩得很开心……”

我们幼儿园拥有得天独厚的自然资源，可以为孩子们提供天然的创作表达的空间，在户外环境中表演，孩子们可以玩得更尽兴。孩子们的西游故事未完待续……

（六）教师反思

重温经典，走进《西游记》，以唐僧师徒取经为线索，让每个孩子都成为西行者。西行途中的奇闻趣事，加深了孩子们对人物性格特征的了解，而这些神话人物也给他们带来了无比的快乐。在这个过程中，孩子们不仅感受到故事中传达的不怕困难、战胜困难的精神，对艺术的感悟能力也提升了，动手能力和人际交往能力也增强了。

（案例作者：云南省机关事务管理局圆通幼儿园 郁冬）

案例分析：

这是一个源于文学作品欣赏的活动案例，儿童对经典名著《西游记》的兴趣引发了整个活动。在活动不断演进的过程中，美术、文学、歌舞、戏剧表演等艺术形式轮番出现，儿童在参与这些艺术活动的过程中，获得了全新的审美体验。

在活动过程中，教师充分地聆听了儿童的想法，通过讨论的方式，引导儿童表达自己对文学故事的看法，引领整个活动持续进行。比如：在“人物图鉴”环节，教师引导儿童根据自己对人物特点的感知和理解，画下了各式各样的人物，充满童趣。而“兵器法宝”环节又呈现了儿童对故事中兵器的偏好。在教师“穿针引线”式的支持下，儿童在不同形式的艺术活动中综合地表现了自己对《西游记》的感知。

这是一个“结局开放”的案例，孩子们对游戏又有了新的想法，他们开始对应着寻找幼儿园中的“《西游记》场景”。这是下一个活动开始的契机，也是儿童继续运用更多、更有趣的艺术形式来表达自己的想象的开始。在后续的活动中，教师和儿童还会进一步深读《西游记》中的故事，寻找与故事场景相似的地方，用美术设计、道具创作等方式，创造出一个个适合表演《西游记》故事的小舞台。

三、活动案例三：毕业时光机相册

（一）课程来源

1.幼儿的愿望

兜兜：要毕业了，我好想把幼儿园里美好的记忆留下来呀！

小颖：好想记下三年来的成长变化呀！

阳阳：想记下幼儿园里最难忘的人、最难忘的事！

钰钰：想留下幼儿园的一片叶、一捧泥土！

辰辰：那我们一起来做一本毕业时光机相册吧！

2.教师的思考

即将毕业了，孩子们对幼儿园依依不舍，我们也在想怎样才能让孩子们带着对幼儿园的美好回忆走进小学。听了孩子们的讨论，我们决定以相册为切入点，让幼儿通过自己的方式大胆创造和表现美，在想起幼儿园的时候能翻看相册，回忆起之前的美好时光。

（二）课程目标

1.欣赏、交流自己喜欢的相册造型和图案，感受相册的美。

2.了解相册的制作和装饰方法，尝试同伴合作，创造性地使用材料制作和装饰相册。

3.与同伴分享相册，感受成功的喜悦，一起回忆三年里的快乐时光。

（三）课程实施过程

1.欣赏相册，设计相册

“感受与欣赏”是“表现与创造”的前提，艺术教育就应该从“感受与欣赏”入手，在此基础上进行“表现与创造”。

（1）欣赏相册。孩子们通过欣赏不同类型的相册，讨论相册中美的元素，积累相册设计的经验。

（2）设计相册。在感受和欣赏的基础上孩子们进行了初步的设计，大胆地通过自己的方式构思属于自己的相册。

图5-37　设计相册

2. 提供材料让幼儿选择

丰富有层次的材料给幼儿自主学习提供了条件，幼儿可以充分运用绘画、剪贴等方式进行创作。

3. 初步尝试

（1）选择和剪裁相册纸张时出现的问题有：裁剪不整齐；纸张过大或过小；纸张太软，不适合做相册。

（2）解决问题。通过小组讨论以及尝试的方式，得到了解决的方法：选择软硬度和尺寸合适的纸张，利用尺子或其他工具测量后沿线剪裁；利用模具拓印后剪裁。

4.第二次尝试

(1)打孔遇到的问题:孔间距太密集,易断裂;几张相册纸张的孔对不齐。

(2)集体讨论,得出解决的方法:用尺子做标记,按标记打孔;纸张对齐,用已打好的孔做标记,按标记打孔。

(3)装饰相册。孩子们按照自己的想法,用各种材料对相册进行了装饰。

5.分享成果

通过亲手设计相册图纸、剪裁、打孔,再到通过多种形式记载故事,孩子们不断发现问题、讨论问题和解决问题,最终将精彩片段集合成一本本纪念册,与同伴们分享,感受幼儿园生活的快乐。

(四)分析与反思

整个过程中,为给幼儿的制作积累前期经验,我们选择了一些具有代表性的相册让幼儿观察,引导幼儿在制作前先弄清楚该怎么做、做成什么样子,再请幼儿设计自己想要的相册。我们给幼儿准备了许多的材料,让幼儿自己选择用什么来制作和装饰,发现问题之后主动思考。孩子们的探索活动是小组型的,小组讨论解决问题。相册框架做好之后请幼儿思考最想在里面放哪些内容,最后整合幼儿的想法,将这些内容放入相册。最后请幼儿分享相册,在分享的过程中回忆幼儿园的点点滴滴,回忆制作的过程。教师在整个过程中鼓励幼儿大胆表达,不按成人标准选择和陈列幼儿作品。

(案例作者:云南省机关事物管理局圆通幼儿园　陈煜、曾虹)

案例分析:

在这个案例中,大班儿童为了纪念自己在幼儿园的时光,开始了制作相册的探索。在教师的引导下,儿童先观察、感知不同类型相册的排版和设计方式,并从文本的构图、造型中发现创意之美。之后,他们开始天马行空地想象自己的相册。在制作时,儿童遇到了裁剪、打孔等方面的问题。为了解决这些问题,他们进一步深入地观察和探究了相册的特点。最后,儿童按自己的审美偏好装饰了整个相册,形成了具有个人特点的作品,并记录下了在幼儿园的宝贵时光。

活动中,教师非常关注儿童艺术经验的获得,并不断为儿童提供细节上的引导,这种对细节和工艺的追求,让儿童感受到了运用艺术手法创作美的作品并不是一件完全随意、随兴的事情,而是需要付出努力的。这是一个将完全自由的想象物转化成真实的艺术品的过程,也是儿童学习运用艺术感知与表现手法的过程。

四、活动案例四:毕业野餐会

(一)活动背景

临近毕业,大班的孩子们对即将离开幼儿园进入小学感到非常兴奋,同时也对幼儿园生活感到不舍。怎样让孩子们度过一个难忘而有意义的毕业季?怎样让毕业季的活动成为促进幼儿学习与发展的有效活动呢?基于这样的思考,我们采用了谈话的形式与幼儿一起谈论有关毕业的话题,鼓励他们大胆表达自己的想法,说出毕业季最想做的事情。孩子们纷纷讲述了自己毕业前最想做的事,例如:照毕业照、画一幅自画像留在班级、做风筝写上祝福、在幼儿园草地上野餐、给幼儿园的弟弟妹妹表演节目等。最后经过讨论,决定毕业前在幼儿园举行一次“毕业野餐会”,由此我们围绕“毕业野餐会”的计划制订、活动安排、材料准备等展开了一系列的活动。

(二)活动内容与过程实录

第一阶段:基于已有经验,讨论制订野餐会活动计划

在活动开展前,教师首先与幼儿谈论了与“野餐会”有关的话题,通过与幼儿的交流可以了解到许多幼儿都曾经有和父母家人到户外露营、野餐的经验,于是教师提出问题:“什么是野餐?你野餐过吗?外出野餐需要做哪些准备?举办毕业野餐会需要准备什么?在幼儿园的哪里举行野餐会?自己会做什么?可能会遇到哪些困难?”以此充分调动幼儿已有的生活经验,引发幼儿关于如何筹备“毕业野餐会”的思考,为下一步制订毕业野餐会计划做准备。

在初步讨论、交流的基础上,教师有效利用家长资源,让家长协助记录幼儿的想法,引导幼儿用绘画的方式来体现野餐会的活动内容和材料准备,并在征询幼儿意见的基础上确定了毕业野餐会的主要内容和基本流程:布置场地、表演节目、分享野餐会食物、表达毕业愿望。

在此过程中教师充分尊重幼儿的想法,让幼儿成为“毕业野餐会”的筹备者和参与者,给予幼儿大胆表达、主动展示的机会,有效调动了幼儿的积极性。

图5-38　制订野餐会计划

第二阶段：实地考察、设计场地

在确定毕业野餐会的内容后，教师向幼儿提出问题："准备在幼儿园的什么地方举行毕业野餐会呢？"经过讨论，幼儿觉得前庭花园有花、有草、有鱼池，还有鹅卵石铺的小路和空地，风景优美，是大家最喜欢去玩的地方，所以一致选择在幼儿园的前庭花园举行野餐会。

于是教师又提出问题："前庭花园的场地要怎样安排和布置呢？在哪里搭建舞台来表演？哪里放野餐的食物？小朋友坐在哪里？"这些问题又引发了幼儿关于场地布置和材料准备的进一步思考。在幼儿思考和讨论的基础上，教师带幼儿进行了实地考察，通过实地记录、想象设计、绘画表征，幼儿们完成了毕业野餐会场地的基本规划。

图5-39　设计场地

图5-40　野餐会海报

在幼儿实地观察、设计场地的过程中，教师充分尊重幼儿通过“直接感知、实际操作、亲身体验”来获取经验的学习特点，引导幼儿在实际的场地中进行观察和记录，使幼儿在直接感知的基础上形成自己对周围环境的进一步认识。

在幼儿完成初步的场地设计后，教师又抛出新的问题：“表演舞台安排在哪里？野餐垫要放在哪里？野餐食物怎么摆放？”这些问题使幼儿进一步关注到场地大小以及空间距离。教师引导幼儿再次实地观察场地，并尝试运用测量的方法来改进自己的设计。在第二次的实地观察与改进设计中，教师适时地为幼儿提供了方法——运用测量、统计的方法解决要摆放几张桌子、铺几块野餐垫、要多长的绳子挂彩旗和气球等问题。通过学习并运用不同的测量方法，幼儿获得了有关测量场地长度的经验。幼儿在共同探索、讨论中完成了最终的场地规划设计图，不仅进行了合理的空间场地安排，而且根据前庭花园的特点并结合自己的生活经验，细心地规划了进出场地的路线和标识。通过绘制毕业野餐会的场地设计图，教师充分调动了幼儿观察、比较、分析、判断以及绘画、剪贴、空间布局的经验，既提升了幼儿的观察能力、艺术表征能力、审美能力，同时也增强了幼儿制订计划、有序操作的能力。

第三阶段：同伴合作，进行野餐会前的准备

教师在引导幼儿完成毕业野餐会的活动安排和场地规划的基础上，继续启发引导幼儿围绕“怎样装饰野餐会的场地、需要用到哪些材料、野餐会前还要做哪些准备”等实际面临的问题做进一步的思考和探索，围绕毕业野餐会的环境布置和材料准备等展开丰富多样的活动。

如：通过绘制回忆画卷鼓励幼儿运用自己的方式大胆表现自己对幼儿园生活的美好回忆，并通过毕业心愿卡的制作来表达自己对即将成为一名小学生的憧憬和向往。

在制作彩旗和舞台背景板的活动中，教师为幼儿提供了绘画和剪纸材料，并采用混龄活动的形式引导幼儿自主选择为彩旗涂色、剪纸粘贴、固定彩旗等不同活动内容，既满足了不同年龄段和发展水平的幼儿的需求，也使混龄班幼儿在为毕业野餐会做准备的过程中增进了友谊。

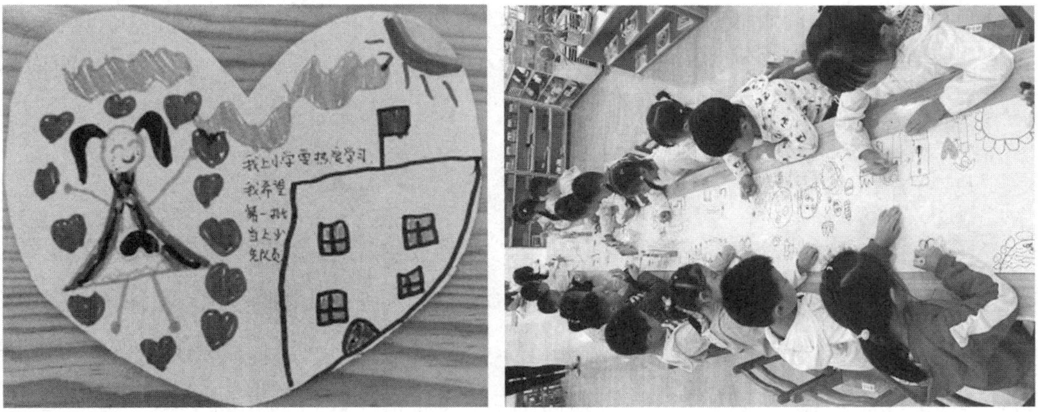

图5-41 绘制回忆画卷

在推选毕业野餐会的小主持人的活动中，教师充分发挥幼儿的自主性，采用了自我推荐和集体投票的方式由幼儿自己推选出合适的小主持人。整个过程中，幼儿要在班集同学面前自主表达、展现自己，既锻炼了幼儿的语言表达能力，增强了幼儿的自信，也为进入小学后适应新的人际关系环境积累了经验。

在准备毕业野餐会的系列活动中，教师还引导幼儿共同讨论：“毕业野餐会想邀请谁来参加？为什么？用什么方式去邀请？”通过问题启发幼儿学会感恩幼儿园的每一个工作人员，并鼓励和支持幼儿通过制作邀请函、发放邀请函、亲自表达自己的邀请意愿等方式去学会与人沟通和交往。在制作和发送邀请函的过程中，幼儿不仅理解了邀请函的含义，而且还学会了如何恰当、礼貌地表达自己的想法，从而进一步增强了社会情感体验和人际交往能力。

第四阶段：难忘的毕业野餐会

在环境布置和材料准备以及人员安排都基本完成后，幼儿终于迎来了期待已久的毕业野餐会。幼儿自由组合、分工合作，按照场地设计图有序地准备好了野餐垫，用大家绘制的回忆长卷做桌布，在舞台上摆上了自己亲手插的鲜花，并在老师的协助下把厨房叔叔阿姨准备好的糕点、水果进行了摆盘。活动开始后，小主持人充满自信地播报节目，参与表演的幼儿大方、投入地展现自己，中场休息时和好朋友一起坐在野餐垫上愉快地分享餐点，幼儿、老师和受邀而来的工作人

图5-42 毕业野餐会布置

员都感受到了浓厚的野餐会氛围。活动结束后，每一个即将毕业的幼儿都用自己的方式表达了毕业的心愿、对老师的感谢以及对中小组弟弟妹妹的不舍。互换礼物、拥抱等环节，将整个毕业野餐会推向了高潮。

（三）分析与反思

1.“毕业野餐会”的课程内容源于幼儿临近毕业季的一个话题，贴近幼儿的生活。在围绕“毕业野餐会”生成的系列活动中，教师能关注到幼儿的原有经验，从幼儿的兴趣点出发，有效利用问题来引导幼儿进行毕业野餐会的计划制订、场地考察、材料准备、环境布置等。在“毕业野餐会”系列活动中，教师始终尊重幼儿的主体地位，对幼儿的表现和想法予以充分的肯定和鼓励，并提供适宜的支持和帮助，引导幼儿在解决问题的过程中获得学习经验。

2.幼儿在观察、讨论、制订计划的过程中能运用多种方式进行记录和交流。如，幼儿在实地观察野餐会场地时用绘画的方法记录了自己对场地的基本规划和设计，再次实地观察并测量场地后，幼儿思考并改进、细化了场地的空间布局，形成了新的场地设计图。

3.在“毕业野餐会”活动中，除了即将毕业的大组幼儿采取同伴合作的方式以外，我们还结合混龄班的特点采用了混龄活动的形式。教师针对不同年龄段幼儿提出相应的目标，帮助幼儿明确自己的任务。幼儿在实际操作中能与同伴沟通协调，围绕任务及时调整自己的操作，合作能力得到了不同程度的提高。

4.活动的不足之处

（1）由“毕业野餐会”生成的活动内容比较多，导致对于一些小的点没有进行更深入的挖掘与探究，如：了解天气的变化，根据天气来确定举行野餐会的日期；如何制作野餐会食物；对测量工具的进一步学习与使用等。教师还可以围绕幼儿感兴趣的点将课程内容进行进一步的拓展和延伸。

（2）在“毕业野餐会”系列活动中，每个具体活动结束后的分享交流还不够，如：活动是否按计划去实施了？计划完成的情况如何？有什么收获？发现了什么问题？遇到了什么困难，自己是怎样解决的？等等。幼儿主动发现和提出问题的意识还较欠缺，还需要教师更加细心地关注活动过程，创造更多机会和条件引导他们去发现问题、解决问题。

通过“毕业野餐会”活动，我们收获了很多，在今后的实践中我们还需要不断加强学习与思考，用心搭建起孩子学习与发展的阶梯。

（案例作者：云南省机关事物管理局圆通幼儿园　殷琳）

案例分析：

同样是以毕业为主题的活动案例，上一个案例将艺术作为核心内容，而这个案例则更明显地鼓励儿童将艺术作为一种表达的语言。设计、绘画、手工、歌舞表演等艺术形式都服务于儿童准备开展的“毕业野餐会”，让儿童在综合的艺术元素所营造的美好氛围中表达毕业愿望。

在教师的支持下，儿童清晰地规划了野餐会的流程、设计了场地，并用绘画的方式完整地记录下来。之后，结合野餐会的布置需求，儿童按步骤完成了场地的设计、回忆画卷的绘制以及毕业心愿卡、装饰彩旗和舞台背景板等的制作。从活动中，儿童获得了多方面的经验，并充满仪式感地纪念了自己的毕业。

第四节 绘本主题艺术教育活动案例

绘本是儿童喜欢的文学作品形式之一，在本书第四章介绍的儿童戏剧表演活动案例中，我们可以看到教师以绘本故事为主要素材，引导儿童进行戏剧表演活动。但事实上，绘本中还蕴含着丰富的艺术元素，不仅仅可用于进行戏剧表演。比如：绘本中有丰富的美术元素，故事、风格不同，绘本中的图画类型也不同，不仅有水彩、油画等绘画表现，还有布艺、装置艺术、纸拼贴、摄影等多种视觉艺术表现类型，可以拓展儿童的美术欣赏经验；绘本中有丰富的声音元素，如阅读文字的声音、故事中动物的叫声（读者模拟）、背景中可能出现的声音等，此外，还有能够发出音响的音乐类绘本、可以配合优美的音乐旋律来讲述的绘本，以及有声读物等；绘本中还有其他艺术元素，包括建筑类、舞蹈类等等。所以，在学前儿童艺术教育实践中，我们也可以用绘本作为主要的内容素材，以生成课程的形式，围绕绘本开展综合的艺术教育活动。

一、活动案例一：绘本《落叶跳舞》教育活动

叶散在风里，传来秋的简讯，一群落叶精灵，飞舞在秋的国度里，鼓动孩子们去演绎一场有关秋的舞台大剧。

落叶，秋的使者。

入秋后，树叶开始变装。

当你穿过幼儿园中的小径、山坡、迷宫、拱桥时，你会发现落叶悄悄躺在那里，开始叙述生命的故事。

探究落叶，便是了解生命的秘密。

（一）初识、探究

一次午饭后散步，我看见好几个孩子在草丛里围成一堆，他们在干什么呢？我好奇地走过去一看，他们的手中捡了一把落叶，成成说："我的有圆的、长的。"悦悦说："我的像小船。"……还有的在拿叶子扇风呢……原来，孩子们，已和落叶成了朋友。

多姿多彩的叶子自成一方天地、一个世界。于是我同幼儿一起进入落叶的世界，去探究、去发现、去思索、去表现……

(二)与绘本的"约会"

感受到孩子们对落叶的兴趣,我把《落叶跳舞》这本绘本带给了小朋友。伊东宽的绘本《落叶跳舞》富有童趣,语言生动。这本绘本是关于初冬,关于落叶,关于自然的。语言富有诗意,"沙沙沙,起风了,轻轻地,风停了。我们是奇妙的落叶呀。静悄悄的冬日树林,我们欢快地起舞……";图画富有童趣,使用真实的落叶,裁剪粘贴成各种形态。简单却活泼的文字,丰富多彩的画面,带给幼儿的不仅是美的享受,更是一份想去融入的心情。

图5-43 欣赏绘本《落叶跳舞》

于是一场关于《落叶跳舞》的沙龙开始了:"绘本里的落叶真好看!""我也很喜欢跳舞!""很多落叶长得像小丑""他们的表情好奇怪""是很多叶子粘在一起的""我想飞,冲呀——"……

1.落叶变变变

怀着期许,我们开始了一次落叶变身美术活动。

孩子们把捡到的落叶放在一起,进行了清洗、整理、分类。他们时而认真观察,时而若有所思。嘴里不停念叨:"这个像脚,这个像头""这个像虫,我要做虫""我要做个穿着花裙子跳舞的公主"……一群小大人开始了自己的"工作"。站在一旁的我为了刷存在感,忙问:"需要帮忙吗?""要,请帮我找一下剪刀","请帮我去苹果组借一下胶水"……紧张的"工作"后,这些普普通通的叶子,在孩子们灵巧的小手中,变成了翩翩起舞的蝴蝶、美丽的花朵、自由自在的鱼儿、乌龟、小船,当然还有那冬日的树林……

图5-44 整理落叶

图5-45　作品“落叶娃娃”

2.落叶飞舞吧

落叶拼贴画已经完成，现在小朋友们遇到了棘手的问题：怎样让落叶拼贴画跳舞呢？小朋友们又开始了他们的“会议”。

成成说：“需要风。”燃燃说：“那我们到外面去，外面风大。”悦悦说：“我们可以用嘴吹，落叶就动了。”

还有的孩子说：“我们可以用扇子扇，奶奶生火的时候，用扇子就有风了”……在童言童语中我发现孩子们的社会经验很丰富，已经能够感知自然界的风其实和我们的生活息息相关。

孩子们通过讨论没有达成一致意见后，终于想到了他们的大朋友——我。我咨询了孩子们的意见，决定把他们所说的方法都尝试一遍以后再做定夺。于是孩子们开始了一场利用风力让落叶跳舞的活动。看着孩子们拿着落叶拼贴画不停地抛，不停地舞，开心地追，我想落叶也很自豪、满足吧，在它生命历程的最后遇到这样一群“小知己”，而不是凄凉地躺在尘里，成为一片孤单的落叶。

图5-46　落叶飞舞吧

“呜呜——”一阵哭声拉回了我的思绪，燃燃哭了，我问：“怎么了？”“我的落叶公主摔破了。”确实，这样强烈的舞蹈，怎能不受伤呢？我把问题抛给了孩子们：“要让落叶跳舞，又不弄烂落叶，该怎么办呢？”大家纷纷停下来思考。“要不我们晚上回去查一下资料”“再问问爸爸妈妈”……

3.讨论：如何让落叶跳舞

经过一晚上的资料收集与调查，讨论会拉开了序幕。

“我们不能用风了，风不听话，会乱吹。”

“妈妈说，动画片里的人也是纸画的，但快速翻动起来就会动。”

“我们可以拿着它，指挥它动。”

…………

“老师，我们的落叶精灵已经贴好，我们怎样才能让他们听话地跳舞呢？”看到孩子们如此执着地想让落叶跳舞，我便顺势抓住了这个契机：“要不我给小朋友们介绍一种中国的传统艺术吧，或许你们就会有办法了。”于是我给孩子们欣赏了一场《西游记》的皮影戏，孩子们看得津津有味，乐在其中。

此时我问：“现在怎样让落叶跳舞呀？”孩子们灵机一动，争先恐后地说：“可以像皮影那样，用线，用木棍指挥它动。”《落叶跳舞》中的落叶形象是平面的，色调为黄色、褐色、棕色，平面图像和色调与中国传统文化中的“皮影”有相通之处。可难题也随之而来，孩子们从来没有接触过皮影戏，怎样制作皮影，而且是落叶做的皮影呢？这对于我来说也是一个巨大的挑战。

4.落叶皮影

在这种想法的驱使下，我和孩子们开始了一堂有关落叶皮影的手工课。准备好材料——透明胶、筷子、毛线、落叶拼贴画。首先，在落叶拼贴人偶的胳膊、腿的关节处用打孔机打好孔，然后用毛线将其固定。其次，用透明胶将筷子分别固定在人偶的手和脚上。再次，将人偶支撑起来，用一块白纸挡在前方，用手电筒把整个舞台照亮，《落叶跳舞》的皮影大剧就要开幕了。小朋友们都开始摩拳擦掌，准备让自己的落叶精灵舞起来。

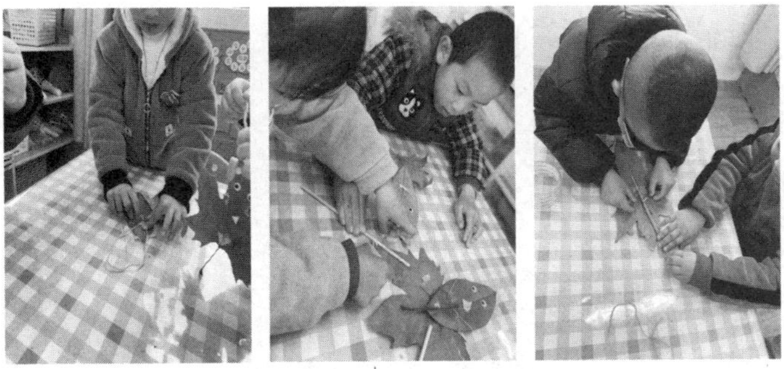

图5-47　制作落叶皮影

5. 谱一首有关落叶的曲子

芮芮突然说道:“没有音乐,跳起来就不好看了。”一石激起千层浪,小朋友们纷纷附和:“对对对”“唱哪一首呢”“一首落叶的歌”……

幼儿的学习是需要调动多种感官的,学习了绘本后,我发现《落叶跳舞》的语言简洁明了、生动形象、富有韵律,这不正是一首最美妙也是最适合用来表演《落叶跳舞》皮影戏的歌吗?因此创编一首以《落叶跳舞》绘本语言为歌词的儿歌成了我和孩子们的下一个目标,我想着怎么编,而孩子们却用自己的腔调唱着,以各种唱法、各色音乐形式。“孩子是天生的艺术家”,我亲眼见证了这一奇迹。孩子们交谈道:“落叶的声音是什么样的?”“是沙,沙,沙,唰,唰,唰,哗啦,哗啦的。”绘本的开头部分“沙沙沙,起风了,轻轻地,风停了”不正是一首四三拍的歌吗?我们兴奋地把绘本中的语句写下来,再谱上简单的曲子,一首美妙的《落叶跳舞》诞生了。从绘本的语言中挖掘音乐的元素,用歌声唱响语言的美,可谓是一个完美的创造。

落叶跳舞

伊东宽 词
杨慧朝 曲

1=C $\frac{3}{4}$

图5-48 《落叶跳舞》曲

6.唱一首有关落叶的歌

欣赏着《落叶跳舞》的绘本视频，跟随着落叶精灵的舞蹈，在老师的钢琴伴奏声中，孩子们感受着四三拍的音乐旋律，歌唱活动开始了。孩子们不停地唱，不停地舞，好像自己已经是一个落叶精灵了。

7.演一场《落叶跳舞》剧

所有的准备工作已完成，我们有了演员——落叶精灵和孩子们，我们有了舞台——皮影戏大舞台，我们有了音乐——《落叶跳舞》，还等什么呢？开始我们的《落叶跳舞》大剧场吧！音乐响起，演员踩着节拍闪亮登场。"沙沙沙，起风了"，落叶精灵在孩子们的指挥下轻轻起舞，舞姿曼妙……

图5-49　《落叶跳舞》剧表演

（三）写在最后

在"落叶跳舞"探究活动中，从最开始的发现到研究讨论，再到大剧场的展现，幼儿的自主参与度非常高。我追随孩子们的兴趣，给孩子提供探索和发现的空间，跟随孩子们的脚步适时予以支持，不着急给予答案，而是把问题抛给孩子，让他们去面对问题，独立思考，用自己的经验去探索答案。当遇到自己不能解决的问题时，他们也会想办法求助他人。对于孩子们来说，重要的不是探索的结果，而是探索的过程，以及在这个过程中获得的解决问题的能力、调动身边一切资源的能力。整个过程中，孩子们都积极参与，主动分享自己的小发现，他们的自主观察能力和自主学习能力都得到了很大的提高。

落叶是奇妙的!探究落叶跳舞的过程惊喜不断，孩子们与落叶的这次相会是独特而美好的。孩子们通过交流、讨论、创造、实践等，知道了怎样去展现落叶的美，去丰富落叶的生命体验。

"落叶跳舞"的故事结束了吗？当然不是，孩子们又产生了新的问题："它为什么这种表情？"

（案例作者：曲靖市沾益区第二幼儿园　邓雪琼）

案例分析：

《落叶跳舞》是一本用树叶实物剪贴制作的绘本，描述了冬日的山野里落叶跳舞的场景。书中用落叶剪出了许许多多的落叶娃娃、动物，每一个都有着与众不同的可爱表情，结合优美的文字，儿童很容易被吸引住，并不断地猜测落叶娃娃和动物之间发生的故事。

在这个案例中，教师追随着儿童的兴趣，补充提供了《落叶跳舞》绘本，并由此激发了儿童更浓厚的探究兴趣。儿童在受到绘本启发的基础上，收集了越来越多的落叶，并且开始讨论自己捡到的树叶像什么。在活动中，儿童先是模仿绘本中落叶的形象进行创造，接着，又探索“怎么让落叶真正地跳起舞来”的方法：用风吹。当“风把落叶吹破”的问题出现后，儿童又开始想新的办法。这时，教师提供了“皮影戏”这样一种艺术表现手法，富有创意地引导儿童用落叶制作皮影，操纵落叶成功地跳起舞来。这样一种艺术的表达让儿童逐渐又产生了新的创意，他们需要用音乐来为落叶跳舞伴奏，于是，音乐活动也被囊括进来。

儿童的兴趣从绘本开始，又在遇到问题时变得更加浓厚，他们尝试了许多艺术形式相结合的活动，最后将绘本中的场景真实地演出来，把想象带进了现实。教师充分地发挥了自己作为资源提供者的作用，每当儿童因为经验不足而遇到问题时，教师都能根据孩子们的创意和想象，提供可行的建议，引导儿童持续、深入地探索，儿童也由此积累了更多、更丰富的关于文学、美术、音乐、表演及民间传统艺术的新经验。在后续的活动中，相信教师和儿童还会用这样的方式，创造性地阅读绘本，体验绘本之美。

二、活动案例二：绘本《红绿灯》教育活动

中班幼儿善于观察，能用简洁的绘画表现自己的所见所想。因此，结合绘本《红绿灯》的艺术元素，我安排了《设计十字路口交通路线》这一美术活动。十字路口是我们常见的，路上的景象也是幼儿常见的，汽车、自行车、公交车、摩托车也是幼儿接触过的交通工具。此次幼儿的任务就是结合自己的生活经验和想象设计一条通畅的交通路线。

（一）活动目标

1. 尝试选用线条设计出十字路口交通路线，设计红绿灯位置。
2. 给常见小车涂上颜色，并用剪刀剪下粘贴在路上。

（二）活动准备

课前已与幼儿阅读过绘本，A4纸、水彩笔、剪刀、固体胶。

（三）活动过程

1.欣赏绘本，引题激趣

（1）师：绘本中的小红小绿在干什么呀？

（2）他们有什么重大的任务？

（3）你们想不想让车子动起来？

2.出示生活图片，让幼儿观察图片中的路线是什么样子

（1）观察结果：像十字一样的路口，有斑马线，有红绿灯，有很多种车。

（2）教师示范如何画出十字路线，幼儿自行操作。

3.幼儿观察后进行操作

（1）幼儿设计好十字路线。

（2）教师提前打印好小汽车、公交车、自行车、摩托车图片，幼儿涂上自己喜爱的颜色。

（3）把涂好的车用剪刀剪下，并用固体胶粘贴在提前设计好的路上，并画上红绿灯。

4.分组操作，巡回指导

（1）时刻提醒幼儿在使用剪刀的过程中注意安全。

（2）鼓励幼儿使用多种颜色操作。

（3）帮助不会作画的幼儿。

5.相互交流，作品展示

6.活动延伸

延伸至美工区“用卡纸制作红绿灯”。

（案例作者：曲靖市沾益区第二幼儿园　袁明）

案例分析：

不同于上一个案例，这个案例是教师在观察儿童的基础上，设计的与绘本有关的集中教学活动方案，它并没有形成一个涉及儿童各方面综合经验的课程故事，但也属于基于绘本素材和内容进行艺术教育活动的案例。在案例中，教师观察到了儿童对绘本《红绿灯》的兴趣，将阅读区的活动拓展到了集体教学活动中，引导儿童按照自己阅读绘本的经验和在日常生活中的观察来设计和创作十字路口的场景。

活动过程中，教师预设了基本的环节，并为儿童提供了能力水平所能企及的艺术表现工具(绘画和手工制作工具)，引导儿童完成了绘画拼贴作品。对于中班的儿童来说，活动的步骤和环节相对简单，但是，绘本阅读的相关经验却也在创作过程中得到再现和巩固，因此，活动有一定的价值。

案例中呈现的只是一次活动，时间较短，儿童设计制作的兴趣或许还能继续保持。因此，可以将本次活动作为一个起点，在后续的活动中继续围绕《红绿灯》绘本，拓展儿童的相关经验，并用更多的艺术表现方式支持儿童表达他们在阅读绘本和实际观察中获得的经验。比如：设计更多的交通路线，感知点、线以及标识在生活中的表征意义；感知繁忙的路口的各种声响，寻找城市路口的“交响乐”；进行立体、半立体的纸艺创作，设计和制作复杂的交通道路(桥、隧道等)。

本章小结

本章主要呈现了来源于教育实践的艺术综合教育活动案例，以此作为对前面各章节理论内容的回应和论证。其中，第一节阐述了学前儿童艺术综合教育活动相关的理论及相应的教育理念。第二节重点介绍了利用自然资源建构课程、生成课程故事(游戏故事)的案例，包括植物和动物资源在活动中的运用。第三节介绍了基于儿童兴趣而衍生的课程故事中的艺术活动，包括艺术元素、艺术语言、艺术形式的综合体现。第四节呈现了以绘本为素材和内容的综合艺术活动、建构课程的案例，包括一个课程故事，以及一次源于区域活动观察的集中教学活动。

思考与实训

1.请从本章的活动案例中挑选一个自己感兴趣的进行分析，撰写案例分析报告，需包括：案例名称、有关活动过程的思维导图、儿童经验发展分析、教学反思与学习心得等。

2.在对案例进行学习与分析之后，与同伴讨论学前儿童艺术综合教育活动与幼儿园课程建构、生成之间的关系。

3.思考在教育实践中如何发挥学前儿童艺术综合教育活动对儿童全面发展的促进作用。

专题探讨

设计与组织学前儿童艺术综合教育活动的难点之一，在于确保综合性与整合性，避免为了综合而将不同的艺术活动简单拼凑起来。为此，教育者应当以儿童为中心，从儿童的探究兴趣出发，再考虑在适宜的情况下将艺术元素和艺术表现手法融入其中。为做到这一点，帮助自己理清思路，许多老师选择从五大领域的不同视角入手，围绕同一个主题，分别组织语言、健康、社会、科学、艺术等领域的教学活动。请你谈一谈对此的看法，并按照自己的思路，尝试设计一次艺术综合教育活动，画出活动的网络图或思维导图。

参考文献

[1]董灵．柯达伊基础音乐教育概论[M]．桂林：广西师范大学出版社，2008.

[2][美]约翰•杜威．艺术即经验[M]．高建平，译．北京：商务印书馆，2010.

[3][德]格罗塞．艺术的起源[M]．蔡慕晖，译．北京：商务印书馆，1984.

[4]孔起英．儿童审美心理研究[M]．南京：江苏教育出版社，2004.

[5][英]赫伯•里德．通过艺术的教育[M]．吕廷和，译．长沙：湖南美术出版社，1993.

[6]李妲娜，修海林，尹爱青．奥尔夫音乐教育思想与实践[M]．上海：上海教育出版社，2002.

[7][美]罗恩菲德．创造与心智的成长[M]．王德育，译．长沙：湖南美术出版社，1993.

[8]滕守尧．审美心理描述[M]．成都：四川人民出版社，1998.

[9]滕守尧．艺术与创生[M]．陕西师范大学出版社，2002.

[10][德]席勒．美育书简[M]．徐恒醇，译．北京：中国文联出版公司，1984.

[11][美]戴蒙，[美]勒纳．儿童心理学手册（第2卷）[M]．林崇德，李其维，董奇，译．上海：华东师范大学出版社，2009.

[12]杨立梅．柯达伊音乐教育思想与实践：音乐基础教育的原则与方法[M]．北京：中国人民大学出版社，1994.

[13]张金梅．幼儿园戏剧综合课程研究[M]．南京：江苏教育出版社，2005.

[14]边霞．生态式艺术教育的基本思想与实践探索[J]．学前教育研究，2003（C1）：77–79.

[15]马菁汝．艾斯纳将DBAE课程观进行到底[J]．美术，2010（04）：117–119.

[16]尹少淳．给理性抹上暖色——艾斯纳美术教育思想评析[J]．中国美术教育，1998（03）：30–32.

[17]滕守尧．论生态式艺术教育[J]．陕西师范大学学报（哲学社会科学版），2003（3）：5–16.

[18]屠美如，楼必生．学前儿童艺术综合教育课程研究简介[J]．学前教育研究，2001（03）：32–33.

[19]叶平枝．在幼儿教育课程改革背景下重新审视关键经验的意义、内涵与特征[J]．学前教育研究，2008（11）：7–11.

[20]于冬青．关键经验：学前教育活动设计的新思路[J]．东北师大学报（哲学社会科学版），2012，（05）：192–195.